国家民委人文社科重点研究基地 武陵山少数民族经济社会发展重点研究基地成果
武陵山民族文化与旅游产业发展湖北省协同创新中心资助出版
恩施土家族苗族自治州政府资助课题

土家族审美文化学初论

王新勇 王飞霞◎著

中国社会科学出版社

图书在版编目(CIP)数据

土家族审美文化学初论/王新勇,王飞霞著. —北京:中国社会科学
出版社,2016.10

ISBN 978 - 7 - 5161 - 8207 - 9

Ⅰ.①土…　Ⅱ.①王…②王…　Ⅲ.①土家族—审美文化—研究
Ⅳ.①K287.3

中国版本图书馆 CIP 数据核字(2016)第 109520 号

出 版 人	赵剑英
选题策划	郭晓鸿
责任编辑	郭晓鸿　慈明亮
责任校对	张依婧
责任印制	戴　宽

出　　版	中国社会科学出版社
社　　址	北京鼓楼西大街甲 158 号
邮　　编	100720
网　　址	http://www.csspw.cn
发 行 部	010 - 84083685
门 市 部	010 - 84029450
经　　销	新华书店及其他书店

印　　刷	北京君升印刷有限公司
装　　订	廊坊市广阳区广增装订厂
版　　次	2016 年 10 月第 1 版
印　　次	2016 年 10 月第 1 次印刷

开　　本	710×1000　1/16
印　　张	15.5
插　　页	2
字　　数	236 千字
定　　价	58.00 元

目　　录

前　言

当下土家族文化研究者如云，研究成果也卓然于世。《土家族审美文化学初论》是笔者七年前拟定好的一个研究课题，几经周折，州里给了一笔经费资助，我们又重整旗鼓开始做这个课题。

既然是审美文化研究，第一，有一个整体的宏观研究。第二，就应该从形上学以及对具体的文化形态的生成做一些解剖。第三，传统文化与现代化对接，这是民族文化研究的落脚点。第四，虽然说整体的宏观研究，在此有点言过其实。文化包罗万象：哲学的、宗教的、美学的、政治的、军事的、经济的、文化的、工农医的、建筑的、艺术的、科学的、管理的，等等。本书说宏观，只是从哲学、美学、文化、艺术几个方面来谈。不过文化艺术作为意识形态的产物，从中窥见这个民族的思想又是完全可能的。譬如，在第一章里，从流传至今的薅草锣鼓、堂戏、田歌提炼出"群""谐""美"，应该是土家族最本源的思想观念。在第三章里从大文化的结构中又提炼出"尚武""崇文""倡和""率性"的土家族主体文化精神，这就充分表明从一个民族的文化艺术中足以窥见其形而上学的抽象理念。

就客观研究看，土家族迄今为止还没有一部系统的哲学，它的哲学精神在哪儿？虽然没有靠范畴、概念、命题组成的形而上学的系统哲学，但我们可以从现有创世纪神话以及久远的艺术中窥测先民创造世界、反映世界、改造世界的思维规律，并且这种规律蕴含着否定之否定的内在逻辑发展。

土家族创世纪神话不仅是一部形象的土家族创造世界的历史，而且在哲学上体现出一部"实践"的历史，并且在这种"实践"中生成精神，也就是说在形而下的创造（实践）过程中，生成形而上（把握事物规律）的经验与方法。但必须指出的是，它还没有上升到普遍规律的理论总结阶段，只停留在一般经验上的类比或类推。但作为创世纪神话的实践精神与理性精神在展示方式上与中国古代早期哲学——《周易》有相同之处，《易》的卦象既是具象的事，又是抽象的理，土家族创世纪神话虽没有抽象的符号（"—""--"），但作为哲学表义时，神话本身既是具象（事），又是抽象（理），即形而下与形而上的统一。土家哲学精神是土家神话的滚动发展这一命题就是在这一意义上确定的。

土家族创世纪神话的一个最大特点就是它的完整性。完整性（整体性）是土家先民神话学的主体特征，它显现的是一个客体世界，实际也是认识的对象、体验的对象，如果用一个程序把它表现出来，应是：

创世纪所经历的世界还原，

还原后的过程体验，

体验中的理性认同，

认同后的世界还原。

这一程式揭示出神话本体与哲学本体是同一的。但是我们在后来的"数字"世界又可以看到两个"本体"在不断地发展，表抽象的数字与丰富的物质、情感世界对应，更具有理性的特质。不过，从展示方式上看，仍然是神话哲学的滚动式发展。

就具体的文化形态看，土家族艺术门类众多，但是，各家专著在叙述该门艺术发展源流的时候，几乎都是照搬权威人士的论述。譬如巴东堂戏的演出程式、唱腔的形成，其源流究竟是怎么回事？论述总是含糊其辞。笔者用了绝大的篇幅，对堂戏的戏剧性、堂戏的七言唱词、堂戏主唱腔四平调的形成做了详细的考证与论述：《"竹枝"文化与巴东堂戏》一章有，巴东堂戏的戏剧性探源——从

"叙事体"到"代言体"的本质过渡；竹枝词与堂戏七言体唱词——从唐代歌诗俚质品格到堂戏歌词戏剧性与朴素美；民歌逸韵与堂戏唱腔的童真美——从《十借》《十想》等旋律、风韵到入主堂戏主唱腔，分别切入各个系统进行系统研究，笔者还计划把薅草锣鼓同元杂剧、南戏曲牌进行比较研究。

　　研究民族文化审美的落脚点应该是传统文化与现代化对接，从这个角度出发，笔者增加了两个方面的内容：一是民族地区的影视文化发展与创新；二是土家族旅游文化审美创造。民族地区要发展，不能不把研究的目光转向这两大领域。现代传媒——电影电视是文化传播的优势媒体，民族地区要发展，影视事业是优先战略。

　　恩施州文化影响弱化不是来自文化本身的先天不足，而是宣传所导致的。广西的桂林，云南的大理、石林是因为先有了电影歌剧《刘三姐》《五朵金花》《阿诗玛》，它们在半个世纪前就先声夺人了，而"印象刘三姐"不过是以高科技手段强调一下而已。

　　恩施州试图以听觉的悠扬之美的"龙船调""黄四姐""六口茶"等为文化杠杆担起几千年的文化千钧重担，而这一支点太微弱；而以几"洞"、几"峡"、几"垭"为点线串起一个文化大片更不足挂齿，几乎与文化无干系；若以名人小说《清江壮歌》《枫香树》等为中心来辐射地域文化，其本身地域文化精神并不突出，不似沈从文的小说、散文……

　　那么宣传恩施州的文化大片究竟以什么样的文化主旨作为"大片"的内核呢？

　　湖北民族学院民族研究院已经把民族地区影视艺术发展研究列入常规研究计划，研究的重点是影视艺术发展战略。不外乎以下几个方面：民族地区影视艺术的历史与现状研究；影视产业化与民族地区经济发展研究；影视艺术自身理论研究。拙著侧重电影艺术自身理论的研究，首先是文化主体精神与电影理论的融合。拙著的第三章"土家族文化主体精神初论"，归纳了八个字：尚武、崇文、倡和、率性，作为土家族主体文化精神，它是这个民族的文化精神底蕴，可以作为古代传统文化精神。当然，作为文化大片，更重要的是展示现代人文精神，而现代人文精神是以传统文化精神为内涵的。基于此，就可以从四大篇章全方位展示恩施州的人文风貌：崇文尚武篇、倡和率性篇、改革开放篇、和谐发展篇。"和谐发展"既是当下国家治国的大政方针，又是土家族传统文化精神的本质特征。因此，反映恩施州历史、时政的文化大片的中心命题是"和谐发展"，当然具体名称可以更诗意一些。

谈土家族审美文化，并不是拘泥于土家族一方一隅，把自己封闭起来研究。文化本身就是动态的产物，譬如薅草锣鼓，虽然"出乡十五里，各有一乡风"，锣鼓的打法、唱法不一样，但"文本"（人际交流、口传心授）却是流动的，有高度的相似性。这就说明文化创造的主体具有开放与包容的心态，这就是文化的互动。有走进来的文化，如"竹枝词"，经过文人之手由俚俗变得雅致。再如"田氏一家言"的五七言诗，是华夏典雅的艺术形式，却洋溢着本民族的风土人情。有"走出去"的文化，当然首先想到的是列入"世界名曲"的民歌。不过"走出去"的年代并不久远。仅从诗文化而言也有洋洋大观的诗人，撇开有争议的元代诗人范梈不言。晚清民初的樊樊山可以说是中国近现代高产作者，在晚清是一个颇有影响的诗人。在笔者看来，樊樊山的创作成就不全在诗作颇丰，更主要的是体现了一种强生的文化精神。其父亲的特殊遭遇，为人子的雪耻使命，使他有意成为一代诗宗。樊樊山的前、后"彩云曲"是不是两首"究天人之际"的史诗性诗作？又为什么引起那么多重量级的文学艺术家的关注？特别是小说家、剧作家、电影导演屡屡将傅彩云这一有争议的历史人物搬上舞台、银幕？我们也做了必要的解读。其目的就是要引起研究者们对民族诗性文化的关注。

第一章　土家族审美文化之元

毫无疑问，文化是意识形态的反映，存在于人所拥有的具体时空之中。但作为民族的文化基本形态的存在是经过这个民族的人（或先民）选择而存在的，这种文化形态的存在并不因为时代的更改或人的流动而消失。应该说这种文化形态真正地体现了人文之元。

林同华先生在论"中国审美文化"时说："中国美学的宏观研究和微观考察，以及两者融合的方法，是现代哲学系统研究的一般方法的应用。从理论上说，科学研究的任何对象，无论从宏观抑或微观，都可以被视为一个特殊的系统。系统性就成为我们认识对象全过程的特点。分析系统性就成了现代哲学和专门科学的重要任务之一。"① 一般地说，文化是依托人这个群体而存在的。但是，文化一旦形成，又有其恒定性，并不因人的流动而改变。这也就是我们今天能以某一文化对象来窥见这个民族文化审美态度的可能性。

天镜坪村自新中国成立半个多世纪以来，有过三次大的迁徙。一次是"土改"至1958年"大跃进"时期：特别是"土改"，可谓一次革命性的迁徙，地主被迁走，首先是一批穷苦人家搬进富人的住宅。然后是一批旧军人和生意人就地安家落户，并分得了土地。随后又有各自不同原因的迁徙，让人印象最深的是1957年，临近湖北的四川巫山县整家整家地来。第二次是三年自然灾害至1978年：一是因生活将近三分之一的人户在流动，有的长期性迁走；二是

---

① 林同华：《审美文化学》，东方出版社1992年版，第173页。

"大集体"时命令性的撤队合队，但这种迁徙对文化生存状态没有直接的影响。第三次是改革开放时城镇发展、库区移民、打工潮，这一次几乎是"换血"式的大迁徙。纵观半个多世纪以来，从上到下也有过几次文化建设，譬如"文化室"之类的，都不过是昙花一现。特别是打工潮的遥遥无期，新生代就像小鸡从蛋壳里出来就再没有回到蛋壳里一样，更谈不上对传统文化有多少了解。幸运的是，纵然光阴者百代之过客，但蕴含在人们生活中、生命中的艺术目前还存在着。这就是人文精神存在的基本层面：生产的艺术、生活的艺术、生存的艺术。这些艺术是紧紧地依附于人的生、老、病、死、苦这一基本生活情态上的。这就是所谓审美文化之元。

第一节　生产的艺术突出"群"

谈到生产的艺术，人们很自然地想到土家族的薅草锣鼓歌。其实，土家人在其他生产形式中，也交织着艺术的形式。譬如劳动号子，当你看到装卸工人抬油鼓子时喊的号子，旋律婉转，刚劲有力，而且情韵悠然，听起来还有一种轻松感。码头上的装卸工现在早已绝迹，但是那优美的号子声在神农溪时而掠过耳边。再就是"大合唱"时期，集体撕苞谷时，就好像赛歌会一样，你一首，我一首，彼此呼应。各种调子的田歌，应有尽有。

不过，在土家族所有生产型艺术中，像薅草锣鼓那样体系完美、时序井然、节奏鲜明、张弛有致，是绝无仅有的。可以这么讲，如果不是在田间，你会觉得它就是一场打击乐器伴奏的歌手演唱会。人们也许还记得，第十二届CCTV青年歌手电视大奖赛中的"农民兄弟"组合——王爱民、王爱华，一曲《花咚咚的姐》尽显土家山歌神韵。那从土家族民间乡土中酝酿出来的原汁原味的曲调，两人演唱时带着泥土芬芳的歌声，让人感觉耳目一新，而他们可以在高音区喊到18拍，更是让人拍案叫绝。追求薅草锣鼓歌中的最高境界，在土家山乡无不皆然。在笔者的家乡，虽然那些老艺人早已作古，至今人们还在传说："邓宗云的鼓，李正隆的锣，段开科的号子喊过河。"薅草锣鼓遍布土家山乡，尽管"出乡十五里，各有一乡风"，但每一乡都有出类拔萃的打鼓匠和歌手，而歌手们也未必把自己封闭一隅。从研究资料和实地考察来看，令人惊奇的是在交通极不发达的那个年代，同一首歌的旋律和歌词没有多大的差别，譬如《早晨来时东路来》（高腔·扬歌）："我早上（呃）来（哟）东路来（哟），望见（啰）（啊）西路百花（啊）开（哟）……"这首歌的词曲与相隔200多里地的茶店子、神农架南麓三岩头（长峰薅草锣鼓）的一模一样。更有意思的是，鹤峰薅草锣鼓歌中的《露水歌》，与相隔千里的长峰薅草锣鼓歌词曲也是一样的。

再从程式上来看：在湘鄂一带土家族地区，主要有"声子""号子""调子""溜子"和"扬歌"等类，共有上百种曲牌。其中以"穿号"和"扬歌"为主，其他曲调只在一天中的一定时间内演唱，或在需要转调时演唱。"穿号子"由两首内容相近的山歌组成，前一首称"梗子"，后一首称"叶子"。演唱时，将"梗子"与"叶子"的词句相互穿插起来，由鼓手和锣手互相和唱。具体穿唱的方式，地域不同，有一定差别。"穿号子"的种类也很多，按"穿"的方式分，有"大穿""小穿""半穿""满穿"等；按号子的内容分，有"梳头号子""洗脸号子""露水号子""长声号子""传茶号子""喜鹊号子""散号子""花儿娇"等。"扬歌"，包括"九刹""九声""九扬"三种，又各有九个曲牌。一天中的三个不同时间段，都要唱一次"扬歌"。"扬歌"是薅草锣鼓中的核心曲牌，也是衡量锣鼓歌师水平的曲牌词段。歌师之间的较劲，一般都在扬歌部分。在长峰薅草锣鼓程序中也是非常规整的，以一天劳作为时间单位，早上下田演唱的程序是喊《四声号子·五更鸡儿叫》，唱高腔（即扬歌）："早上来时东路来……"代号子，即转换唱腔："不等天亮就叫起，叫到日落西……"；接下来的程序是唱"赞歌"（曲牌）："脚踩棒头打一个滚，溜溜滚滚上歌坛。无人赞（来）我来赞，赞了早饭赞中饭……"；唱"烟号子"（曲牌）……擂噪鼓子（紧锣密鼓）。午饭后下田，喊《长声号子》（住鼓停声）："太阳飘飘梭……"；扬歌："一画龙，二画虎，三画秦，四画楚……"；唱"五句子歌"（曲牌）："五句子歌来五句子歌，你的没有我的多，要讲文的我也有，要讲武的我也多，文武双全怕那个……"

薅草锣鼓的普遍性、统一性、准确性说明了这一艺术形式的严肃性和传承的恒定性，同时证明这一艺术形式在相当长的时期内处于不断的审美创造中，并具有不可颠覆性。毫无疑问，这是具有某种本质特征的。也就是说，存在决定意识：薅草锣鼓代表着土家族的一种根本精神——"群"的思想内核。"群"不仅贯穿薅草锣鼓这一艺术的全过程，而且体现在这个民族生存发展的整个历史之中。

从土家族这个民族的发展史来看，说土家族是巴人的后裔应该是没有多大的争议。根据中国社会科学院吴锐先生的考证，巴人发祥地不是在人们一致认为的湖北长阳。总之，巴人的发祥地在丹江，在秦岭以南、汉水上游以北是其早期活动地域。而且根据疑古大师顾颉刚先生的考证，巴人从武王伐纣，"巴师勇锐，歌舞以凌殷人，前徙倒戈，故世称之曰：武王伐纣，前歌后舞也"。[①] 美妙传说也给"疑古"掉了。但是有一个事实是不容置疑的，那就是古巴国一直依违于楚国、秦国这两个超级大国之间。虽然最后为秦国所灭，但其后裔凭借自强不息的意志力使一个民族又逐渐强大，"群"恐怕就是最根本的内驱力。

第二节　生活的艺术显现"谐"

在第一节中我们提到的薅草锣鼓歌中的"扬歌"（高腔），可以称之为土家族歌唱艺术的标杆，无论是在歌唱的技术上，还是在高音区旋律的审美创造上，都达到了艺术的极致。就像国粹——京剧唱腔一样，譬如现代京剧中

---

① 常璩：《华阳国志·巴志》，四川大学出版社1990年版。

的每一个剧，在唱腔设计上都有一两场戏在唱腔表演的难度上要达到戏的最高境界。《智取威虎山·打虎上山》中，杨子荣唱的"穿林海，跨雪原，气冲霄汉"，"霄汉"二字的旋律突然连续翻高到十几度音。在全国推行样板戏的年代，很多剧团的杨子荣扮演者都无法翻到那个高度，有的降调演唱，有的借助乐器"烘云托月"。京剧《奇袭白虎团》则是例外了，剧中主要英雄人物严伟才不仅在唱腔的高音区游刃有余，而且在舞台上打斗，特别是空翻筋斗的文武兼备更是少见。所以很多剧团于《奇袭白虎团》只能望洋兴叹，不敢搬演。

任何一门艺术，都有不可企及的境域。薅草锣鼓也一样，在高音区游刃有余的表演就是艺术的最高境界。从事物的辩证法去看，没有阳春白雪，就没有艺术的发展；没有下里巴人，就没有艺术的存在。不仅薅草锣鼓如此，在土家族所有艺术中，特别是音乐的存在都是这个理。在这一节里，主要是从"生活的艺术"中发现这个民族在生活中遵循的基本原则，或者说在社会生活交往中信守的根本理念。那么什么是生活的艺术？在这里必须有所交代：本来，所有的艺术都可以称之为生活的艺术。在这里特指直接影响人生的戏剧艺术，而戏剧又专指巴东堂戏。

巴东堂戏在本书中有专章论述，但没有涉及音乐的民族性，本节着重谈这方面的问题。巴东堂戏是直接在舞台上再现生活的艺术，以演生活小戏为主。在笔者的记忆中，从"文化大革命"一直到现在，传统的武生戏几乎没有上演过。不过，武生戏的戏路、唱腔引进的痕迹很重，跟当地的皮影戏唱腔接近。

笔者曾经论述过巴东堂戏的童真美："巴东堂戏主唱腔——四平调究竟受梁山调影响有多大的因素？这在一些关于堂戏研究的专著、论文中，还没有准确的定论，都承认受影响这样一个事实。如果我们从沿渡河、平阳坝以及江北一带的民歌小调中去寻找堂戏主唱腔旋律的基因，还是有一定的可能性。笔者之所以认定巴东堂戏唱腔具有童真之美，其确定的因素就在于堂戏唱腔依然保存着本地民歌的风神韵致，而且还可以在民歌之中寻找到主唱腔——四平调的某些民歌旋律因素。同时，我们还可以从这些具有旋律因素的民歌在当时的影响，窥测出影响堂戏唱腔形成的某种逻辑发展。"①

"旦角四平与小生四平在曲式上没有多大区别，在主唱腔里同样具备叙事与抒情的功能。当然，堂戏唱腔，特别是四平调作为主要唱腔，与其他任何一个剧种的唱腔显出不同的风格特点，也就是说其他唱腔有别于巴东堂戏唱腔，更多的是注重唱腔的抒情性，一般速度比较慢，字少腔多，是一种歌唱性较强的唱腔，适合于表现人物深沉、细腻的内心情感。而堂戏唱腔是板腔体，四平调突出的表现出这种特点，各种板式均源出于同一腔调，看起来这些腔调近似单一、呆板，但是由于辅助于各种板式，四平调也适合表达多种情绪。从抒情性来看，流行在江北的民间小调，如《十想》（梁山伯与祝英台），其曲调也是非常简单的，但抒情性又是非常强烈的，听起来催人泪下。"②

"我们说堂戏具有一种'童真美'，主要就是从堂戏的主唱腔：老生四平、旦角四平、小生四平来说的，所谓童真就是指戏剧唱腔没有像'戏剧性唱腔'那样发生根本性变化，戏剧性唱腔旋律起伏较大，节奏变化多，感情变化强烈，戏剧性冲突尖锐，而堂戏虽然受梁山调的影响，这种影响只是梁山调戏剧影响，即一种规模、形式，诸如舞台性、使用大筒子等戏的基本框架，而不是调本身（即旋律）的引用。同时，堂戏唱腔也没有走复杂拖腔的路子。"③ 论述童真美主旨在强调巴东堂戏主唱腔——四平调，在形成之后没有走向复杂的腔系，依然保持着原生态。

本节主旨在于：对看似比较单一的板腔体进行内在文化精神的探索，也就是在唱腔中直观到本质——"谐"的艺术精神。

儒家代表孔子是一个极爱音乐的人，也是最懂得音乐的人。《论语·述而》记载他在齐闻韶，三月不知肉味，曰："不图为乐之至于斯也！"《论语·八佾》载：子谓韶，"尽美矣，又尽善也。谓武，尽美矣，未尽善也"。孔子不仅重视

---

① 吴锐、王新勇：《中国古典学·中国西部文明研究·清江篇》，海南出版社 2008 年版，第290 页。

② 同上。

③ 同上。

音乐的美，更重视音乐中的善。这善不仅表现在古代圣人的德行事功里，也表现在一个初生婴儿纯洁的目光里。

道教的代表人物老子主张"致虚极，守静笃，万物并作，吾以观其复"。音乐中讲究用散逸的板式、重视休止，且排斥"繁手淫声"而追求"大音希声"正是这种人生哲理的体现。只有"希声"才达"大音"，道学的这一音乐思想，与它那"无"中求"有"的哲学是一脉相承的。

受道家的影响，嵇康提出《声无哀乐论》，认为乐音及其运动形式具有其自然、谐和的本质属性，音乐的性质是"和"。"和"涵盖了大小、单复、高低、慢快、善恶等对应的因素，这些音乐形式上的变化，归根到底，还是统一于"和"。《声无哀乐论》的直接理论基础，是他的养生论。嵇康是从他的养生理论和对社会人生的看法来看待音乐的，认为"乐"与人的养生密切相关，而养生的最高境界就是个体的情怀超越于具体哀乐的极度自由的"和"的境界。

禅宗是佛教在中国的一个流派。禅宗音乐思想的特点是"以心感物"，认为对于音乐的感受，心性是很重要的。禅宗所谓"一默如雷"，主张从沉默处倾听震耳雷鸣，就是靠心的力量，以心听无声，白隐禅师要禅僧去听一只手的声音禅，就是这个道理。禅宗认为大自然无限空静深广，意境悠远虚静，只要你用心去倾听，就能进入超知性、超功利的精神境界。受禅宗影响的音乐都追求如"万籁此皆寂，唯闻钟磬音""此曲弹未半，高堂入空山"一类的所谓"禅境"。

儒、道、释三大哲学虽然保持着各自的理论体系，在音乐思想上却有一处显而易见的合流——儒学的"德善"、道学的"无"、佛学的"空"，都不主张激越、躁动、"繁手淫声"。这便是华夏艺术思想，也包括华夏音乐艺术思想的最本质内核①。

当然，巴东堂戏主唱腔未步入复杂的唱腔体系，也未必从主观上有意靠拢，而是在客观上体现了这一传统的艺术精神。笔者认为巴东堂戏主唱腔从两个方面体现了"谐"这一内在的民族精神。

---

① 根据百度网资料压缩。

一是不特别强调个人情感的抒发，重在"对话"的心灵沟通；二是把音乐之根紧紧地扎在民族音乐这块厚实的土地上，保持着真实、素朴的童真之美。

我们看巴东堂戏板腔体《梁祝·楼台别》（舍不得九弟回头见）。

1=C

易秉成 费天凤 演唱
谭联杰 记谱

（帮）【哀子】稍快

（梁白）舍不得九 弟 回头见 （哟 哟 哟哟哟哟 火衣也） （梁唱）
（壮车 壮车 乙车 壮）

（帮）
心中好似乱箭穿（哪 哎）（哦衣哟衣哟 哦哎哟火衣哟
（壮 壮 车壮车车壮·车乙车

喂哟火衣哟 喂哟火衣哟 喂嘿哟火衣哟）
壮－壮·车乙车 壮车车 壮·车 乙车 壮·车乙车 壮车乙车壮·车 壮－）

2/4 （苦板）单句头稍慢
我要（哇） 去（呀）来（哟）

真 要 去（哟）

（祝唱）我要 （哇） 留（哇） 你（哟）

是 枉 然 （罗）

（梁唱）开弓（啊）难（哪）留（哇）

弦上箭（哪）　（祝唱）

丝条（哟）难（哪）拴（罗）顺

水船（罗）　（梁唱）

兄也呀难（哪）来（哟）　（祝唱）弟也

难　（罗）　（梁唱）兄难

（哪）弟（呀）难（哟）　（合）皆一

【双句头】稍快

般（罗）　（梁唱）兄难好比

龙到旱（嘞）　（祝唱）弟难（哦）好比

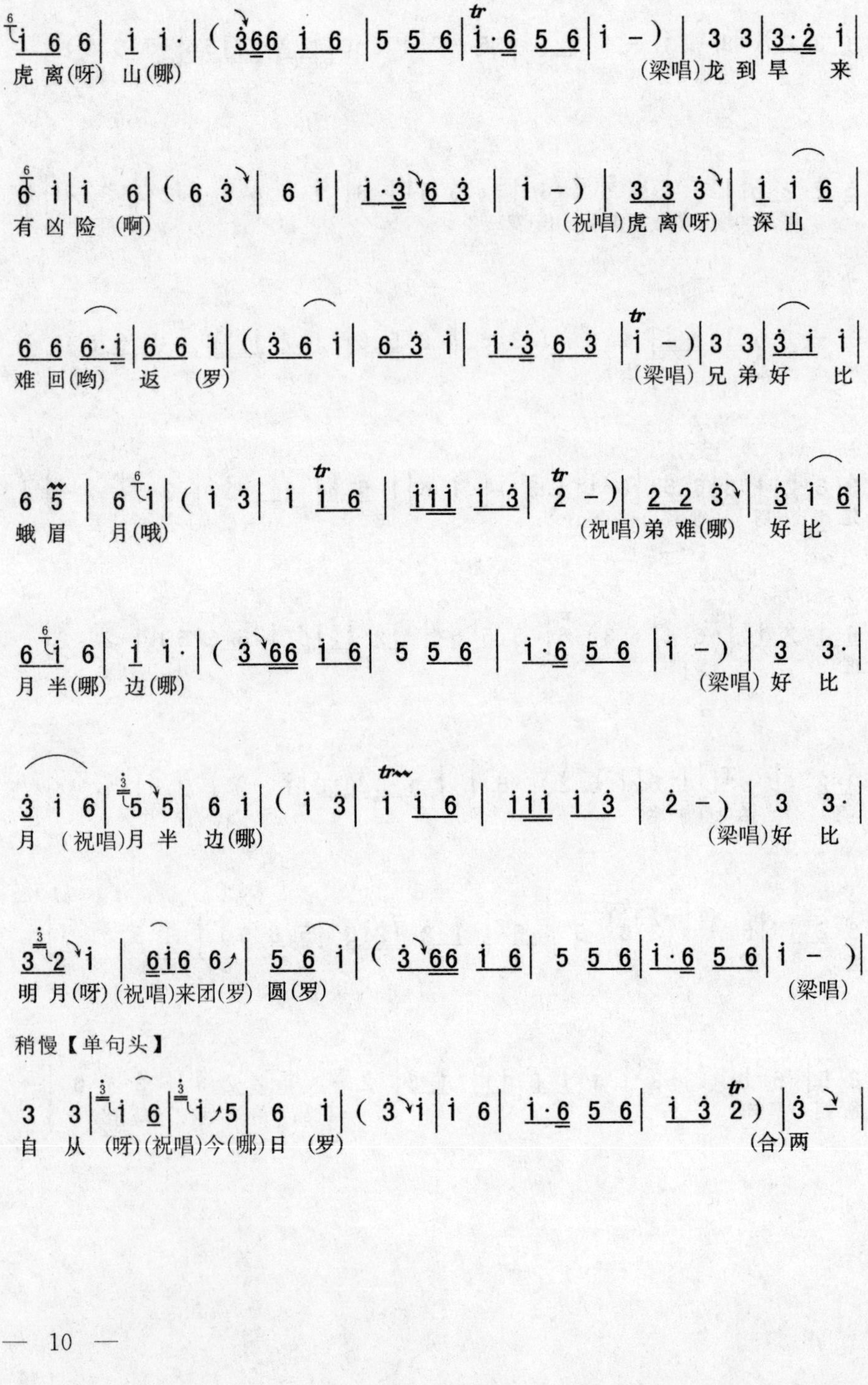
虎 离(呀) 山(哪)
(梁唱)龙 到 早 来
有 凶 险 (啊)
(祝唱)虎 离(呀) 深山
难 回(哟) 返 (罗)
(梁唱)兄 弟 好 比
蛾 眉 月(哦)
(祝唱)弟 难(哪) 好 比
月 半(哪) 边(哪)
(梁唱)好 比
月 (祝唱)月 半 边(哪)
(梁唱)好 比
明 月(呀)(祝唱)来团(罗) 圆(罗)
(梁唱)
稍慢【单句头】
自 从 (呀)(祝唱)今(哪)日 (罗)
(合)两

分　散　（罗）　（合）

要得　呀　相（啊）会（哟）

【收口】　　　　　（止）
难上　（嘞）哎　哎　哟　哎　哟哎　喂哟　难（哎）
　　　　壮-车-　　壮-　壮-　车壮　乙车　壮　壮车

壮·车当车｜乙车　壮‖

在板腔的变化中，悲剧主人公梁山伯、祝英台随着婉转哀怨的旋律，双方心理沟通的节奏增强了。这种"对话"的节奏表现在唱词的频繁交替。

……

（梁唱）：兄弟好比娥眉月（哦）

（祝唱）：弟难（哪）好比月半（哪）边（哪）

（梁唱）：好比月……

（祝唱）：月半边（哪）

（梁唱）：好比明月（呀）……

（祝唱）：来团（罗）圆（罗）

（梁唱）：自从（呀）……

（祝唱）：今（哪）日（罗）

（合）：两分散（罗）

（合）：要得（呀）相（啊）会（哟）难上（嘞）难（哎）

— 11 —

这种你递我接的唱腔捆绑在一个乐句上，演奏的是同一悲苦的和弦，使痛苦的心灵没有间隔。形式上是对唱，其实心灵是同一的。虽然没有其他戏剧唱腔漫长的拖腔，但由于巴东堂戏的"苦板"就像生活中的哭腔，显得情感更贴近生活。

第三节　生命的艺术完善"美"

在农村，无论是哪一个地方，凡是有老人过世，近邻的人，特别是上了年纪的人，都要去坐夜。而且不分亲疏，甚至有过"仇"的人也不计较。其实，这就是一种境界，人们都超越到一个终极点。无论是对丧家的死者，还是活着的人。在一个终极点上，只有"生死"常理，没有恩恩怨怨，似乎平生之事在此时此刻都扯平了。这种现象构成的心理层面是很复杂的，笔者在这里一下也说不清楚。但有一点是再清楚不过的，那就是善。

我们谈生命的艺术，看起来范围很狭窄，好像就是指生命本身。

譬如汶川地震、玉树地震发生后，全国人民，特别是子弟兵都用爱心来拯救生命。于是就有"爱，创造生命"这一时代强音。这里的生命就是指自然生命。笔者在此所谈的生命，是从"爱"到生命的开始，再到生命的结局这一全过程。在此基础上升华的艺术固然就是生命的艺术。土家族创造生命的艺术可谓达到了极致，这些艺术集中体现在大量的民歌（山歌、田歌）和舞蹈——撒尔嗬。为了对生命的艺术有更深刻的认识，以关注其重要的价值，不能不从理论上予以高度的认识。

上海师范大学法政学院哲学系教授陈蓉霞在介绍她的一本书时写道："阴与阳、雌与雄、男与女，自然界这两种简单的分类幻化出了今天无数的生命，其中又蕴藏了说不尽的奥妙和神奇。不要以为是冲突就总带着悲剧性的结尾，两性间的很多冲突都是以合作的形式告终的。正是这种合作导致了两种性别各自的发展，从而使这个世界更加欣欣向荣。"①

　　美学家乔治·桑塔耶纳在《美感》一书中指出："由于性欲的放射，美才取得它的热力。正如一个竖琴，手指一弹就振动，向四面八方传出音乐，男人的天性也是如此，只有对女性多情，他才能变得同时对其他影响也敏感，而且对每一对象都能够有温情。恋爱的能力给予我们的观照一种光辉，没有这光辉，观照往往不能显示美……"②

　　贾彤福、王熙儒在介绍西方新古典主义人体绘画时说：受安格尔新古典主义绘画影响，瑞士著名人物画家和历史画家贾克莫苇蒂画的神话人物画《绑架阿密莫妮》，同样追求的是和谐、理想的美。不管是海神波塞冬带走了阿密莫妮，还是绑架了阿密莫妮，贾克莫苇蒂在人体造型的艺术处理上淡化"绑架"的冲突情节，着重强调了女性人体造型或肌肤之美的表现，或曰借这个故事为题来描绘体态优美的裸女。画家着意刻画了阿密莫妮的形体，整个人物造型呈S形，其身体两侧的曲线自然、优美而富有韵律，向后弯曲的手臂，以及面部略带惊恐的神情。"新古典主义后期这些描写女人体甜美漂亮和情欲感的人体作品……因为艺术家运用体形、姿态、质感、结构等肉体形象语言，塑造了健康、完美、可爱的人体形象，将人类在本能上最赞美的东西，但又最不愿直接言表的东西——情欲美感，直接加以美化地揭示出来，而不是颓废淫荡的情节和堕落的体现。"③

　　利川民歌《女儿十八春·小调》：

　　女唱：女儿十八春，爹妈不放心，高搭院墙紧关门。

　　墙儿八般高，门儿锁九道，你是神仙也难叼。

　　墙儿八般厚，门儿九道扣，你是神仙也难偷。

　　墙儿八般宽，门儿九道闩，你是神仙也难翻。

　　墙儿像座城，将门关得紧，关奴关身难关心。

---

　　①　陈蓉霞：《两性冲突：生命界的性与爱》，上海科学技术出版社2002年版，"内容摘要"。

　　②　[美]乔治·桑塔耶纳：《美感》，缪灵珠译，中国社会科学出版社1982年版，第39页。

　　③　贾彤福、王熙儒、李骥：《人体·人体结构·人体艺术》，高等教育出版社1991年版，第158页。

男唱：小郎设下计，明日赶场去，将钱买个楠竹梯。

楠竹梯子长，将将儿搭在姐屋上，鹞子翻身上屋梁。

对门有人望，只说是瓦匠，只说瓦匠检绣房。

揭开一匹瓦，看见小冤家，看见冤家在绣花。

揭开两匹廊，看见冤家脚，红缎鞋子白裹脚。

揭开三匹枋，看见冤家床，冤家床上红罗帐。

女唱：耳听瓦片响，抬头望一望，原来就是我情郎。

情哥来得高，接又接不到，端把椅子搭天桥。

男：小郎上天桥，问姐牢不牢？女：千年古迹万年牢。

女：将郎接下地，合：二人笑嘻嘻，这个姻缘天赐的。

女：情哥来得稀，没有啥吃的，妈妈喂的有群鸡。

左手抓把米，唤来一群鸡，扒开大的捉小的。

刀儿逛两逛，鸡儿该遭殃，（要）把你杀来待情郎。

刀儿快又快，砍成几大块，这是我郎下酒菜。

酒菜摆齐整，（合）二人来谈心，知心话儿告情人。

女：哥哥二十哒，男：妹妹才十八，人大树大好成家。

男（白）：你愿不愿意呢？

女：可恨那王家，请人来作伐，媒人一到嘴喳喳。

又说家财大，又说人不差，爹妈一听笑哈哈。

男（白）：那你看见人没有？

女：王家那个娃，甩起手儿耍，好吃懒做不成家。

男（白）：你愿不愿意呢？

女：你要问我心，我心早已定，除了情哥我不嫁人！

爱你好人品，犁磨样样行，田土活路不求人。

男：妹妹（你）不嫌穷，当面自许婚，男耕女织度光阴。[1]

---

[1] 湖北恩施专员公署文化局编：《恩施地区民歌集》（上）（内部资料），1979年版，第156页。

利川民歌《万年不准姐丢郎》：

青布帕子五尺长，

打个疙瘩甩过墙。

千年不准疙瘩散，

万年不准姐丢郎。

生不丢来死不丢，

只怕阎王把簿勾，

阎王勾了生死簿，

奈何桥上把情丢。

咸丰民歌《万年不准姐丢郎》：

白布帕儿五尺长，

（我）挽个绣球甩过墙，

千年不准绣球散，

万年不准姐丢郎。

白布帕儿三尺长，

拿给情姐遮太阳，

情姐莫嫌帕子短，

帕子虽短情意长。

白布帕上四个角，

四个角上绣雁鹅，

帕子烂了雁鹅在，

不看人才看手脚。

大河涨水小河浑，

一边浑来一边清，

河里都有两样水，

情姐没有两样心。①

《桃子没得李子圆》（五句子歌）：

桃子（啊）没得（啊）李子圆，

郎口（那个）没得（啊）姐口甜（哪）。

那年（嘞）八月（呀）捂回嘴（呀），

今（哪）年三月还在甜（嘞），

硬是甜（那个）哒（舍）两三年（哪）。②

黄守愚在"论中国古代性思想史"时有一个很重要的观点："在现代'文明'社会，交媾或裸体往往被认定为'淫秽'，并被禁止描述或采取某种形式的公开露面，即使有冠艺术之名的种种表达形式，都难以登上大雅之堂，正人君子则更不敢公开谈论此类话题，可谓是'文明'社会一大禁区。然而在远古时代，交媾却被认为是崇高、神圣、庄严端肃的，为一种巫术或祭祀的仪式。"③譬如裸体，在原始色彩浓厚的土著部落中，是最正常不过的事情。他们穿戴衣服，大多只不过是为了防止在劳动中损伤身体而已。对于那些男女青年来说，必须刻意穿衣打扮，并炫耀自己的生殖器官，以达到吸引异性交媾的目的。进入"文明"社会之后，穿着打扮变成正常，裸体趋于异端，沦为淫秽、无耻的代名词。两相比较，可谓各有一番风味。

从文献史料、考古证据来看，在远古时代，人们对交媾的认识与现代"文明"社会完全不同。在巫术时代，交媾被认为是一种巫术。进入祭司时代之

---

① 湖北恩施专员公署文化局编：《恩施地区民歌集》（上）（内部资料），1979 年版，第 156 页。

② 巴东县沿渡河镇民间艺人蒋仕明口述，王飞霞记录。

③ 黄守愚：《论中国古代性思想史》（之一），复生的牛犊的博客，http://continent2000.blog.163.com。

后，交媾则被认为是一种祭祀。而在周公所创制的礼乐文明中，交媾则是行"周公之礼"，是一种神圣的礼仪。

继承了周人礼乐文明的儒家对于婚姻的态度与看法，近代学者周予同先生在《孝与生殖器崇拜》一文中已有论说，认为儒家文化的根本在于生殖器崇拜。① 而从《史记·外戚列传》来看，似乎司马迁早就看破了这一问题。

> 故《易》基乾坤，《诗》始关雎，《书》美釐降，《春秋》讥不亲迎。夫妇之际，人道之大伦也。礼之用，唯婚姻为兢兢。夫乐调而四时和，阴阳之变、万物之统也，可不慎与？

所谓"乾"，是男性的象征，而所谓"坤"，为女性的象征。《易》以男女两性作为宇宙的根本，《诗经》以追求两性爱情的《关雎》开篇，《尚书》开门见山就说尧帝嫁二女给舜帝，并大为褒扬，《公羊春秋》开篇（隐公二年）则讥讽人不亲自迎娶妻子。两性关系，是人道的大伦，所以在周礼的实践之中，唯独对婚姻兢兢业业。在西周礼乐文明看来，男女两性问题，是天地下最大的礼。《礼记·郊特牲》说，婚礼是人类的开始，也为人类第一重要的事情。《礼记·哀公问》说，婚礼关系到人类生命的延续。性爱——生命活动的原始驱力美的生成因素不能不论及生殖崇拜。生殖崇拜是人的生命的一种驱动力，也是美的生命的一种驱动力。生殖崇拜和中国文学美学之间在意识形式上存在着深刻的联系。生殖崇拜，是原始先民追求幸福、希望事业兴旺发达的一种表示。所谓生殖崇拜，就是对生物界繁殖能力的一种赞美和向往。

性爱是生命活动的原始驱力，男女关系的最自然、最合理的表现。为了揭示生命的主题，作家常根据自己对性爱活动的认识和理解，或以升华的形式表现性爱的情感、精神形态，或以现实的方式来描述性爱的具体行为活动，展示两性交往所具有的意义与价值。与此同时，性爱题材的表现也受制于社会的诸

---

① 周予同：《孝与生殖器崇拜》，顾颉刚编《古史辨》第二册，海南出版社 2005 年版，第 173 页。

种力量，如道德、法律、习俗、人伦、风尚等。性爱虽是生命活动的基本形式之一，但由于性爱是人最为亲密的接触方式，具有相对的隐私性，公开展示性爱题材往往会使之成为引发人兴奋感的刺激源。因此，如何适度表现性爱题材历来是社会关注的焦点。为维护传统的性道德和性健康，社会及特定性文化通常倡导表现常态性爱题材，反对异常性爱题材的表现；鼓励描写性爱的情感活动及精神化过程，允许在一定程度上用虚化手段简略表现性爱行为，反对细致入微地描写性行为活动，并根据具体时代的伦理规范对性生活表现及描写尺度做出限定，以免产生消极影响。

巴东堂戏有一出戏叫《收租》，这本来是一个传统戏，一直延续到今天，依然盛演不衰。不过道白变"收租"为"收上交提留"。这是一部非常优秀的喜剧，整个剧情就是一部科诨戏。讲述的是男主人公乡游伯伯在柳二姐家收租。柳二姐欠租五年，乡游伯伯年年都去收租，但是每次都空手而回。原因就是乡游伯伯上场时的道白所说：柳家弯有一个柳二姐，年轻漂亮。"我"这个人什么都好，就是心软。每一次去催"上交提留"的时候，她几句好话一说，"我"也就只好作罢。

整个剧情就从这里开始：乡游伯伯请来了一个县里督办，称他杜川先生，其实就是一个不讲情面的收租"打手"。乡游伯伯授意：这次你一定要把租收到，不能被柳二姐的美貌和甜言蜜语所迷惑。当乡游伯伯和杜川先生来到柳家弯柳二姐家时，柳二姐动人的风姿和悦耳的话语已经叫他们难以开口要账。杜川先生一进屋就像着魔似的打瞌睡，柳二姐招呼他进卧室睡觉；乡游伯伯硬着头皮讨债，柳二姐招呼他在椅子上坐下，几段委婉贴心的四平调唱腔让乡游伯伯又动了恻隐之心。乡游伯伯不得不出杜川先生这张牌，杜川先生摆出一副不可一世的样子，说话硬邦邦的，石头不认钻子。柳二姐同样以委婉贴心的四平调唱腔唱得杜川先生也那么怜香惜玉。这一切乡游伯伯看在眼里想在心里，他不无讽刺地激将杜川先生：你在我面前发誓，不收回租金不姓杜！怎么样？还是让柳二姐给迷住了。杜川先生不得不撕破脸皮，拿出几年前的合同，要柳二姐履行法律文书。但是，柳二姐都让乡游伯伯和杜川先生没辙。

这出戏主题严肃而结局轻松；故事单一而有情致；情节曲折而张弛有致；情趣放肆而幽默含蓄；动作夸张而表意优雅。最突出的亮点——美与性贯穿在整个剧情之中，面对年轻漂亮的柳二姐这个欠债之人，债主和逼债的"打手"都被"美"所征服，而爱美的内驱力是"性"。在这个戏里有一个动作最耐人寻味，当乡游伯伯板着面孔要账时，柳二姐把乡游伯伯摁在凳子上：乡游伯伯你听我说嘛……柳二姐站在乡游伯伯坐的椅子背后，双手摁在乡游伯伯的头上，一边唱一边360度地摇着他的头。摇着摇着，乡游伯伯善心发现，放弃收租。杜川先生在"执法"时，同样被柳二姐把头摇晃得云里雾里，而且动作更夸张，表态更干脆。剧情一步步推进，喜剧性越来越突出，连麻面无情的杜川先生"执法"的理智也没了。无独有偶，西方也有一个类似的故事：古希腊雅典著名美女芙丽涅，因做模特儿被法庭传讯，当芙丽涅那美丽的形体在法官们面前出现时，他们无不叹服她的魅力，终于因此宣布她无罪。

性爱在古代的戏园子里也是有所表现的。汤显祖的《牡丹亭》被封建王朝最高统治者和道学家列为禁书禁戏。可在戏文中汤显祖是用隐喻、象征来表现性爱的，特别是舞台演出更是如此。如《牡丹亭·第十出：惊梦》：

〔旦叹介〕"默地游春转，小试宜春面。"

春啊，得和你两留连，春去如何遣？

咳，恁般天气，好困人也。春香那里？〔作左右瞧介〕〔又低首沉吟介〕

天呵，春色恼人，信有之乎！

常观诗词乐府，古之女子，

因春感情，遇秋成恨，诚不谬矣。

吾今年已二八，未逢折桂之夫；

忽慕春情，怎得蟾宫之客？

昔日韩夫人得遇于郎，张生偶逢崔氏，

曾有《题红记》《崔徽传》二书。

此佳人才子，前以密约偷期，后皆得成秦晋。〔长叹介〕

吾生于宦族，长在名门。

年已及笄，不得早成佳配，

诚为虚度青春，光阴如过隙耳。〔泪介〕

可惜妾身颜色如花，岂料命如一叶乎！

【山坡羊】

没乱里春情难遣，蓦地里怀人幽怨。

则为俺生小婵娟，拣名门一例、一例里神仙眷。

甚良缘，把青春抛的远！

俺的睡情谁见？则索因循腼腆。

想幽梦谁边，和春光暗流传？

迁延，这衷怀那处言！

淹煎，泼残生，除问天！

身子困乏了，且自隐几而眠。〔睡介〕〔梦生介〕

〔生持柳枝上〕

"莺逢日暖歌声滑，人遇风情笑口开。

一径落花随水入，今朝阮肇到天台。"

小生顺路儿跟着杜小姐回来，怎生不见？〔回看介〕

呀，小姐，小姐！

〔旦作惊起介〕〔相见介〕

〔生〕小生那一处不寻访小姐来，却在这里！〔旦作斜视不语介〕

〔生〕恰好花园内，折取垂柳半枝。

姐姐，你既淹通书史，可作诗以赏此柳枝乎？

〔旦作惊喜，欲言又止介〕

〔背想〕这生素昧平生，何因到此？

〔生笑介〕小姐，咱爱杀你哩！

【山桃红】

则为你如花美眷，似水流年，

是答儿闲寻遍。在幽闺自怜。

小姐，和你那答儿讲话去。

〔旦作含笑不行〕〔生作牵衣介〕

〔旦低问〕那边去？

〔生〕转过这芍药栏前，紧靠着湖山石边。

〔旦低问〕秀才，去怎的？

〔生低答〕和你把领扣松，衣带宽，

袖梢儿揾着牙儿苫也，则待你忍耐温存一晌眠。

〔旦作羞〕〔生前抱〕〔旦推介〕

〔合〕是那处曾相见，相看俨然，早难道这好处相逢无一言？

〔生强抱旦下〕

〔末扮花神束发冠，红衣插花上〕

"催花御史惜花天，检点春工又一年。

蘸客伤心红雨下，勾人悬梦采云边。"

吾乃掌管南安府后花园花神是也。

因杜知府小姐丽娘，与柳梦梅秀才，后日有姻缘之分。

杜小姐游春感伤，致使柳秀才入梦。

咱花神专掌惜玉怜香，竟来保护他，要他云雨十分欢幸也。

【鲍老催】

〔末〕单则是混阳蒸变，看他似虫儿般蠢动把风情扇。

一般儿娇凝翠绽魂儿颠。

这是景上缘，想内成，因中见。

呀，淫邪展污了花台殿。

咱待拈片落花儿惊醒他。〔向鬼门丢花介〕

他梦酣春透了怎留连？拈花闪碎的红如片。

秀才才到的半梦儿；梦毕之时，好送杜小姐仍归香阁。吾神去也。〔下〕

【山桃红】〔生、旦携手上〕

〔生〕这一霎天留人便，草借花眠。

小姐可好？〔旦低头介〕

〔生〕则把云鬟点，红松翠偏。

小姐休忘了啊，

见了你紧相偎，慢厮连，

恨不得肉儿般团成片也，逗的个日下胭脂雨上鲜。

〔旦〕秀才，你可去啊？

〔合〕是那处曾相见，相看俨然，早难道这好处相逢无一言？

〔生〕姐姐，你身子乏了，将息，将息。〔送旦依前作睡介〕〔轻拍旦介〕

姐姐，俺去了。〔作回顾介〕

姐姐，你可十分将息，我再来瞧你那。

"行来春色三分雨，睡去巫山一片云。"〔下〕

〔旦作惊醒，低叫介〕秀才，秀才，你去了也？〔又作痴睡介〕①

在土家族田歌、小调中，不乏表现性爱的作品，甚至还可以看到远古生殖崇拜的风流遗韵。

五句子歌

白铜烟袋七寸长，

小郎衔起进姐房。

烟袋放在箱子上，

鹞子翻身上姐床，

浑身压在姐身上。

新打的席子铺新床，

---

① 汤显祖：《牡丹亭》，人民文学出版社 1984 年版，第 45 页。

席子垫姐姐垫郎。

铺盖盖郎郎盖姐，

郎口里出气姐口里接，

这样的恩情怎舍得？

长声号子

麦草帽儿圆又圆，

情哥买顶送娇莲。

娇莲你戴起，

戴起不要钱。

（女）：怎么不要钱？

有朝一日花林中会着你

脱开你的裤子爬上你的肚子，

爬上去、趴下来，

短命死的冤家、

好比揉腌菜。

干妹妹在月里，

干哥哥送祝米。

（女）：干哥哥！不是晒你的起，

抛洒钱和米。

（男）：干妹呀！没拿啥东西，

反来糟蹋你，

扯上白布三尺三，

里面包的是鸡蛋。

扯一段花布七尺七，

里面包的是腊肉皮

（可无限复沓）……

赞歌

（男）：

栀子花开叶叶儿黄，

我向大姐借十样。

一要借姐的叮当响，

二借借姐的响叮当。

三借借姐的蜂糖罐，

四借借姐的罐蜂糖。

五借借姐的鸳鸯枕，

六借借姐的枕鸳鸯。

七借借姐的肉包子，

八借借姐的象牙床。

九借借姐的荡刀片，

十借借姐的救命王。

（女）：

栀子花开叶叶儿黄，

干妹没有这十样。

不会银匠哪有叮当响，

不会铁匠哪有响叮当。

不会熬匠哪有蜂糖罐，

不会养蜂哪有罐蜂糖。

不会裁缝哪有鸳鸯枕，

不会挑花哪有枕鸳鸯。

不会厨子哪有肉包子，

不会雕匠哪有象牙床。

不会剃头哪有荡刀片，

不会医生哪有救命王。

（男）：

栀子开花叶叶儿黄，

大姐确有这十样：

（讲你的）牙齿就是叮当响，

钥匙开门响叮当。

嘴巴就是蜜蜂罐，

说话好比罐蜂糖。

床头就是鸳鸯枕，

枕上一对巧鸳鸯。

面前一对肉包子，

上榻就是象牙床。

玉腿就是荡刀片，

那个就是救命王。[①]

读完这些歌词，我们不禁想起新疆天山深处的巨型生殖崇拜岩画。

1988年3月，新华社向世界公布了新疆天山深处的巨型生殖崇拜岩画。神秘岩画，深藏天山深处形象，大者超过真人，小者不过10—20厘米，这些身姿各异的男女人物，或站或卧，或衣或裸；既有女性与图腾相生的画面，也有男女交媾之状；既有双头两性同体人的形象，也有男女同卧一起的构图画面上的男性，大都极度夸张地显示其生殖器，且无一例外均指向女性。通观这幅

---

① 以上所引"五句子歌""长声号子""赞歌"系巴东县沿渡河镇民间艺人蒋仕明演唱，王飞霞记录整理。

赤裸裸性活动的画面，无论是粗犷的男子，还是秀美的女性，更有欢乐的小人，几乎都与后代生育、人的繁殖有关。

生命的艺术完善美，是一个相当复杂的现象。创造生命、讴歌生命，最早是以祭祀仪式出现的，上面这些岩画应该是祭祀仪式的反映。就是口传心授流传下来的反映爱情的歌谣，也可能是祭祀仪式中的歌曲。我们不能以今天的道德价值标准评判传统的歌谣。相反，我们更应该从历史的、客观的角度去看待它们。

第二章　土家族哲学、美学精神初论

作为中华民族大家庭的一员——土家族，在自身的发展中，创造了历史，也创造了灿烂的文化。尽管先民们没有留下系统的历史和哲学方面的著作，未能直接为我们今天研究这个民族的哲学、美学精神提供方便，但是我们可以通过先民们所创造并流传至今的创世纪文学艺术作品去发现这个民族的哲学、美学精神。现存的民间文艺作品，已无法明确其具体时代和作者，但它在久远的传承中，不仅是远古神话哲学精神的载体，我们还可以通过这个载体看到古神话哲学精神和美学精神的滚动发展。

第一节　神话哲学精神的滚动式发展

土家族是一个英雄的民族，自土家族先民巴人相传助周武王灭殷始，一直到抵御外侮战死疆场的清爱国将领陈连升，谱写了一部英雄的史诗。历代封建王朝对土家族实行的政策，从另一角度证明土家族是一个勤劳、勇敢、智慧的民族。而勤劳、勇敢、智慧的民族是靠理性精神支撑的，这种理性精神就是哲学精神的外化。那么，土家族迄今为止还没有一部系统的哲学，它的哲学精神在哪儿？虽然没有靠范畴、概念、命题组成的形而上学的系统哲学，但我们可以从现有创世纪神话以及久远的艺术中窥测先民创造世界、反映世界、改造世界的思维规律，并且这种规律蕴含着否定之否定的内在逻辑发展。

叶舒宪在论《中国神话哲学》时说："我提倡把神话作为前理论阶段的思维方式，作为前哲学的世界观和意识形态来研究，把神话学的研究重心从对个别神话文本的解释转向对神话思维的普遍模式和规则的探讨。这样一种探讨势必把我们引向哲学的领域。……如果说西方哲学的思维模式是在扬弃了神话思维模式之后发展起来的，那么可以说中国哲学的思维模式是直接承袭神话思维模式发展起来的。原因之一是，中国的汉字的象形特征使直观的神话思维表象得到最大限度的保留，而语言文字作为思维的符号和文化的载体，必然对中国人的思维方式、文化心理结构产生潜在的铸塑作用。"①

土家族创世纪神话一个最大特点就是它的完整性，如《迁徙记》：

> 千潭万水走过了，千山万岭走过了，
>
> 爬岩拉坎的地方走过了，鲤鱼标滩的地方走过了，
>
> 螃蟹爬的地方走过了，虾米跑的地方走过了，
>
> 麂子走过的地方走过了，猴子跳过的地方走过了，
>
> ……
>
> 走到深潭边，路也不通了，
>
> 社巴公公上船来，社巴婆婆上船来，
>
> 田家公公上船来，向家公公上船来，
>
> 彭家、王家、梁家公公上船来……②

这个土家先民迁徙的故事虽然不能排除后来传承者对故事的不断丰富，但无论是原始作品或不断完善的作品，都体现了土家人对一个过程完整性的理想

---

① 叶舒宪：《中国神话哲学》，中国社会科学出版社 1992 年版，"导言"第 2—3 页。
② 周益顺主编：《酉水流域摆手舞》，国际文化出版公司 2001 年版，第 172 页。

追求，而这种追求正体现了土家人的思维模式——圆周式思维模式。圆周式思维模式是土家族哲学的起点，它从本质上体现了这个民族认识事物的出发点和方法，圆周式思维模式至少蕴含三个层面：一是直面人生的客观选择，即"实践"的观念；二是蕴含着唯物辩证法的否定之否定的基本规律；三是决定了以彼物（事理）比此物（事理）的推导式思维，同时也决定了神话哲学滚动式发展的哲学展示方式。

从土家先民创世纪神话看土家族注重实践的哲学观是举世公认的事实，但从创世纪神话中去洞见"圆周式思维模式"却鲜有人所及，若要揭示这一基本哲学现象也不难，它就存于最为普遍的文学与艺术之中。诸如《梯玛神歌》《打猎歌》《捉鱼捕鳖歌》《迁徙记》《长刀砍邪》等，表现了土家与自然、邪恶斗争的完整、生动的全部过程，这些荡人魂魄的故事既是一页页土家先民光辉的创业史，又全方位地启迪了土家人的理性精神，它不仅引导着人们在自然中进取，而且还启迪了他们怎样去进取。遵循圆周式思维特点，用类比的思考方法，把握直觉到的某一种真理，再用各种具体化的比较和形象，尤其选用历史的例子来加强这个真理的力量。也就是说，土家人在晓之以理时，不是抽象地说理，而是把人拉回神话或故事本身，要你身临其境，从中感悟到某种真理。《摇橹》号子：

1. 奎（夔）府开头把梢出，臭堰溪摆的八阵图；

2. 燕窝石，两铁柱，粉壁墙，孟良梯，倒吊和尚半岩里；

3. 油渣溪，鲤拐子滩，错开峡，在南岸；

4. 梭罗树，斩龙台，烧火姥对门升子岩；

5. 龙袍扯肚，上马滩，红石梁，望巫山；

6. 巫山有个箜望沱，喊不得号子打不得锣；

　　……

13. 冷水溪，妇女溪，楠木园出的好猪蹄；

14. 杨家棚的柚子赛朱砂，火焰石出的好南瓜；

15. 三个转转出大峡，官渡口靠头把税查。^①

这一支船夫号子显然不属于土家先民的创世纪作品，但在展示方式上与创世纪之作《打猎歌》《迁徙记》等一脉相承，对于放船所经之地所见之事历历再现，不失为一篇纪实之作。其间所历之险、所经之趣无不是土家船夫们人生之境的体验。虽然号子从首到尾只是所经地点的一笔流水账，但如果将主题置入其境，就其形而下与形而上的显现，一是感性的经历，二是理性经验，而且在理性经验中，我们可以洞察出在前面提到的蕴含着唯物辩证法的否定之否定的基本规律。

否定之否定规律是唯物辩证法的基本规律之一，亦称肯定与否定规律。"否定之否定规律阐明了新旧事物交替中的辩证联系，以及事物发展过程的波浪式前进、螺旋式上升的性质，指出事物发展的方向是前进的，但道路是曲折的，事物的发展是前进性和曲折性的统一。否定之否定规律也是自然界、人类社会和思维发展的普遍规律，它揭示了事物发展的方向和道路。"^②土家社会历史的发展与艺术的发展无不反映这一基本规律，从人与社会的发展来看，体现在宗教信仰上有一个宗教—人的肯定—否定—否定之否定的发展过程。据史料记载，土家族有"人祭"的传说："田姓在堂屋里设有白虎神座堂。最早是杀人祭祀，事先买一个小乞丐（在十二岁以下），在还愿时杀以祭白虎，表示对白虎的虔诚。有一次族长的儿子犯了煞，要还人头愿，买了一个小孩，与自己的孩子同宿，深夜巫师进屋，错捉了族长的儿子杀了，全族恐惧，生怕以后自己孩子遭同样命运。便请巫师设香案卜问大神，能否以牛代替人祭，大神允许用牛还愿，从此改人祭为牲祭了。"^③ 这一个史料反映了土家族社会发展的历史轨迹，当土家先民在自然面前显得极其渺小时产生了崇拜的对象——"神"。当"神"对家族构成直接威胁时，人又改变了祭神的形式，生动地反映了"肯定—否定—否定之否定"的社会发展规律。从土家族艺

① 湖北省恩施行政专员公署文化局：《恩施地区民歌集·楚帮船夫号子》，1979 年版，第 67 页。
② 刘雅静、鲁波成主编：《马克思主义哲学》，山东人民出版社 2014 年版，第 131 页。
③ 鄂西土家族苗族自治州民族事务委员会：《鄂西少数民族史料辑录》，1986 年版，第 360 页。

术发展来看更是如此，诸如土家族神话、传说夹杂汉族的传说人物和历史人物；娱神的艺术形式逐步发展到娱人艺术；汉民族文学形式——诗歌、戏剧的大量引进，都标示着否定之否定是土家族哲学的基本内涵。

否定之否定规律是圆周式思维模式的高级阶段，也是以彼物（事理）比此物（事理）的逻辑发展。所谓比，即修辞格中的比喻，是指思想的对象同身外的事物有了类似点，就用那另外的事物来比拟这思想的对象。比喻的成立，实际上共有思想的对象、另外的事物和类似点三个要素，即本体、喻体和比喻三个成分。土家族艺术呈现的是一个"比"的世界，不仅注重具象的比，更注重抽象的比，其比的整体性、完整性更能体现土家族思想的哲学特点。在土家传统民歌中，铺天盖地而来的是醒目的"数字"文化，如《十绣》《五绣》《十二月》《十想》《十把扇子》《十爱姐》《十劝姐》《探郎十二月》《十解》《十枝花》《十二时》《十月探郎》《十字》《帕子歌》《灯草开花黄》《摇丧》……从内容来看，七情六欲无所不在，如《摇丧》："打上号儿，打上一，打上一，还上一，初一、十一、二十一，改上号儿，正月香袋，正月香袋绣起头，要绣狮子滚绣球……打上号儿，打上十，还上十，初十、二十、又三十。改换号儿，十月香袋，十月香袋绣完了，皮纸包起顺墙抛；改换号儿，有情哥哥，有情哥哥你拣到，无情哥哥你莫捞。"还有如《灯草开花黄》，共 80 段，240 句，是土家民歌的鸿篇巨制。其中也穿插了以数字为序的对称叙事，情感真挚动人，催人泪下。这些民歌所用数字在大多数情况下，与所叙内容没有必然联系，是用抽象数字的无限性来对应情感世界、物质世界的丰富性，实际是强调了主客世界的完整性。

第二节　直面人生的美学精神

直面人生是土家族艺术创造的原动力。土家族的精神生活与物质生活密切相关，脱离物质生活的纯精神产品，如绘画、雕塑几乎没有。其他如花灯、摆手舞等在公共场合进行表演的艺术，最早也与功利有关。就是外来落户的艺术通过改造也都与本民族还愿的习俗结下了不解之缘。形成这样一种艺术传统，主要是由功利主义的艺术追求与实用主义的宗教信仰所决定的。土家族在形式上虽然重淫祀，实际上并非追求超越现实的精神寄托（如仙山琼阁、西方乐土）。土家族敬祖宗之神，不讲修来世，大多本着实用主义精神，干什么事敬什么神，上山采药、砍柴、打猎敬山神，驾船、放排、捕鱼敬河神，消灾驱疫就请神赶鬼。表面上看来巫风无处不在，实际上这些所谓信神鬼活动是建立在以现实生活为目的的坚实基础上的。也就是说，土家族面对着一个客观的物质世界，万物有灵的宗教残余思想还继续牵制着人们的精神生活。宗教信仰还处在民间杂神信仰的状态之中，离释、道正统宗教还有一段距离。所以，既没有达到道教、佛教那种超越现实的精神境界，也没有进入汉族文人们所推崇备至的艺术的无我之境。说土家族务实，这可能就是他们最基本的处世哲学，当然也就是土家族创造艺术的根本出发点。

直面人生的艺术创造首先表现在功利主义的艺术追求上。综观土家民间艺术，它的产生都有着明显的生活目的性。以艺术性最强的摆手舞为例，它是一种最广泛的群众性艺术，娱乐性最强，又是农闲时表演，可谓庆典时的歌舞。《永顺府志·杂志》说："每岁正月初三至十五日，土民齐集，披五花被，锦帕裹头，击鼓鸣铳，舞蹈唱歌。舞时男女相携，蹁跹进退，谓之摆手。往往通宵达旦，不知疲也。"[①] 如此规模的群众性艺术活动，最早也是酬神的活动，摆手堂内供有土家族的祖先神，主持人也由巫师一类的"梯玛"充当，升龙凤旗，点燃火龙，然后众男女踩着锣鼓点起舞，纪念全名族的祖先。如《迁徙歌》所颂扬的是祖先迁徙之难："千潭万水走过了，千山万岭走过了；爬岩拉坎的地方走过了……走到深潭边，路也不通了，社巴公公上船来，社巴婆婆上船来；田家公公上船来，向家公公上船来，彭家、王家、梁

---

① 转引自彭继宽、姚纪彭主编《土家族文学史》，湖南文艺出版社 1989 年版，第 44 页。

家公公上船来……"① 这一曲颂歌运用赋的手法极力铺排，以此激励后世光大前人之功德，可以想见这是一个激动人心、催人奋进的场面。

但是，摆手舞这种酬神的艺术形式不仅是为了敬天法祖，也是一种对后世进行施教的形式，即在酬神的同时又在育人，寓教于乐在这里得到最理想的体现。如有一首摆手歌歌词这样写道："要养一点皮皮水哟！要放一层皮皮水哟！放了一天养一天……六天上面放到了哟！秧苗就有一寸长了哟。"② 通过摆手歌向人们传授农业技术，可谓土家人的发明创造。人们之所以酷爱这门土生土长的艺术，就在于摆手舞的内容可以使土家山民获得向自然索取财富的智慧，这也就是摆手舞在民间久盛不衰的原因所在。

薅草锣鼓是流行在土家族地区的一门生产型艺术，是从娱神到娱人，再向生产型转化的典型艺术。薅草锣鼓的产生和发展，一个重要的原因就是土家人强烈的农耕意识和社会意识促进了这门艺术的发展。"土家自古有薅草锣鼓之习，夏日耘草，数家和趋一家，彼此轮转，依次而周耘之，往集数十人，其中二人击鼓钲，迭相应和，其余耘者退进作息，皆视二人而节，闻歌雀跃，劳而忘疲，其功较倍。"③ 这一段记载不仅表明薅草锣鼓历史悠久，而且对薅草锣鼓的特征进行了描述。形成薅草锣鼓的动因，一是体现土家人团结互助的精神，二是展示一家一户的社会地位，即强烈的自强意识。薅草锣鼓艺术直接表现在农业生产上，但它的内涵表现在社会意义上。如果仅仅把这一形式理解为提高生产效率，那只是皮相。与其说是生产的竞赛，不如说是智能的竞赛。作为社会的细胞——家庭，也是一个最基本的生产单位，而这个基本单位能否在一方一块真正立起家来，家庭的主人和主妇就是关键性人物了，当家理治的能力，作为男人首先体现在能否搞好生产调度。打锣鼓作为一个整体确实体现了一种协助精神，作为参与者来说，都有一个科学安排生产的问题，只有在精心安排之后才能转工。譬如，邀请30个工打一天锣鼓，若家中只有两个劳动力，

---

① 周益顺主编：《酉水流域摆手舞》，国际文化出版公司2001年版，第172页。
② 彭继宽、姚纪彭主编：《土家族文学史》，湖南文艺出版社1989年版，第50页。
③ 潘顺福：《薅草锣鼓》，湖北长江出版集团、湖北人民出版社2006年版，第7页。

就意味着两人在外还工 15 天，这半个月的农活若不作周密安排就要贻误农时；作为家庭主妇是否精明强干，最好的检验方式，是看她能否井井有条地安排这一帮锣鼓人的茶饭，其中包括各种菜蔬的准备。而有能力的女子也希望在这时露一手，她们可以在这种场合身价百倍。如果女性这方面能力欠缺，要被贬为豌豆面粑粑——好看不好吃。薅草锣鼓这一生产形式是对一家一户综合能力的检验，强烈的社会意识是薅草锣鼓的潜台词，它对发展社会生产、提高人的素质、发展艺术都起着强有力的推动作用。

薅草锣鼓这种艺术形式是社会竞争意识的产物，艺术与劳动结合起来更是相得益彰。从艺术的角度来看，它也是在竞争之中不断地发展和完善的。如"晒锣鼓"，也可以直接理解为赛锣鼓。其表现形式，在一水相隔的两岸山坡上，两套锣鼓相对出。这是没有预约的比赛，既比生产效益，又赛锣鼓艺术。首先比锣和鼓的质量，即锣和鼓有无震撼整个生产场面的效果；其次则比锣鼓匠的技艺、歌手以及山歌的花样。如果说"晒锣鼓"是非直接性竞技，那么"双锣鼓"则是直接性的了。双锣鼓是在同一场面两套锣鼓同时打，作息同步进行，锣鼓匠、歌手可随意调换位置献艺，可谓强手的对抗赛。赛场的扩大，可使生产型艺术竞赛达到最高热点。

薅草锣鼓是直面人生的艺术范例，是直面人生的美学精神的具体体现。它的艺术节奏集中地表现了土家人的生产节奏，同时也是土家人心理节奏的外化。土家人搞生产，搞就搞两下、玩就玩一下的劳动心态，就是在薅草锣鼓这一传统艺术中形成的。只要是打锣鼓，无论薅草挖田，在一天六歇（作息时间单位）中，每一歇至少掀起两次至三次竞赛高潮，也是小伙子们大显身手的时刻。此时紧锣密鼓，没有歌声穿插，只有锣鼓声和锄田声，其阵势撼动天地，生产的效率倍增。也就是在这种生产型艺术的长期影响下，土家人形成了有紧有松的劳动习性。这种习性不仅体现在打锣鼓的场合，背挑抬挖的小型劳动场面也出现有节奏的竞赛活动。薅草锣鼓是劳动和艺术的完美结合，它不同于劳动号子，从艺术角度看，它展示的大型音乐套曲，作为思想文化的载体，不断陶冶人们的艺术情操；从劳动形式上看，它体现了一个民族团结互助的精神风貌，其艺术节奏和劳动节奏在双向律动中，形成了土家人有紧有松、节奏感强的劳动心态。

第三节 自我完善的审美心理

"每一个民族，都是一个相当稳定的共同体。由于历史的原因，他们在语言、地域、经济生活、心理素质、文化表现上，都有其自身的特点。为上述诸因素所决定的审美心理，亦表现为民族的差异。在审美观念、审美理想、审美趣味、审美素质上，都有自己民族的特色。从而形成了不同民族的审美活动系统。"[①] 当然，土家族也不例外，它在自己的艺术审美创造中，首先体现在以"乡风"为特征的艺术个性上。

土家人对自己的艺术个性有简洁朴实的概括："山乡十五里，各有一乡风"，这一描述道出土家族这一大文化圈中还有各个小文化圈的状况。乡风是小文化圈的个性展示，是民族地区范围内区域性文化心态的反映，当然也是民族意识的艺术性外化。《左传·成公九年》中记载的"南冠"操"南音"的故事对我们今天理解乡风的民族意识很有启示。乡风虽不能与"南音""土风"（实际上是楚国国乐）相提并论，但作为一个民族区域性的乡风，同样凝聚着民族的性格和意蕴。

从土家民间艺术来看，如摆手舞、跳丧舞、傩堂戏，这些区域性特强的艺术，很明显地表现出"各有一乡风"的风格特点。清江流域的跳丧舞开场时，先有一人提锣绕场，边敲边唱。而黔东北的跳丧舞开场，先有掌坛师举行观尸仪式后再唱开篇……遍布土家聚居区、散居区的薅草锣鼓歌，同样呈现的是"各有一乡风"。巴东茶店与鹤峰县走马南北相距数百里，薅草锣鼓这一共通的艺术在总体风格一致的情况下，又表现出不同的特点。所谓总体风格一致，主

---

① 林同华：《审美文化学》，东方出版社 1992 年版，第 148 页。

要是指声乐特征，都用大型音乐套曲，由歌头（起歌）、请神歌（请歌）、扬歌（主歌）、送神歌（尾歌）组成。演唱时主要用高腔，节奏自由，句末多用下滑音。它具有鲜明的呼唤、应答式节奏和腔调等优点，近似《高腔·喊喊调》，即文人所谓的"深山峡谷之音"。所呈现的不同点，主要是指所表现的内容。以巴东、鹤峰的薅草锣鼓歌为例，鹤峰的薅草锣鼓歌宗教意识更浓，巴东茶店的薅草锣鼓歌词内容则更贴近生活。

巴东薅草锣鼓歌

《清早起来·高腔·对声号子》：

清早起来象牙床上坐，

两手撩开两纱罗，

……清早起来露水一条河，

打湿幺姑娘的花鞋白裹脚。

《你今早来得早·高腔·对声号子》：

你今早来得早，

我今早来得迟，

韩湘子约我下棋。

《唱得日落西·高腔·下山号》：

一只大公鸡，

头高尾又低，

不等天亮就叫起，

叫得日落西。

鹤峰薅草锣鼓歌

《开场腔调》：

五更金鸡闹喧喧，

银河滚滚雾漫漫，

……

香茶白酒送神还，

一心归门礼相请，

银銮接驾下桑田，

《请神腔调》：

一下田来参一声，

参天参地参龙神，

上参天宫日月星，

下参社稷并生灵。

《送神》：

多多拜，

多多拜上主人家，

安置香米与香茶，

唱歌的儿郎送菩萨。

　　通过比较，我们的确可以看到"出乡十五里，各有一乡风"在土家山寨是一个普遍现象。"各有一乡风"，与土家人的审美心理定式密切相关。笔者曾亲眼目睹过两件事，或可作为"各有一乡风"的审美心理定式的佐证。1959 年，巴东县森工局有个来自后乡（土家族聚居区）的工人在神农溪被水淹死了，死者的葬礼在前乡（土家族、汉族杂居区）举行，按当地风俗应从坐丧。但死者同乡执意不肯，于是便举行跳丧仪式。霎时，当地人云集，感觉新奇，甚至数年之后还谈论不已。另一件事发生在 20 世纪 70 年代初，来自土家族的两位战士，对电影非常淡然，部队周末放电影，他俩总是找借口请假，连长觉得奇怪，便暗暗观察，发现这两个战士一个敲锣，一个打鼓，正拉开嗓子在营房里唱薅草锣鼓歌……

乡风的特质，体现了与自然同趣的音乐美，是土家先民智慧的结晶。余笃刚先生说："每个民族都有自己的文化传统和民族风格，这是因为不同的民族由于生活思想情感、风俗习惯、地理环境的差异，尤其是民族语言的音调特质，以及表情达意的方式不同而形成的。声乐的民族音调的形成也正包含了民族语言的特质。"[1]民族语言的音调特质是民族心理聚集力的表征，音乐同样反映了这种心理特点，而且由此形成的观念表现得更为根深蒂固。关于音乐与自然的关系，《左传》的有关记载认为音乐来自自然，生于天地"六气"，而尤其与"风"有密切关系。"所以人们认为，一方面'省风以作乐'，要模仿自然之风制作人为之乐。"[2] 笔者认为，土家族声乐的产生，一个很重要的方面就在于对自然的模仿。综观土家族的山歌和田歌，无论是高腔还是平腔，使用的基本调式多为徵（5）调，除扬歌外，旋律线多为上、下级进或接近平行式旋律线。其乐汇、乐句四拍六拍八拍为多，特别是每一乐汇的后两拍，多用衬字拖腔，如

$$5\ 5\ \dot{1}\ 6\ |\ 5\ -\ \underline{5\ 6}\ \underline{5\ 6}\ |\ \dot{1}\ |$$，而且常用下滑音来润腔。这种基本乐汇、乐句不妨说就是对大山的回音的模仿，是受自然现象启发之后的一种自觉的艺术创造。在土家先民们看来，山的回音记录了人们行走踏歌的自由节奏，同时产生此呼彼应的有趣的"对歌"效应，不妨说呼唤式、应答式旋律和节奏的模式就是从这里脱胎出来的。至于下滑音润腔表现在生理上是气流的猛然收刹，表现在美感上是审美体验之后的艺术创造。在先民们看来，山的回音是一种神秘的现象，随着先民音乐创造的神秘感连同对祖先业绩的崇拜心理的长期积淀，"深山峡谷之音"的声乐传统便继承下来，不过在继承和发扬祖先的声乐传统中，各自又有所发明创造。因此，不仅形成了"各有一乡风"的声乐特点，而且还形成了自乐一隅的审美心理。自我完善不是全封闭的，相反，它是

---

① 余笃刚：《声乐语言艺术》，西南大学出版社 1987 年版，第 336 页。
② 蔡仲德：《中国音乐美学史论》，人民音乐出版社 1998 年版，第 22 页。

在"各有一乡风"的审美原则下不断地吸收、不断地自我完善的。辨别艺术个性最显著的标志莫过于语言和音乐的特点。在土家族地域内,标志区域性"乡风"的山歌更是如此。最初定型的艺术形式总是具有宗教性权威的,也是不容随意抛弃或改变的。土家人在艺术上的自我完善,一直以"乡风"为坐标来规范、改造外来的艺术。

南戏在土家族地区的嬗变就是一个很好的例子,"当上路声腔、南北路和昆、高诸腔陆续传入鄂西后,习染本地语言风习,久而久之,行腔使调会有变异,如上路声腔已失去了'哪呀嗨'采腔衬词,南北路和上路诸腔都带有'深山峡谷之音',昆曲也不再那么柔媚文静了。同时,土家人之酬神还愿的宗教音乐也渗入南戏中来"。[①]甚至在有些剧目里,唱腔还增设土家薅草锣鼓调,唱词和说白杂有恩施方言土语。这些都是从土家人审美心理定式出发去进行完善的,使之更适合本地人的审美趣味。

巴东皮影戏是由四川入境的一门外来艺术形式,在土家、汉族杂居区甚为流行,从行腔使调来看,唱白完全用方言土语,就连皮黄唱腔也近似山歌喊喊调。巴东堂戏是土生土长的戏剧艺术,有近三百年的历史,但在今天看来,它似乎没有受到任何冲击和异化。尽管剧目不出明清传奇,但在表演风格上,长于剧情交代,短于抒情,与其他剧种形式相比具有完全不同的风格,这主要是由于唱腔设计受山歌的影响所致。不难看出,这种舞台艺术风格都是在同一个坐标上形成的,是以"乡风"为本位的艺术模式。"乡风"充分展示了民族的个性,具有深层文化结构的内涵。千百年来,它一直影响着土家族人的艺术创造和审美心理。

---

① 彭继宽、姚纪彭主编:《土家族文学史》,湖南文艺出版社1989年版,第277页。

第三章　土家族文化主体精神初论

土家族是一个优秀的民族，其民族精神与华夏统体是一致的，那就是"自强不息，厚德载物"。《乾·大象》说："天行健，君子以自强不息。"《坤·大象》说："地势坤，君子以厚德载物。"吕绍纲先生解释说，天道的特点是乾健，地道的特点是坤顺。君子要像天道那样自强不息，像地道那样厚德载物。"自强不息与厚德载物，在天地来说，是自然的本性，不须思为，本然如此。在人来说，则非自然的本性，必须通过思与为方能达到。人自强不息和厚德载物有它一定的内容，不是虚玄空洞的。自强不息是说君子应该用我之强，不断地修养自己的德行，完善自己的人格，以达到君子乃至圣人大境界。《周易》此外关于德行修养的一切要求都不出自强不息和厚德载物这两条含盖。自强不息与厚德载物后来成为儒家学派理想人格的中心要求，同时也是中华民族传统思想文化的精神基石。"[①]

土家族地处华夏内陆中部，四围山水为屏障，虽相对封闭，但其文化发展始终处于动态之中。仅从有限的"族源""族谱"记载，自春秋战国时期至明清，人群从山东、江苏、江西及邻省迁徙至此地。而历代王朝始终对土司地区倍加关注，土司王不断入朝觐见，朝廷利用土司和朝廷统军的威慑统辖。乃至民间人流的迁徙，土家族人的成分也在不断地发生变化，其文化的内涵也在不断地扩充。这都说明土家族文化精神不是在静态中传承的。据散毛司覃氏族谱

---

① 吕绍纲：《周易阐微》，吉林大学出版社 1990 年版，第 193 页。

记载："墨来送，覃姓，谭子之后。齐侯灭谭，谭子奔莒，遂去言为覃。梁有覃元克、覃元先，唐有覃行璋、覃光钿，皆其裔也。来境原七司，散毛为长。墨来送，其始官之祖。土人谓天曰墨，谓天来送也。为唐贞观安抚使，递传至宋。"① 族谱详载，自宋仁宗朝加散毛宣抚使司，世袭其职。迄宋以返，历朝皆加封至清雍正十三年，率属归诚，缴宣抚使印，给予千总世袭，拨给汉阳、孝感田房安插。

又据咸丰活龙坪《秦氏族谱》载："祖思安公，祖籍山东，曾祖移居江南，应天府，地名高坎子，猪市街，皇祖迁湖北汉阳府孝感县，元季时，思安公官千户邑，生四子，时四方扰乱，携四子赶苗至四川，直奈酉阳彭水县长潭坝落业。"② "利川《牟氏族谱》：惟茂公生于之时，原籍江南应天府上元县五峰村。至正二年（1342）移居湖广荆州下百里，名赤安□□，因诛夷建功，授柳州城宣慰之职，遂家□生仲泰公，于明洪武移于蜀东夔州府万县巴南里下元坝……"③ "恩施大吉《焦氏族谱》，昔立存谱人：焦明扬、焦功扬。吾门焦氏，高祖原在南京，竹牌门，猪豕巷人氏，明太祖洪武辛酉年（1381年），拨于湖广施州卫，镇守地名磨子岩，借住二载，四处查访落业之所，得南乡安乐屯，焦八斗，甲子春（1384）遂搬此处，携家小一起共驻，待至万历年间，数载二百春有七矣（公元1591，万历十九年），不幸于九年残兵扰乱，庶民不安，以致兵强民弱，不能安生，遂逃去，喜得与唐崖土司侯姓开亲，方得趋吉避凶，又有数十年矣。崇祯在位十五年间（1642），又被残兵扰乱，黄英夫人拖下荆州二十二年，兆民之心，犹然未定，不意天心不顺明，欲兴清朝，蒙圣朝大开洪恩，康熙元年，钦命余大人，见民冻馁，无所依归，特出告示晓谕，凡在府逃出省的，归府城；在县逃出者仍归县内。有业者各复其业，无业者，勤简创制，我等沾恩跪拜，领命而归，将于康熙四年（1665）复落业于此耳。"④

① 鄂西土家族苗族自治州民族事务委员会编：《鄂西少数民族史料辑录》，1986年版，第66页。
② 同上书，第93页。
③ 同上书，第95页。
④ 同上书，第97—98页。

仅此数例，不难看出，土家族人并非全为土著人，历朝都有从中原、江东等地不断涌入者，随着他们的到来，黄河流域、长江流域的儒家文化、道家文化，特别是儒家文化不能不渗入土家族本土文化之中，更何况历代王朝的官方文化作为权威话语高压式渗透。所以说"自强不息，厚德载物"为土家族文化主体精神是不容置疑的。

第一节　以民族大义为重的"尚武"精神

一个民族的文化精神是由这个民族的生存状态所决定的。也就是说除了封建王朝这一统体强加于这个民族的国家意志外，还有着自身民族性的一个方面，而且这方面是其内在的、延续的，标示着这个民族的本质，这就是土家族文化的主体精神。那么土家族除了与华夏民族同有"自强不息，厚德载物"的共性之外，最能体现这个民族的民族性的就是：尚武、崇文、倡和、率性，这是土家族文化的主体精神。

尚武精神是土家族至关重要的民族精神，它反映了土家族的生存状态和生存意志，顾祖禹《读史方舆纪要》载："施州卫军民指挥使司，禹贡荆梁二州之域，春秋为巴国境，战国为楚巫郡地，秦属南郡，两汉因之，三国吴属建平郡，晋以后因之，后周置清江郡，并置施州（治清江县）。隋亦为清江郡（移治盐水县），义宁二年（618）复置施州（仍治清江），唐因之，天宝初改曰清化郡（通典作清江郡），乾元初复曰施州。五代时为后蜀所据，宋平蜀乃曰施州（亦曰清江郡）。元因之，属夔州路（以清江县省入），至正十七年（1357）没于伪夏。明洪武四年（1371）仍置施州，十四年（1381）兼置施州卫。二十三年（1390）并州入卫，改为施州卫军民指挥使司（编户三里），属湖广都指挥使司，领军民千户所一、宣抚司三，安抚司八，长官司八，蛮夷长官司五。而容美宣抚司亦在境内，今仍置施州卫。卫外蔽夔峡，内绕溪山，道至险阻，蛮獠错杂，自巴蜀而瞰荆楚者，恒以此为出奇之道。宋末蒙古搭海入蜀，荆湖帅孟珙遣兵屯施州以备之。又蒙古兵渡万州湖滩（万州今四川万县），施、夔震动，盖施、夔表里大江，而清江源出彭水，中贯卫境，至夷陵宜都而合大江，取其迳又捷也。明隆庆五年（1571）湖广抚臣言：荆州去施州道里险阻，不便巡历，夷陵以西，有明初颖国公傅友德所辟取蜀故道，名百里荒者，抵卫仅五百余里，清移巴东之石柱巡司于野三关（在卫东北四百里）。施州卫之州驿于河水铺（在卫东北三百里），三会驿于古夷铺（在卫东北二百余里），俾闾并联落，而于百里荒及东北陇，仍创建哨堡，各令千户一员督夷陵、长宁二所（长宁所设于归州治东），班军各百人更番戍守，庶无险远之虑，此亦平时效筹者所当知也。"①

《读史方舆纪要》对我们了解恩施土家族有两个重要方面的提示，一是从地域行政区划沿革可窥见历代封建王朝统治者非但没有把这个地方看作被遗忘的角落，相反，倒十分重视这里的行政建制；二是从地域地理环境出发，始终把这一地域看作中原之外围与西南边陲少数民族缓冲的战略要地，或曰军事要冲的中间地带。第一个方面，作为历代封建统治者是从统一的政治目标出发的，从行政区划沿革来看，历朝都有不同的分而治之的方略，并不是铁板一块、恒定不变的行政区域管理，局部区域时而划归四川，时而划归湖广，总而言之，区划处于流动之中，不至于使地方土司形成针插不进、水泼不进，抱成一团的顽固势力。就其地地势险要而言，汉代大一统的威慑，与内地统一行政分疆而治。自唐以后，在统一各边疆地区后，在族首领所辖领域的基础上设置羁縻府、州、县 856 个，大的为都督府，其次为州，小的为县，并任命各首领为都督、刺史等官，世袭。宋代民族矛盾的热点在北边的西夏和辽，而西南少数民族并没有问鼎中原的野心，所以朝廷对土家族也是采取羁縻政策，土家族地域内接壤中原地带，外接壤边疆少数民族，其地更具政治、军事敏感性，特

---

① 转引自鄂西土家族苗族自治州民族事务委员会《鄂西少数民族史料辑录》，1986 年版，第 9—10 页。

别是作为军事要冲，土家族区域首先是朝廷汉族政权区域对边疆少数民族地区的门户，而对于边疆少数民族地区来说，土家族区域又处在与中原接壤的最前沿。这种双重边沿的特殊"身份"决定了土家族特殊的生存方式，从而孕育了自强的"尚武"精神。

由于史实的记载较少，我们无法描绘充满血腥的土家族民族发展的战争史，但是我们可以从部分史料中窥见自唐以来土家族族谱所载历代武宦受封任职的情况。据《施南府志》卷二载，"清初卫制仍旧，凡十八土司。东乡安抚司、忠建宣抚司、施南宣抚司、忠峒宣抚司、散毛宣抚司、忠路宣抚司……唐崖安抚司、龙潭安抚司、沙溪安抚司、卯峒长官司、漫水长官司"等。① 在众多的土司中，自唐以后，上至兵部尚书、金紫光禄大夫、元帅、下至千户、安托事，据不完全统计有近千人，家族最多世袭十九世，近百人受封世袭。如利川《牟氏族谱》载："唯茂公生于之时，原籍江南应天府上元县五峰村，至正二年（1342）移居湖广荆州下百里，名赤安□□，因诛夷建功，授柳州城宣慰之职，遂家□生仲泰公，于明洪武移于蜀东夔州府万县巴南里下元坝，生继兴、继旺，兴公归守祖坟墓，居大木贡，生高凤、九凤、彰凤、翔凤、碧凤、义凤，后嗣昌炽"。②

　　　一世　皇明追封荣录大夫牟茂；

　　　二世　都督金事牟仲泰；

　　　五世　石柱宣抚牟华富；

　　　六世　石柱宣抚牟都贵；

　　　七世　特授边宣慰牟德隆；

　　　九世　议明千总牟正道；

　　　　　　施州军民卫统辖十四土司牟正南；

---

① 鄂西土家族苗族自治州民族事务委员会：《鄂西少数民族史料辑录》，1986年版，第23页。
② 同上书，第95页。

十世　南京凤阳府凤卫侯牟文绶;

十一世　山西平阳镇都督将军牟海鸾;

西川汉中府总府牟海井;

贵州袭封镇付将牟海奇;

潼川中江三放府牟海坤;

川北镇左营付将牟海;

十二世　襄镇标竹房参将牟延祚;

川北镇总府牟世延;

广东平东营付将牟延大;

施州军民卫管辖十六土司牟世勋;

川北镇左营付都督牟世才;

川北镇前营参将牟世和;

湖广都标随征功加总府牟延儒;

四川老湘镇总府牟延昌;

四川重庆镇总府牟世联;

北川镇左营付将、四川付将牟世学;

十三世　浙江全省提都定海镇将军牟大宾;

川北镇左营参将牟大伟;

川北镇左营游击牟大德;

川北前营游击牟大雄;

……骠骑将军牟云龙;

辽东辽阳镇金吾将军牟云弼;

十四世　四川毛驿镇游击牟登元;

川北后营付将牟登臣;

重庆府付将牟登应;

夔州府付将牟登科;

四川都督付将牟登朝;

……江南提标辕门守备牟登代；

钦奉明威将军牟登巍；

十五世　江南孟河营付总府牟承钰；

十六世　都司牟承龙。①

乾隆三十四年所立牟茂碑文，记录了牟氏家族十六代在军中任职者有六十余人。

又据唐崖《覃氏族谱》载："启祖元朝宗籍，始祖铁木乃耳，是授平肩之职，生颜伯占儿，生文殊海牙，生脱音帖儿，特授宣慰司之职，迁山东青州任事，因明太祖给予招安，随奉军门，自南京应天府，上元县猪市街，朱家巷落业，是授明秀将军之职，脱音帖儿生福寿不花，生覃启处送，后因边夷南蛮累叛，奉旨征剿，招安蛮民，镇守斯地，分茅设土，安营于宣抚山，因斩寇有功于朝，世受皇恩，承职以来，隶属施州卫，代理过道，经今一十八世，其先元明两朝，俱蒙授安抚宣慰之职……"② 先后数十人世袭十八代，至雍正十三年（1735）改土归流迁移赴省安插。

又有容美《田氏族谱》载："田行皋，元和元年（806），从高崇文讨平刘辟，授施、溱、溶、万招讨把截使后，加兵部尚书、金紫光禄大夫、施州刺史，仍知溱、万、溪、溶四州诸军事。"③ 自中唐至清雍正十三年，历唐宋元明清数朝，数十人代代世袭。尽管这个家族武职承袭记载的历史跨度大，譬如自唐元和元年至宋代元祐年，再至明洪武初五百多年历史，史书只两笔记载，仅此两笔都言袭武职之事："田思政，元祐间袭授镇南等处军民五路都总管"；"田光宝，乾宗子，洪武三年（1370）三月，遣弟光受等以元所授诰敕印章诣行在请换，上命光宝为四川行省参政，行容美等处军民宣慰使事，仍置安抚元

① 鄂西土家族苗族自治州民族事务委员会：《鄂西少数民族史料辑录》，1986 年版，第 95—97 页。
② 同上书，第 72 页。
③ 同上书，第 75 页。

帅治之。五年二月，遣子答谷朝贡"。① 这些记载表明：一是"袭职"，袭职当然就是世代承袭。二是"换印"，这就是说，改朝换代后新的政权建立，中央政权若承认某土司在前朝所任武职，必须向新的中央政权缴纳前朝印信，以换新的中央政权的印信。从袭职的情况看，虽记载粗疏，依然显示出连贯性，而且这种连贯性越出了一般的朝廷世袭的情况。在汉民族统治区，尽管处于中央集权下滑时期，朝廷对世袭也是非常敏感的，铲除的态度是强硬的。仅举一例：中唐时期，藩镇割据的形势异常严峻，两淮节度使吴少阳死，其子吴元济隐瞒不报，私自接替其父吴少阳之职，并强迫唐中央承认这一世袭事实。唐中央政府为铲除这一世袭祸根，不惜一切代价予以平息。相反，历朝中央政府在土家族地区武职的认定上几乎都是陈陈相因。不管朝廷在土家族地区土司制度上采取息事宁人的战略以及特殊形式的待遇如何，有一个不争的事实是，土司武职世袭由来久远，有的甚至达千年之久，一般至少也是数百年之久，武职延续十几代人。这就不能不使我们思考一个问题，这种职位传承不能不形成习武的传统和尚武的精神。

尚武的民族精神首先体现在代代世袭的豪门大族之家。如容美田氏土司田霈霖，作为武人，朝廷授宣慰史之职，加太子太保荣禄大夫，后军左都督，赐莽玉一品正色。但他不以武人自居，袭职不过三个年头，三十多岁英年早逝。但在其为数不多的诗里，却体现出了民族大义的尚武精神。如《甲申除岁感怀和家大人韵（十首）》其八：

> 兵戈惊满眼，尚是赤眉尘。
> 长啸书空字，扪心叩净因。
> 鬼呼新夜雨，人怯早花春。
> 但得亲尝健，长缨自许身。②

---

① 鄂西土家族苗族自治州民族事务委员会：《鄂西少数民族史料辑录》，1986 年版，第 75 页。
② 陈湘锋、赵平略：《〈田氏一家言〉诗评注》，中央民族大学出版社 1999 年版，第 264 页。

"兵戈惊满眼……长缨自许身",体现了儒家传统的尚武精神。他在这组诗的第九首中又叹道:

> 转响光阴疾,难更不染心。
>
> 山河愁时改,带砺想恩深。
>
> 历数浑非旧,人情顿是今。
>
> 离骚聊自展,一读一悲吟。

对于这一组诗陈湘锋先生等是这样评点的:"满清军队显然比李自成的部队更强大,所以,这位在与李自成领导的农民军作战中立过功的土司'太子',也觉得有点力不从心,'复楚惭申胥,标铜愧伏波'。但是,田霂霖仍然要为明王朝的天下尽自己的微薄之力。'长缨自许身',他是这么说的,也是这么做的。'公念世恩难忘,与督师何腾蛟、褚应锡时以手札往来,商略军机,以图匡复'……时局终是难为,无论田霂霖怎样'难更不染心',新建立的南明王朝毕竟只是一个新的腐败的集合体,它根本无力与强大的满清相抗衡,田霂霖最终也就只有带着满怀的愤懑和失望接受这个现实。'离骚聊自展,一读一悲吟'。'梅花随意缘,淡淡若为新'。"① 田霂霖的尚武精神是以国家命运为重的,同时又不是狭隘的民族主义。在"和大人韵"十首组诗中,首先体现了武人的使命感——长缨自许身,一旦认识到南明小王朝的腐败本质时,纵然有江山易主的遗恨和黍离之悲,还是以民族大义为重,"梅花随意缘,淡淡若为新"。

其次,是作为土司地区并非世袭家族行伍出身者,从另一个侧面折射出土家族的尚武精神。当然,这也是土司制度形成的客观背景。在军事方面,土司实行的是兵农合一,寓兵于农的旗长制度,实际上是全民皆兵,军源充足,治军严厉,训练有素,土司军队中英勇善战者不在少数。以抗英名将陈连升为

---

① 陈湘锋、赵平略:《〈田氏一家言〉诗评注》,中央民族大学出版社 1999 年版,第 266 页。

例，《清史稿·陈连升传》曰："陈连升，湖北鹤峰人。由行伍从征川、楚、陕教匪，湖南、广东逆瑶数有功，累擢增城管参将。道光十九年，破英兵于官涌，擢三江协付将，调守沙角炮台。及英舰来犯，连升率子武举长鹏以兵六百当敌数千，发地雷扛炮数百，卒无援，殁于阵，长鹏赴水死。敌以连升战最猛脔其尸。事闻，诏嘉其父子忠孝两全，入祀昭忠祠，并建专祠，加等依总兵例赐恤，予骑都尉世职。子展鹏袭，起鹏赐举人。"① 土家族的尚武精神体现在抵御外侮、推翻封建统治上的伟大壮举是数不胜数的。比如明代抗倭名将田世爵父子，推翻清朝政府的首义功臣邓玉麟、宋和中。陈连升抗英是最悲壮惨烈的一幕，这是陈连升一生中失败的最屈辱的一次战斗，这也是土家将士在抵御外侮的战争中未能获胜的惨烈战斗，这种奇耻大辱是清廷卖国贼琦善撤出军备所造成的。土家族尚武精神不仅体现出忠勇，更能体现出智慧，即文韬武略。土家族在抵御外侮的战斗中有自己独特的战法。抗倭时期，抗倭统帅戚继光从土家人的战法中总结出了"鸳鸯阵法"。在抗击英国侵略者时，陈连升依然有自己的战法，打得敌人闻风丧胆。"陈连升进驻沙角后，率领官兵修筑工事，加强练兵，严阵以待英国侵略者。一八四〇年八月，英船入侵磨刀洋。陈连升受林则徐之令，率船五艘，载水师三千，与英船在磨刀洋展开了激烈的海战，陈连升利用熟悉的水域，派小舟四面出击，接近英船作战，使侵略军首尾不得相顾，四面挨打，死伤惨重，大败而逃，我军又获大胜。陈连升的名字，使英军闻风丧胆，一度不敢来犯……琦善到广州的第一件事，就是为取悦侵略者，下令谋杀坚决抗英的陈连升，为英国侵略军'代伸冤抑'。琦善的倒行逆施，激起了广东军民的义愤，数千人自发到钦差大臣衙门前为陈连升请愿。卖国贼琦善迫于众愤，表面上不得不收回杀害陈连升的成令，而背地里采取借刀杀人的办法，一面和侵略者签订卖国条约，一面又撤走在沙角驻守的八百官兵，拆除全部木排铁链，遣散忠心为国的船工水勇，从各方面削减陈连升的战斗力，

---

① 转引自鄂西土家族苗族自治州民族事务委员会《鄂西少数民族史料辑录》，1986 年版，第419—420 页。

为入侵者提供方便。"① "连升久历川楚戎行之老将，兵止六百，夷船炮攻其前，而汉奸二千余梯山背攻其后，陈连升于后山埋地雷，机发轰死百余贼，而不能再发，贼后队复拥而上，众五倍于我，我兵前后歼贼三百余，而火药已竭。贼火轮杉板船又绕赴三门口，焚我战船十艘，水师或溃或死，其横档、靖远、威远各炮台，仅能自保，且俱隔于夷船，不能相救。陈连升父子战死，贼遂据沙角、大角两炮台。时提督关天培、总兵李廷钰、游击马辰尚分守镇远、威远、靖远各炮台，兵仅数百。相向而泣。"② "英国侵略军攻占沙角炮台后，以陈连升顽抗为由，竟用军刀砍他的尸体，并炸毁炮台和破坏大炮……沙角炮台失守后，陈连升的战马被英国侵略军掳去香港。这匹马在香港表现得非常有气节：英国侵略军喂它，它不吃，给它水喝，它不喝；英国侵略军走近它，它就扬蹄踢击；英国侵略军一骑它，它就非把侵略者甩下不可；英国侵略军发怒，用刀砍它，它也不屈服……如果招呼它，说能把它带回虎门沙角炮台，它就急忙摇尾跟随着走。但是，英国侵略军始终不肯放它，以致它忍饥挨饿，于道光二十二年四月（1842年5月）饿死于香港，为纪念陈连升的战马，后人写有《义马诗集》，树有节马碑，高度地赞扬了节马的精神。"③ 一个半世纪之后，江泽民同志在虎门鸦片战争博物馆看完节马碑，敬录林则徐著名诗句以赞其节马精神："苟利国家生死以，岂因祸福避趋之。"陈连升和他的战马已是中华民族尚武精神的象征，陈连升的战马在香港死节之后，清道光年间的张璐编有《义马诗》《义马唱和诗》。《义马诗》卷一（40首），均为珠江三角洲有影响的人物所作。诗的作者以崇敬的心情，哀悼为国捐躯的虎门沙角炮台守将陈连升，以哀怜的情感，赞颂不屈服于侵略者而忠于主人的战马；以愤怒的语调，谴责为维护罪恶的鸦片走私而侵略中国的英国殖民者；以轻蔑的语气，鞭笞奴颜媚骨、卖国投降的汉奸。正如陈殿桂在《人不如马枉偷生》中所谕：

---

① 湖北省鄂西土家族苗族自治州文联（筹备组）编：《古鄂西州》，1982年2月。
② 魏源：《魏源全集》（第3册），岳麓书社2004年版，第594页。
③ 刘炳元编著：《节马与陈连升》，广东高等教育出版社1996年版，第9—10页。

古今大义同日星，迤遭屡试弥精诚。

感恩知己必有报，是物是人无异情。

食其禄者忠其事，将军与马俱留名。

人不如马枉偷生，愿告斯世之蚩氓。①

第二节　以儒学为宗的"崇文"理念

土家族以儒学为宗的崇文理念应该说是世所共知的、不容置疑的。从考古文化看，土家族先民——巴人及其后来土家人自新石器时代之后的各个时期，都有与中原文化交流的痕迹。

"在三峡地区这一时期的文化里，文化面貌中有中原文化内容楔入，这应是社会动荡、氏族部落迁徙的一个信号。虽然经济生活方面的材料发现不多，但这一区域里，渔猎生活当仍有它的重要地位。而这时的陶器制作，由于已使用了铜，其器类较之以前则是走向了趋于简单的过程。这种现象，笔者认为是社会变革、文化变化的前奏"②。

战国时期，巴楚之间的文化，从考古发现中，在湘西北、川东、鄂西南、三峡地区，都可以看到巴楚文化同处一地，互存影响的实例。他们间虽有战争，但他们的文化习俗里、文化氛围中，有更多的东西是互通的……而居于川东地区的巴人，他们创造的巴文化更为精美富丽，发现的有大量的"巴蜀符号"或"巴蜀图语"的青铜器群，代表了一个新

---

① 刘炳元编著：《节马与陈连升》，广东高等教育出版社 1996 年版。
② 邓辉：《土家族区域的考古文化》，中央民族大学出版社 1999 年版，第 81 页。

时期的民族文化特点。而以虎钮錞于特征为代表的群体，则生活在鄂、湘、川、黔毗邻的土家族地区。这里自战国开始，又形成了一个新时期巴人文化群体，它有别于以"巴蜀图语"为特征的区域民族文化①。

环绕今日的土家族地区，汉魏六朝历史阶段的文化遗物虽然发现不少，但详细的讨论、文化特点的异同研究方面还显得薄弱。我们认为，文化在不同的小区域里，存在着许多的不同；虽然它们有很多的共融与共通之处。但差异也是存在的事实。也就是说，在文化的交流共融中，各自具有代表性的内涵仅是创造和在新时代中完善而已。民族间物质文化的发展，总是在寻找共通的遗物——生活器类的时尚风格中，按照自我的需求而加以改造。这应是那些具有个性的文化遗物，它们可能代表了这个区域里的文化主体——区域的或称之为民族的文化②。

以上数段引文主要是从考古文化的角度来印证华夏其他民族（主要是汉民族）文化对土家族文化的影响与渗透。尽管著作者邓辉先生的叙述角度特别强调土家族区域文化的"个性"，这也就从另一个角度表明汉文化的魅力与影响力。如果从三大教中的佛教在土家族区域的传播来看，也可以看到中原文化的直接影响。

仙佛寺摩崖造像，大小共计 31 尊。其中最大的三龛佛像，经过专家们的研究和细心鉴定，为盛唐时期开凿在赭红色砂崖绝壁间的。……

上述佛像的年代问题，通过反复认识并认为，仙佛寺摩崖造像的式样、题材，具有明显的初、盛唐时期的风格。与中原地区、四川地区同时期石窟及摩崖造像比较，如龙门武周时期的造像，多有相同之处。在土家族腹心地区，发现这一摩崖造像，对于深入了解与研究土家族地区的佛教

---

① 邓辉：《土家族区域的考古文化》，中央民族大学出版 1999 年版，第 178—179 页。
② 同上书，第 235 页。

文化史是十分重要的。土家族人民除了有自己的祖先图腾崇拜、自然崇拜、多神崇拜外，对于外来的佛教，也追随着中原或者说四川地区，而予以敬奉崇拜，这就是说，唐代以来，土家族人民拿来和吸收、丰富了自己的神灵崇拜对象。①

　　仙佛寺摩崖造像的事实表明佛教在土家族腹地传播规模之大，而且时间也很早，几乎与中原地区同步。如果说仙佛寺摩崖造像与洛阳龙门石窟武则天的造像风格相近，那么时间是713—741年。而四川乐山大佛造像的时间是713—803年，那么仙佛寺摩崖造像至少还早于乐山大佛，至少造像周期要早于乐山大佛的建成时间，与洛阳石窟主体——卢舍那佛造像同期或略后。如果从地理环境去考察土家族周边的佛教文化对其影响，则更能说明土家族与中原的文化交流最为直接、密切。从魏晋南北朝至唐，佛教文化最活跃的中心是江西九江。"隋唐之际，被后世尊为禅宗四祖的道信由庐山大林寺渡江北来，在与庐山隔江相对的黄梅双峰山的西山开山建寺，'再敞禅门，宇内流布'。在此定居三十余年，聚徒五百人。他的弟子弘忍后迁到东山，努力宣扬禅法，博得'东山法门'的称号，禅宗得以发展，再传到六祖慧能，就成为一个真正的独立的宗派……（慧能）离寺时弘忍密授袈裟给他，说明他得到嫡传。回到南方，他混迹于农商之中，过了十六年的平民生活，才正式出家受戒，在韶州曹溪宝林寺传授禅法，正式创立南宗禅。神秀也得弘忍器重，后来他退回荆州玉泉山隐修，直到弘忍死后，才开始在玉泉寺传法，当时从学之人甚多，神秀一派的禅法就是后来的北禅宗。"圣历元年（698），神秀被武则天召至长安，神秀成为武则天、中宗、睿宗三代的帝师。玉泉寺即现在的当阳玉泉寺，南北朝时期开始结茅建寺，是天台宗的策源地，在武则天时期已具相当规模。玉泉寺作为土家族周边的佛教圣地在当时不能没有影响，所以说，土家族腹地仙佛寺摩崖造像不是孤立的现象，据《来凤县民族志》："佛教传入来凤较早。本县仙佛

---

① 邓辉：《土家族区域的考古文化》，中央民族大学出版1999年版，第302—303页。

寺摩崖造像，据传为东晋咸康元年所刻（一说为五代咸康）。千百年来，一直是鄂、川、湘、黔边区香火旺盛的佛教圣地。解放前，来凤佛教盛行。据 1938 年县长陈恒儒统计，当时全县有大小寺庙 176 所，女尼达 250 余人……"① 又据《鹤峰县民族志》载："佛教传入大约始于元末，盛于明代，民间无佛教组织。明清年间土司营建了许多寺庙，文献记载的有：关帝庙，土司原建，地在北门外；金佛寺，土司原建，地在白鹿庄（原容美土司地）；复兴寺，土司建，地在龙溪河上中岭……"② 土家族地区各县市史志都有信奉佛教、道教的记载。《巴东县志》也有概略记载："佛道两教，旧时城乡皆有。民国 26 年（1937）、29 年调查，县境有寺、观、庙宇 213 处，职业僧道人员 42 人（道 5 人），其他 6 人。城区建有寿宁寺，乡间有镇江寺、青龙观、三朝观、观音堂、东华观、落钟寺、清凉寺、古刹寺、慈云寺、龙潭寺、罗古寺、向王庙、龙泉寺、三尖观、迎龙观、飞梁观、九龙观、天台观、威龙观、八盘观、龙会观、先峰观、八角观、回龙观、朝阳观、祖师观、梅子庵、茶庵寺等。建国后，破除封建迷信，职业僧道人员多归农，寺庙无人管理维修，多废。"③ 平心而论，中原的佛教文化、道教文化在土家族地区的广泛传播与传承，并不是历代王朝中央集权通过土司地区行政权力的强制推行，而是因土家族人民对外来文化的自由选择而存在的。相对于儒学，儒家思想作为封建统治集团的统治思想，尽管是在土司统治的地区，也是具有官方推行意志的。特别是儒学对于士子的吸引以及朝廷开科取士都起到了文化的主导作用。

首先是大兴儒教之学。《巴东县志·文化卷》："晚清时期，信陵书院收集'经、史、子、集'，宣讲《圣谕广训》。'儒学'藏书因经历年水患，大多残缺，其目有《圣谕广训》一本、《钦定学政全书》一部、《御纂性理精义》三部、《御纂周易折衷》二部、《御纂书经》三部、《御纂诗经》三部、《御纂春秋》三部、《御纂三礼义疏》三部、《御纂朱子全书》一部、《钦定明史》一部、

① 向子钧等主编：《来凤县民族志》，民族出版社 2003 年版，第 110 页。
② 同上书，第 103 页。
③ 巴东县志编纂委员会：《巴东县志》，湖北科学技术出版社 1993 年版，第 538 页。

《钦定四书文》一部。县境城乡、坛庙、寺院、亭阁、祠堂、坊表并不鲜见，僧道族神亦然，仅'弹丸蕞尔'的县城内就有文昌阁、武圣庙、东岳庙、文庙、登云亭、寇公祠、秋风亭、寿宁寺、白云亭、藏字塔、城隍庙、玉皇阁、社稷坛等十余处。较大者如文庙（早名学宫，又名孔庙，址在今新华书店后），计有明伦堂、名宦祠、节孝祠等共 12 栋……庙内供牌位，曰'大成至圣先师孔子之位'等。其明伦堂刊立'御制卧碑'7 条中载：'生员不许纠党多人立盟结社，把持官府，武断乡曲，所作文字不许妄行刊刻，违者，听提调治罪。'每岁春秋，以三牲（猪、牛、羊）于该庙祭祀。"[1] 作为最高统治者，深知兴教办学在土司地区的重要性，这一点从土家族地区的教育史中就可以一目了然："明洪武二十八年（1395）明太祖下令'诸土司皆立县学'。弘治十六年（1503）明孝宗又下令规定：'土司、土官子弟，凡需承袭土司职位的，必须入学，不上汉学的，一律不得承袭土司土官的职位。'因此，土家族地区的县学、司学较前增多，各地土司纷纷把自己的子弟送到附近州县入学或自办义学、书院、私塾等……容美土司设学兴教，大约起源于明弘治十六年（1503）后。随着容美土司与汉族地区交往的扩大，使汉民的工艺、商贾、学士入司治，促使经济关系发生变化，加上明末农民起义，中原鼎沸、荆楚一批名贤士大夫举家合族徙居容美，他们大都十分关心土司地区的教育文化状况，并且给土司提出了一些好的建议，加上他们本人博学多才的影响，在一定程度上促进了容美土司地区教育的发展。"[2]

　　朝廷在土家族地区推行儒教，其主要目的就是以儒教化民，为达到这一目标，首先从土司核心层入手——世袭爵位必须先习儒教，这就从组织上保证了意识形态以儒学为宗旨的核心地位。说得更直白一些，就是以爵禄为诱饵，使土司地区的统治阶层逐步儒学化，然后再通过他们的统治在该地区潜移默化。而这种潜移默化的方式，在整个土家族地区的史志记载中都相差未几。《来凤

---

①　巴东县志县志编纂委员会：《巴东县志》，湖北科学技术出版社 1993 年版，第 469 页。

②　钟以耘、龚光美：《鹤峰县民族志》，国际文化出版公司 2001 年版，第 347 页。

县民族志》说:"明洪武二十八年(1395),朝廷诏令诸土司'宜设儒学,使知诗书之道;立山川、社稷诸坛场,岁时祭祀,使之报本之道'。①永乐七年(1409),卯洞土司向喇唶,成祖'以其勤政兴学,抚绥有道,加授抚夷将军,赐御书一函'。正统九年(1444),朝廷明令各土官衙门应继儿男,'俱照军生例,遣送官学读书、乡试'。嘉靖元年(1522),明确规定:'土官应袭(年)三十以下者,得入学习礼,不由儒学者,不得起送承袭。'"②朝廷这些措施,促使土家族上层人物接受汉文化教育,土童成名者不在少数,据记载,首入恩施县学、来凤县学者近二十人。明清两朝,朝廷鼓励兴办儒学、开科取士,使土家族地区出现了一批文化水平较高的文化人。据《宣恩县民族志》记载,清代初期以后,设学百余年,富家子弟多在州府学署习文。清代,共培养各民族在府学拔员4人,总贡8人,岁贡及举人52人。清末,宣恩有私塾13所,毕业生258人。光绪年间,县有高等小学堂、初等小学堂,小学堂课程是读《孝经》《论语》《中庸》《孟子》及《礼记》节本等科,高等小学堂读诗文及《仪礼》节本各科。

土家族地区兴学习儒,除了朝廷硬性推行外,也有开明土司从修身齐家的高度自行兴办儒学的。如田世爵因家难引起了他对儒学的重视,于是兴学严课:公痛惩"乱贼之祸,始于大义不明,故以诗书严课诸男,有不嗜学者,叱犬同系同食,以激辱之"③。据史料载,田世爵兄弟七人,庶长子"百里俾生而豺声蜂目,包藏祸心,自度己于诸子中,年虽长而母贱,父年百岁后,分不当立,遂阴结父左右为心腹,欲弑父并屠诸弟以自立。谋既定,无间可乘,会父出外巡边,因乘便杀其应袭嫡长世宗及世祖、世贵、五哥俾、六哥俾五人,而喉其党同知家,弑父于观音坡之河侧,时宏治十八年。诸子遇害,独世爵在襁褓,百里俾必欲杀之,以绝祸本,搜捕甚急,其乳母覃氏,与其夫墨文松,后赐姓名为田胜富,谋以己子代死,而负世爵出奔。至两河口边,有父老叟小

① 钟以耘、龚光美:《鹤峰县民族志》,国际文化出版公司2001年版,第347页。
② 向子钧等主编:《来凤县民族志》,民族出版社2003年版,第120—121页。
③ 钟以耘、龚光美:《鹤峰县民族志》,国际文化出版公司2001年版,第347页。

舸艚于岸下，急乘以济，旋沉之。已而，百里俾知其儿之伪，追捕者复数辈，及至河，值溪流泛涨，两岸奔涛如雷。追人虽众，不能飞越。乳母夫妇，因得将世爵日夜间行，抵桑植司，去乳母有传桑植司者，容美之世好邻戚，以此世爵得所依庇，可幸无事。而本司舍人，有名麦翁宗者，亦赴桑植告难，效秦庭之哭。桑亦赓无衣之赋，发兵来容讨贼，仅诛其叛党诸人。百里俾已先持印篆，与重宝细软，星夜赴武昌，请文起送，将诣阙告袭矣。赖土经历曰向大保俾者，踵其后，告变于抚按各衙门，会桑植申文亦至，始将百里俾严禁按察司狱，持疏驰奏闻。向大保俾，恐叛恶行赂营脱，乃置毒食中鸩之，毙于狱。正德二年，各上官以苗蛮不可无主，田氏嫡派几尽，唯世爵虽幼，以序当立，请于朝，奏旨下都尉使郝、张、邓诸公转行布按二司，察勘明白。准依袭替。时世爵年尚稚弱，育于桑植，未能立也。至九年稍长，始起送赴部承袭，为容美宣抚使，回司任事。公为人慷慨严正，生长患难之中，备尝艰苦，且自伤其先人与诸兄，遭枭獍之饮血九泉也。深思饬身砥行，用振前烈，以妥安先灵"①。田世爵在襁褓中历经的一次家难，实际上是一次土司王权的政变，其阴险与血腥程度不亚于中国封建王朝里的宫廷政变，几乎与被西方人称为中国的大悲剧的《赵氏孤儿》如出一辙。正是这次家族的切齿之痛，使田世爵意识到知书达礼的重要性。

明太史严守升在《田武靖公父子合传》中对容美土司田氏的文治武功作了非凡的评价："粤自封建易而郡县也，天下大矣，仍有不可郡县者，列爵食土，与封建等，疑乎不得而臣也，则贵其忠，忠则旌焉，臣焉而后待以不臣也；又疑乎三代之学弗共也，则贵其文，文则著焉。惟忠也，故安上而厚下。左史所谓敏以事上，必合于民，而地以宁。惟文也，故周礼六德、六行、六艺皆备，而风以移。惟忠且文也，故保世亢宗而赏以延，爰是考绩录异，加恤加衔一与郡县不殊。要未有自汉迄今，千百余年风景日殊，而带砺不迁，功德日隆，如吾楚容阳田氏者。田氏自汉历唐以逮今日，世守容阳，立德立功立言者指不胜

---

① 中共鹤峰县委统战部等编印：《容美土司史料汇编》，第 86—87 页。

屈，盖人人有集，数十世矣。"① 严守升对容美土司田氏家族的文治武功评价是相当高的，也是很客观的。一个土司政权若仅恃武功历经千年数个朝代，如果没有一种恒定的文化维系是不可能的。而这一点又是严守升独具慧眼而窥其底蕴的："惟文也，故周礼六德、六行、六艺皆备，而风以移。"② 就文治而言，首功当推田世爵在家族中延师督学，而后才文武并行不悖，也才有《田氏一家言》问世。"田舜年在《紫之亭诗集》的'小叙'中说：'子寿乃从华容孙太史学，性耽书史，喜交游，足迹遍两都，所交与唱和者多当时名士。'在田九龄的现存诗稿中，近半数是写给荆湖沅湘地区乃至全国性的汉族名流的酬答之作，涉及四十多人。其中有几首写到了与当时诗坛盟主王世贞的神交，在土家族与汉族的文化交流史上留下了一段佳话。"

当然，作为土家族地区的文人，名播朝内外的诗人还有范椁（1272—1330），元代诗人，字亨父，一字德机，清江（湖北恩施）人，家贫早孤，刻苦攻读，自学成才。历任翰林院编修官、福建闽海道知事等职，人称文白先生。能文工诗，篆书、隶书的造诣也很高，与虞集、杨载、揭溪斯并称"元诗四大家"。著作有《范德机待》《木天禁语》等。诗的风格清健浑朴，多描写日常生活，或为赠答应酬之作。譬如《卢师东谷怀城中诸友》：

> 契阔遽如许，淹流空复情。
>
> 天遥一鹤止，山谷百虫鸣。
>
> 异俗嗟何适，冥栖得此生。
>
> 平居二三子，今夜隔重城。③

这首诗颇讲法度，对仗工整，意境清远，精练含蓄。第二联"遥""合"二字形象鲜明。第三联对元人统治下的"异俗"，嗟叹"何适"，笔端凝聚了多

---

① 中共鹤峰县委统战部等编印：《容美土司史料汇编》，第 97 页。
② 同上。
③ 张景星、姚培谦、王永祺选编：《元诗别裁集》，中华书局 1975 年版，第 52 页。

少辛酸隐痛！既然难以公开反抗，只好"冥栖"而"得此生"了。字里行间透露出诗人不满现实的抑郁之情。

土家族诗人田九龄与后七子齐名，其主要成就在"诗必盛唐"的风格气质上。盛唐诗歌用殷璠的话说是"神来、气来、情来"，体现在诗歌意象上就是"兴象天然"。田九龄学习盛唐诗不是体现在哪一个局部，可以说是全方位的。从题材上看，突出了王昌龄的边塞诗（军旅）、闺怨诗，甚至是王维、李白、岑参以及高适的洒脱豪放的诗情都洋溢在田九龄的这类题材中。诸如以下绝句：

> 长安侠少恣春游，宝马千金玉络头。
> 醉杀五陵偏意气，狂来花下话风流。

——《长安侠少年》

> 当年豪兴绕天涯，南去匡庐复九华。
> 万里江湖余醉色，山灵犹为护烟霞。

——《采石怀李白》（七首之四）

> 白日不临青海嶂，秋风偏到玉门关。
> 可怜一片秦时月，犹照征夫马上环。

——《从军》（二首其二）

> 美酒春浓琥珀流，葡萄美谩羡凉州。
> 纵今醉卧沙场月，无那关山万里愁。

——《凉州曲》

> 轮台西望黑山头，万里交河水北流。
> 一自孤臣去国后，谁人忍复唱梁州。

——《西宁曲》（五首其二）

读了田九龄这些脍炙人口的诗句，我们会马上感觉到一位土家族诗作者对唐诗的谙熟。乍一看来似乎有句剽字窃之嫌，但是一旦把握住田九龄作诗尊崇"诗必盛唐"的主张，便又会对其肃然起敬。田九龄受时风的影响，又处于物质生活优裕而功名无望的境地，由一种忧郁痛苦的人超然到自由洒脱的人，再来反观他们生活的现实，心灵世界便少了几分沉重，而多了几分洒脱。也就是说，田九龄要走"诗必盛唐"的路子，首先在心灵世界实现了一次超越，从凝重到轻快。要实现诗风拟唐必先心灵拟唐，这样就使他诗歌表现的情感对象少了几分凝重，而多了几分洒脱与豪气，这就使明代诗歌在本质上增强了理想色彩，格调上显得挺拔洒脱，如《王弇州先生自郧镇游太和山云梦师行且往谒憾不能从》诗的第一联："何年安石重归吴，天下苍生思正纾。"它要写以谢安石事喻指王世贞的雅德和众望，其中也包含着对王世贞遭受严嵩迫害的事情，盛赞王世贞作为诗坛巨匠的功德。但王世贞更值得赞誉的还是他的人格，他与奸相进行卓绝的斗争，并为奸相所迫害。这些遭遇可只在诗中一笔带过。诗必盛唐的本质特征主要是追求盛唐诗歌意象的"兴象"，讲究"兴象天然"。这种意象特征在田九龄诗中触目皆是，如《闺怨》诗："见说从军乐事强，东方千骑颂辉光。不知羌笛声叶月，曾是菱花镜里霜。"这首诗以抨击男人事功的军中之乐来反衬闺中少妇红颜老去的悲哀，这种哀怨之情表现得含蓄委婉：不知是多少个月夜，征夫、思妇异地望月怀远，羌笛悠悠，菱花镜里的容颜一天天老去，曾是红颜对镜，而今却是霜鬓。战功的辉煌与青春的消失，孰轻孰重？尽在月中羌笛与菱花霜鬓的意象映照之中，这种意象的频频切换：战功、孤月、怨笛、镜中霜鬓只以"不知""曾是"连贯便自见诗人对人生价值的评判。这种意象就是"诗必盛唐"的本质体现。

第三节　以大一统为前提的"倡和"主张

《来凤县志·土司志》："盘古以来，虞之有苗，商之有鬼方，汉之有西南夷，介居杂处五溪六沼之间。保有疆土，自相君长，视王朝德政之盛衰，兵力之强弱，以为叛服。内自庄蹻王滇，秦开五尺道，为置夷之始。及汉设都尉县属，令自保，为郡县之始。唐初溪酋蛮归顺者，世受刺史，置羁縻州县，隶于都督府，为授世职之始。宋参唐制，折其种落，大者为州，小者为县，又小者为峒。其酋皆世袭。宋室既微，诸司擅治其土，遍设官吏，尽布隶属，威福自恣矣。元置军民府、土州、土县，设官如府、州、县，其法略备。明因之，更与约束，定征徭差发之法。其官制，宣尉司……土司官九级，自从三至从七，皆无岁禄。承袭必奉朝命，其子弟、族属、妻女、若婿及甥之替袭，从其俗。洪武初，西南夷来归者，以劳绩之多寡，分尊卑之等差，而府、州、县之名，亦往往有之。后定其治，以府、州、县等官隶验封，布政司领之；以宣尉、招讨等官隶武选，都指挥领之。其府、州、县，正式学官，或土或流，亦因其俗也。宣慰、宣抚等司皆设儒学教授（从九）、训导（未入流），以流官为之。文武相维，土流间用，有相仇者疏上，听令于天子，俾得谨守疆土，修职贡供，无相携贰，制蛮之法，无逾如此。改土归流，妥为安置，以千总、把总世袭。"① 甚至还派军队去镇压，而且朝廷驻军主要是对付扰民的土司武装。这段文字简明扼要地记述了土家族自汉唐以来，历代朝廷对土司地区所实施的管理方略以及历代土司对王朝臣服的基本状况。虽然说历代土司"视王朝德政之盛衰，兵力之强弱，以为叛服"，但据资料表明，土司地区虽然干戈未断，但是以武力威胁朝廷的战事却没有，这就表明：在土司地区，土司与土司之间炫耀武力，其根本目的在于强化各自的势力以期朝廷有更大的封赏。当然，也有因朝廷处事不周，土司借机扩大事态以向朝廷施加压力的无奈之举。

《续资治通鉴长编》："（咸平五年）七月，施州屯兵备溪蛮，岁仰他州馈饷，峡民甚苦之。权知州事临汝寇瑊请行和籴之法，而偿以盐，兵食遂足。转运使丁谓因言：'溪蛮入粟实缘边寨栅，顿息夔、万诸州馈饷之弊。臣观自昔和戎安边，未有境外运粮给我戎兵者，请以事付史馆。'先是，蛮人数扰边，

---

① 鄂西土家族苗族自治州民族事务委员会：《来凤县志·土司志》《鄂西少数民族史料辑录》，1986年版，第133—135页。

上召问巡检侯延赏曰：'蛮人何欲?'延赏曰：'蛮无他求，所欲唯盐耳。'上曰：'此亦常人所须也，何不与之?'乃召谕谓，谓即取谕传告陬落，群蛮感悦，因相与盟约，曰：'自今有人寇者，众杀之。'且曰：'天子济我以盐，我愿输以兵食。'自是边谷有三年之积焉。其谋盖自珹发之。"① 又据《宋汇要稿·南蛮列传》卷198："咸平五年（1002），夔州路转运使丁谓言：'溪蛮入粟，实缘边寨栅，顿息施、万诸州馈饷之弊。'（《会要》十月丁谓言，施州蛮人向者侵扰边鄙，委逐施首领会兵讨除，已获宁静。自后于州南界要害处，建寨栅益戍兵，兼与置屯田赡给，不烦辇运。比来溪洞蛮人，每有归投及杀贼立功，押来赴阙，皆过乞恩泽，不惟遐远，空成往复。至于道路，颇有害民无厌请求，虚有糜费，可谕谓，自今蛮人，委实得功，只在彼量加支赐；若改补职名，即条奏以闻，不须发来赴阙。帝尝遣使问谓，如何去蛮人久远之患？谓言：'若所委之官，不邀功伐，不妄生事，常以安静为胜。一依前后奏条，抚理制置，即蛮人不敢久远为非。'帝曰：'边境不宁，多因首臣生事，国家条制甚明，苟奉而行之，必无事矣。'）"② 正史记载表明，土司地区经常不安宁，主要是朝廷派往地方的官员不体察民情，或邀功黩武所造成的。譬如宋真宗咸平五年（1002），朝廷派驻施州的军队，其给养（军粮）要从外地进口，既给纳粮的州县增加了缴粮运粮的负担，又给驻军造成了粮食没有保证的后勤危机。更有甚者，由于朝廷没有从根本上解决土司地区民众的基本生活所需，频频发生土司武装力量恣肆扰民的情形。当宋真宗问到土司地区的人究竟要达到什么目的，朝廷派往地方的巡检回答："蛮无他求，所欲唯盐耳。"宋真宗说："此亦常人所须也，何不与之?"这段对话似乎反映的是一个不是问题的问题，意思非常明白，老百姓吃盐，是日常生活所需，作为朝廷派往地方的官员，连老百姓吃盐的问题都不能解决，还因此引起朝廷驻扎军队。事实证明，一旦朝

---

① 鄂西土家族苗族自治州民族事务委员会：《来凤县志·土司志》《鄂西少数民族史料辑录》，1986年版，第114页。

② 转引自鄂西土家族苗族自治州民族事务委员会《鄂西少数民族史料辑录》，1986年版，第115页。

廷解决了土司地区百姓吃盐的问题，老百姓自动用粮食换盐，驻军的给养也就解决了，而且还可囤积数年的军粮。当然史实记载无非是要表明帝王如何体察民情，在我们看来这种史料更证明了土司地区的民众是理智的，不是贪得无厌的刁民，土司武装还没有过把矛头直接指向朝廷。

土家族地区地理环境十分复杂，山重水复、关隘重重。历朝历代，朝廷从来没有放松过管理，越到封建专制的后期，管理的方略越来越细致严密。但是大的方略依然不出羁縻州郡："文武相维，土流间用，有相仇者疏上，听令于天子，俾得谨守疆土，修职贡供，无相携贰，制蛮之法，无逾如此。"[①] 甚至还派军队去镇压，而且朝廷驻军主要是对付扰民的土司武装。对于土司地区的管理，首先是朝廷极其慎重，其次是执掌地方权力的土司在数百年的土司制度下形成的臣服于朝廷、保有疆土、自相君长的从政心态而积淀成的文化心理。即自远古以来就没有据险而王的政治野心，而这正是自汉历唐至清雍正十三年改土归流近千年形成的"倡和"的传统文化精神。也就是说，土司的惯常做法（心理定式）与朝廷提倡有着密切的联系。《明史》载："尝考洪武初，西南夷来归者，即用原官授之。其土官衔号曰宣尉司，曰宣抚司，曰招讨司，曰安抚司，曰长官司。以劳绩之多寡，分尊卑之等差，而府州县之名亦往往有之。袭替必奉朝命，虽在万里之外，皆赴阙受职。天顺末，许土官缴呈勘奏，则威柄渐驰。成化中，令纳粟备振，则规取日陋。孝宗虽发奋厘革，而因循未改。嘉靖九年始复旧制，以府州县等官隶验封，宣尉、招讨等官隶武选。隶验封者，布政司领之；隶武选者，都指挥领之。于是文武相维，比于中土矣。其间叛服不常，诛赏互见。"[②] 朝廷历朝历代，几百年对土司地区实行的管理模式虽然也有厘革，但是在整体框架上是代代因循的。这就给土司地区的统治者提供了经验效应与心理积淀。历朝总体上对土司地区是恩威并施，而且是恩多于威。土司掌权者从朝廷得到的更多的是实惠，而且这种恩惠更多的是赏以龙颜：

① 转引自鄂西土家族苗族自治州民族事务委员会《鄂西少数民族史料辑录》，1986年版，第135页。
② 同上书，第106页。

"袭替必奉朝命，虽在万里之外，皆赴阙受职。"① 同时，朝廷对土司又分而治之，即不使土司所管区域过大，权力过于集中，这样就使土司当权者"世受龙恩"的面更广，土司心向朝廷在心理上便形成集体无意识。数百年，甚至是上千年的心理积淀奠定了这个民族"倡和"的心理基础。当然，朝廷对土司封赏视劳积之多寡分封赏之等次，又带来了负面的影响，或曰这种封赏又是一把双刃剑。它使土司之间为提高封赏等次争夺势力范围而频起干戈，甚至是宗族"政变"的悲剧时有发生。其实，这种"争夺"之战并不是反叛朝廷的不义之战。在土家族地区扯起义旗向朝廷叫板另立中央的战争还没有过。

毋庸讳言，在土家族地区的确出现过两次短暂的脱离中央朝廷的掌控，而且这两次都是在非常时期。一次是元末与朱元璋同时起义的农民军徐寿辉的部下明玉珍，任元帅，至正十七年（1357），由巫峡西进，陆续占有川蜀之地。二十年（1360）夏陈友谅杀徐寿辉称帝。明玉珍自称陇蜀王，后二年（1362）称帝（这时朱元璋还未称帝），都重庆，国号夏，年号天统。死后子昇继位，于明洪武四年（1371）降明。明玉珍称帝时，土家族地区亦属明玉珍政权势力范围之内，改为宣抚司。明玉珍父子在该地区统治十四年之久。"永乐五年（1407），忠孝固官子田大英招徕蛮民三百户，偕镇南长官覃兴等来朝，乞袭旧职，从之。以大英为安抚司，领于施南宣抚司。赐印章冠带。"② 土方土司深明大义，他们最终的选择、依附是大一统的王朝。另一次在土司地区，清朝逆臣吴三桂、吴世璠父子统治了七年多时间，据《施南府志》载："旧卫志：施经群寇之后，康熙四年始靖。十三年吴三桂据云南叛，伪号周，伪檄至施卫，守备署游击贾进才率官民降。八月以进才贪残革职，其伪经历李纯弼、夏一麒，游击徐暹、朱栋，守备蒋明琏，总兵李春儒。时彝陵为战场，军需严酷，后三桂败，有伪将军总兵合群寇数万，由施入黔，一路抢掠，赖春儒多方供给，卫人免供输焉。建始亦降贼，伪知县娄其才，逐旧县设兵守隘，继易伪令

---

① 转引自鄂西土家族苗族自治州民族事务委员会《鄂西少数民族史料辑录》，1986年版，第106页。

② 同上书，第153页。

第三章 土家族文化主体精神初论

张拱极，又添总兵冉为龙。不数月，檄为龙巫山，改伪副将黄孔门，孔门欲斩伪令反正，事觉不果，引兵去。康熙十七年三桂死，上谕赦从逆余党，许以维新，十七年提督徐橄宣，上德招安，至施卫将李春儒率众投诚，而施及建乃反正。"① 吴三桂叛军在施州卫迅速扩大影响并开始建立伪政权，在当时情势下也是很自然的。"一六七四年（康熙十三年）初，吴三桂派将率军进犯湖南，攻陷常德、长沙、岳州、澧州、衡州等地。他又派人四处散布檄文，煽诱鼓动。广西将军孙延龄、提督马雄，四川巡抚罗森、提督郑蛟麟，襄阳总兵杨嘉来等也随之叛清，不久，福建耿精忠亦叛，在短短数月之内，滇、黔、湘、桂、闽、川六省陷落，一时局面相当严重。以后，陕西提督王辅臣、广东尚之信也相继反叛，变乱扩大到江西、陕、甘等省……战争开始对清军很不利。由于湖南守将慑于吴军的来势凶猛，丢掉许多地方。刚派到荆州、武昌的旗兵也因害怕吴军而不敢进攻。吴三桂分兵从东西两翼向北迂回推进：一路由长沙窥江西……另一路由四川窥陕西……"② 施州卫作为荆、湘与川、陕连接地带，又处地势险要的区域，当然是叛军所看好的战略要地，所以土司地区为吴三桂父子所占据势在必然。但是这个地方没有成为叛军据险作恶的地方。

谈到倡和，笔者想列举一个似乎是反面的例子来作一个正面论证。这就是容美土司田旻如一案，自雍正六年（1728）二月至雍正十一年（1733）十二月十一日，以田旻如自缢结束，历时五年。这一个案子不论史家怎样评价，然在笔者看来，与朝廷派往地方的军政长官有意炒作、扩大事态、激化矛盾有直接关系。而这一点，我们从皇帝在地方军政长官所上奏折作的御批之文可以看出，朱批多次强调不要激化矛盾，把事态复杂化。事情起因性质并不严重，也不复杂，其一，是给川民等发放游击委牌；其二，是与彝陵总兵冶大雄在治所内买马时发生不快；其三，是在原界内向乡民收取丝花钱。但经湖广总督迈柱、湖北巡抚马会伯、四川提督黄廷桂、四川巡抚宪德、湖北按察使王柔等两

---

① 转引自鄂西土家族苗族自治州民族事务委员会《鄂西少数民族史料辑录》，1986 年版，第149 页。

② 朱绍侯主编：《中国古代史》（下），福建人民出版社 1980 年版，第 263—264 页。

— 65 —

省地方军政长官五年之内数十封奏疏，自雍正七年四月黄廷桂、宪德向朝廷奏明田旻如"私受夷职，不遵国法"，始至雍正十二年十月钦批"容美土司田旻如等，不遵法纪，滥给扎付，私征钱粮，僭越殃民"罪名终，其间田旻如亦就迈柱等地方军政长官所指责的罪名向皇帝上疏呈实情，"谨将致罪之由，备委悉陈：其私给扎付之处，土司旧习原有委给扎付之事……其给向继洪等之扎，实系旧习……其征纳丝花之处，亦实系明代将建始、巴东后四里给容美，令其军属容美，粮属有司……非有心作此骄肆之事……"①田旻如多次上疏，皇帝予以朱批："汝自待卫圣祖，教养作成，高厚深恩且不必多论。朕即位十余年来，保护恩眷汝者，实如慈父，料汝忍于悖逆，自取倾覆，必无此心，岂有此事。是以据督臣参奏，朕未准提问，特命来京，俾汝得自明心迹，而人亦无可指，实所以矜全汝之恩竟。况叛逆之罪，岂诬捏而可成！悖乱之举，又岂可激而作者？今据参汝条款，合之舆论，又非酉阳土司之可比。汝为种种可疑之端，而祈朕饬封疆不为意外之备，从古朝廷有此政治乎？……"②皇帝在田旻如上疏的朱批中，字里行间洋溢着帝王对一个土司的厚爱与高度信任和负责，真是至诚之言。但同时亦可以看到地方军政长官的参奏就是列的"悖逆"之罪、"叛逆"之罪。

四川总督黄廷桂在雍正十一年十一月二十一日向皇帝所呈的奏折中，就是从军情上进行炒作，向皇帝明示田旻如要造反（谋逆）："据驻防建始县署把总叶如藩报称：本年十月十六、十八等日，有容美司土民陆续逃出男妇大小五百三十余名口，由本汛茶寮塘经过，前往湖广红砂堡驻扎。闻说容美土司修齐寨子，要将寨外居民调进，土民不服搬逃等语。随带过山鸟机二门，小鸟枪百杆、劂刀百口，寄放过山鸟机一门于本塘……今土民五百余众，携带火器、劂刀，纷纷经过，以致建汛境内南里至下白沙等处，百姓惊惶躲避。查该县防兵单薄，不足弹压，稽察臣与抚臣商酌，饬令巫山营游击曾来印，将本营兵丁量

① 朱绍侯主编：《中国古代史》（下），福建人民出版社1980年版，第225页。
② 鄂西土家族苗族自治州民族事务委员会：《鄂西少数民族史料辑录》，1986年版，第225页。

派一百名，委弁带领前往建始，暗自分防，勿许稍有声张滋事。仍选差干目密探情形，不时飞禀……"① 皇帝朱批曰："兵固当备，但须密而又密，或托词防边，予选候调，不可令彼惊疑，反致激出事端。朕审度局势，虽备无用，切毋轻举妄动，候旨遵行。"② 黄廷桂的军情奏报，似乎把田旻如叛逆朝廷之举推到白热化的军事行动上了，而且已到箭在弦上不得不发的严重地步。如果稍有头脑者，不能不发出这样一个疑问：田旻如既然如此胆大包天，若要真与朝廷作对，此案前后五年多，真要动武，就凭男妇大小五百三十余，再加上黔、彭游击李元良禀称的"探得容美土官差土人八十余户，随带枪炮什物驻扎邬阳坪筑城，防守关口，堵御湖兵"。③ 这充其量男女老幼千把人是如何与朝廷兵丁诉诸武力？更何况就在黄廷桂上此疏二十天内（即雍正十一年十二月十一日）田旻如畏"罪"自缢，在这期间土人并没有与官兵发生过武力冲突。笔者认为，所谓田旻如"悖逆"朝廷之罪，纯粹是地方军政长官借田旻如所犯经验错误进行炒作，前后五年多时间使田旻如这一世受皇恩也最具影响的土司在朝廷内外，特别是在土司地区弄得沸沸扬扬。也就是在田旻如案还没完全清算时，即雍正十二年六月已朱批十五土司改流，可见田旻如案在当时影响之深远。看完田旻如案的所有文字记载，我们不仅不能认同迈柱等地方军政长官对田旻如所指责的"叛逆"的罪名，恰恰相反，我们看到的是倡和的内在精神。崇寿《田旻如列传》："……蒙皇上隆恩，敕令回籍承袭父职。路过古陆城莲花庵，撰有《永远长住碑记》。不料彝陵镇总兵冶大雄，微时贩马至容美司，肆行不轨，为洞主所窘辱数构之，以制府列款纠参。旻如因于雍正十一年投缳自尽。土目将部印拾捌颗，解付荆州献上输诚。次年朝庭悯旻如死于无辜，拟大雄未奉宣调，擅行征讨罪伏诛。"④ 崇寿为田旻如作列传是为田氏最

---

① 鄂西土家族苗族自治州民族事务委员会：《鄂西少数民族史料辑录》，1986 年版，第 226—227 页。

② 《朱批谕旨》第 59 册，转引自鄂西土家族苗族自治州民族事务委员会《鄂西少数民族史料辑录》，1986 年版，第 227 页。

③ 同上。

④ 中共鹤峰县委统战部等编印：《容美土司史料汇编》，第 104 页。

后一个土司正名，一是洗雪"叛逆"之罪，二是正其祖上田氏非陈友谅之后："陈友谅尝为县吏……领兵为元帅，后弑其主，遂称帝，事败，子孙奔佷山，更姓田即思群之祖，与容美土司何由？邓公既有是语。不得不附此立论，以白我祖千古不白之冤耳。"① 田氏之嗣为田旻如作列传，意在向世人表白：田氏一族世受皇恩，历朝历代忠心事国，于朝廷忠心不贰，没有另立朝廷的任何劣迹。

第四节　以耿介良善为表征的"率性"气质

要论及土家族民族性格，不能不首先论及中华民族的文化精神。谈到中华民族传统文化精神，这是毋庸置疑的，只是在具体表述上有所不同罢了：有的认为中国传统文化的基本精神，一是刚健有为，二是和与中，三是崇德利用，四是天人协调；有的认为中国传统文化的根本精神是融和与自由；有的认为中国传统文化的基本精神是以自给自足的自然经济为基础，以家族为本位，以血缘关系为纽带的宗法等级伦理纲常，贯穿于中国古代的社会生产活动和生产力、生产关系、社会制度、社会心理和社会意识形态；有的认为中国的民族精神包括理性精神、自由精神、求实精神、应变精神；最近易中天教授也有新的概括：一是以人为本的人本精神，以人类社会、人际关系为本位，出发点是自然界；二是脚踏实地的现实精神；三是追求和谐的艺术精神。中华传统文化精神具有鲜明的民族文化特点，所谓文化精神就是这个民族在精神形态上呈现出的基本特点，也就是以上人们所认为的方方面面。如果我们认同了中华传统文化精神就是以上这些基本概括，那么由这种文化精神孕育的民族性格就是其主要特征的基本外现：刚健宽厚、刚柔相济、内刚外柔。朱宝信先生曾论述过中华民族性格特征："中华民族自古以来造就了一种刚健宽厚的民族性格。刚健，

---

①　中共鹤峰县委统战部等编印：《容美土司史料汇编》，第104页。

即刚健勇猛、自强不息、革故鼎新、追求不已，它体现了民族性格中'刚'的一面；宽厚，即宽容厚待、廉百家、互补长短、融会贯通，它体现了民族性格中'柔'的一面。这一民族性格讲究以刚决柔和以柔制刚相统一的刚柔相济，在社会生活中则表现为外柔内刚，即内在的自立自强、不畏强暴和外在的谦虚谨慎、爱好和平。"① 这一概括正是《周易》"自强不息""厚德载物"的中华民族理想人格的智慧体现。

确认一个民族的民族性格是非常必要的，有学者认为，国之性格，正是小民性格的集中体现。更有众多文人学者著书立说，洋洋万言来阐述自己的研究成果。倘要融入一个国家，倘要更为深切地了解一个国家，则不可不以这个国家的民族性为切入点。而作为一个国家的国民，若是企望有改革、有创新，企望自己的国家有更快、更好的发展，自然也要了解自己的缺憾与优势究竟在何处，正是基于这样一个重要性，笔者才开始慎重地探讨土家族的民族性格。

笔者用"率性"之说来描述概括土家族民族性格特征也是有所本的。一是在漫长的土司制度时期，朝廷所派的流官对土家族人就有所观察、描述、概括。二是当今致力于土家族文化研究者通过文化艺术对土家族文化心理进行过研究。据《来凤县志·风俗志》载："旧志宋儒曰：施州风土，大类长沙。论文学，则骎骎大国风；论人情，渐多浇漓，少谆厚。"② "道光初年，知县范公炳监详报：民皆勤俭，不事华美……"③ "来凤，故施卫所属，昔邹公维琏之志卫也。曰：虽令夷而有汉官威仪，士绅、父老、子弟彬彬如也。民则处于不华不夷之间。我朝改设郡县，风以洞蛮旧壤……百余年来，士皆秉礼，民亦崇实，期民三代之直，未始不可教也。"④ "邑在六属中，最称易治。隶土籍者，悍而直。隶容籍者，谨而愿。可以理遣，可以情恕，无顽梗不化者。故讼狱

---

① 朱宝信：《刚健宽厚·刚柔相济·内刚外柔——中华民族性格特征浅议》，《学习论坛》2002 年第 2 期。
② 鄂西土家族苗族自治州民族事务委员会：《鄂西少数民族史料辑录》，1986 年版，第 375 页。
③ 同上。
④ 同上。

少，而图圄常虚。"① "邑中风气，乡村厚于城市，过客不裹粮，投宿寻饭无不
应者。入山愈深，其俗愈厚。发逆之乱，避其地者，让居推食，不德于色，君
子所以观于乡，而知王道之易易也。"② "妇女风气，素称贞朴，无论贫富，不
游春，不冶容，有涂脂傅粉者，侪辈共嗤之为妓者。"③

又据《巴东县志》《宜昌府志》《湖北通志·舆地》等志记载："邑前后八
里。前四里俗尚与鄂郢略相似，而民较醇朴，无江汉间谣靡风，畏官长，急公
役，少争讼，颇以衣冠文物相高；后四里古为蛮彝，椎髻侏语，信鬼尚巫，亦
易解，解则匿，不肯赴公庭，勾摄经年不结，但甘俭朴，惯劳苦，深山野处，
混沌未凿，多有老死未见官府者。"④ "巴东山川雄奇，常产英特，多以才气自
负。民畏官长，急公役，多争讼。惟后里之民，沿蛮夷旧，犹有悍风。然其性
直率，非难治也。鹤峰故容美土司地，山势竣增，石道莘确。改土后客土杂
居，习尚不一，然巨奸大滑，亦属易治。"⑤ "宣恩县：旧施南司也，好入山不
乐平旷，布衣徒跣，或椎髻或剪发，妇耳关，俗嗜暴悍，好贼寇，士敦朴实，
俗尚节俭，乡人于农隙之后，以猎兽捕鱼为事"⑥ "来凤县：旧散毛司也，俗
信巫觋，重淫祀，务耕猎，腰刀持弩，性虐而悍。""利川县：风土边鄙，人物
朴固，好佩兵戈，轻于战斗，土著俗尚朴俭，男女杂作，勤耕稼。"⑦

从以上众多的资料汇集来看，描述、概括土家族民族性格特征的词汇有
"秉礼""崇实""悍而直""醇朴""不肯赴公庭""悍风""直率""奸滑""猛
而悍""暴悍""老死不见官""轻于战斗""急公役""少争讼""讼狱少"，这
些描述概括之语，绝大部分都是赞誉之词，极少贬语。出现频率最多的是

① 鄂西土家族苗族自治州民族事务委员会：《鄂西少数民族史料辑录》，1986年版，第376页。
② 同上书，第377页。
③ 李勣：《来凤县志·风俗志》卷二十八，转引自鄂西土家族苗族自治州民族事务委员会《鄂西少数民族史料辑录》，1986年版，第378页。
④ 同上书，第383页。
⑤ 同上书，第385页。
⑥ 同上书，第387页。
⑦ 转引自鄂西土家族苗族自治州民族事务委员会《鄂西少数民族史料辑录》，1986年版，第387页。

"悍"字，"悍"应是中性词，一作"勇猛"解，这可以从古今正义战争英雄们的勇猛中可以看出，他们都可以称得上能征善战的悍将。"悍"的字义也有蛮横的一面，蛮横就是粗暴而不讲理，前面所引到的"猛而悍""暴悍"即属于这一类。而所谓"悍而直""直率"则是对土家族民族性格的极高评价与褒奖。笔者所言"率性"就是据此而来，"率"的含义有二：一是褒义，即直爽坦白；二是贬义，即不加思考、不慎重。综合其"悍而直""直率"，其"率性"就蕴含着英雄气长而智慧性弱，也就是强阳刚而弱阴柔。若用孔子的山水之德来比附的话，仁者像山一样安于义理而厚重不迁（原则性强），智者有似于水达于事理而周旋无滞（灵活性强），那么，"率性"是只重原则性而轻灵活性。

"率性"的民族性格形成有原始文化心理和历史经验积淀的重要成分。譬如在土家族先民创世纪的神话传说中，神话是这个民族思维模式的肇始，也是理性精神的开端。土家先民的第一个君主，许多史籍都有相同的记载。

据范晔《后汉书》卷八十六《南蛮西南夷列传》记载："巴郡南郡蛮，本有五姓：巴氏、樊氏、瞫氏、相氏、郑氏。皆出于武落钟离山。其山有赤黑二穴，巴氏之子生于赤穴，四姓之子皆生黑穴。未有君长，俱事鬼神，乃共掷剑于石穴，约能中者，奉以为君。巴氏子务相乃独中之，众皆叹。又令各乘土船，约能浮者，当以为君。余姓悉沉，唯务相独浮。因共立之。是为廪君。乃乘土船，从夷水至盐阳……"① 按神话哲学研究者叶舒宪"中国哲学的思维模式是直接承袭神话思维模式发展起来"② 的观点，土家族先民务相被推举为君主，是在土家先民自制的"游戏规则"与"天命"的偶然性吻合中确认的，与其说是天命使然，倒不如说是盲目接受游戏规则的理性臣服，因为先民从理性上就承认了这样一个先验的结局。这就是土家族理性精神的奠基。至于历史经验的积淀铸造了土家人的英雄气并因此而十分自信的心理定式，在前面第三部分已有论及，那就是历代土司从唐至清康熙年间，都凭着自己的势力或曰"功

---

① 范晔：《后汉书》卷八十六《南蛮西南夷列传》，中华书局出版社 2007 年版。
② 叶舒宪：《中国神话哲学》，中国社会科学出版社 1992 年版，"导言"第 3 页。

绩",直接面谒君王,接受帝王的封赏,他们在政治待遇上要优于汉族流官。特别是有的土司数代,甚至数十代的世袭,这种文化积淀使他们有"一览众山小"的自信与傲气或曰优越感。心理基因与历史经验核成了"率性"特殊的文化内涵,其外在表征总是以耿介与良善相伴而出。

如果从土家族的民族性格——率性人生来看,田旻如这田氏最后一个土司王是最典型的。田旻如作为次子被其父安排借籍荆州,在枝江县捐纳国学监生,并在京师就读国子监,以其精明干练和倔强剽悍成为皇家侍卫。康熙四十二年他受到皇帝的召见,于四月补直隶通州同知缺,充任流官。后来应该袭职的兄长田炳如下狱,父死之后,康熙皇帝敕命田旻如回容美袭宣慰使一职。田旻如在回司袭职途中就立志继承田氏先辈的传统,一切遵从祖宗旧制,重新任命地方头领舍把。为充实司库,继续在建始等地征收春花二丝银两,为保护"雄镇西南"的优势,添置火炮、火枪等兵器。由于田旻如因循了旧制,加之对亲属管理不严,甚至违反法度的事时有发生,百姓抱怨。自雍正六年至十一年,湖广、四川许多地方军政长官向朝廷奏疏不断,甚至诬有"叛逆"之罪,虽然田旻如面对众多的奏疏(失实夸大之词)一方面进行陈述辩解,另一方面确实忽略勿计。特别是湖广总督迈柱等一批地方官员正在紧锣密鼓上疏炒作的时候,容美土司自六月起阴雨连绵,山水泛滥,秋成无望,饥民嗷嗷,田旻如率土目舍把,拿出积蓄赈济救灾,甚至对黄廷桂等构陷的"谋逆"罪毫无觉察,直到清政府陈兵边境时,田旻如才写了"屈抑难伸,呈天请命"的绝命折,然后投缳自尽。田旻如是知书达礼之人,受儒学影响极深,不是一介武夫,因此,它是本着平常之心在地方率性为政,特别是前朝皇帝康熙对他是爱之有加,这一经历很可能使他对新帝王雍正并不十分在意,只是凭着耿介良善之心来循规蹈矩管理土司,正是这种率性为政,使之忽视了朝廷改土归流的新动作,才一步步走入窘境。

第四章　巴东皮影与土家审美情趣

皮影戏是我国一门悠久的戏剧艺术，宋代的灯影戏是十分繁荣的，应该说是中国最古老的动画艺术。流行在巴东一带的皮影戏由四川入境，据传已近三百年的历史。它的落户与发展，既保持了初入境时的基本风格，又深深地烙下了土家人的审美印记。它丰富了人们的审美情趣，同时，它的发展又受到了人们审美情趣的制约。盛行在神农溪两岸的皮影戏，从审美形态看，基本属于喜剧型，从审美层次看，除了表现传统戏剧主体风格美之外，还突出"参军"滑稽美，表现乡土音乐美，追求戏剧语言美。而这正是当地人民群众审美情趣之所在。

第一节　突出"参军"滑稽美

皮影，汉时初现端倪，宋元即已盛行。按王国维的说法，皮影戏专以演故事为主，与傀儡为同一"家族"，其渊源乃唐宋之滑稽戏（唐参军戏、宋杂剧）。吴自牧《梦粱录》云："有弄影戏者，元汴京初以素纸剪簇，自后人巧工精，以羊皮雕形，以彩色装饰……公忠者雕以正貌，奸邪者刻以丑形，盖亦寓褒贬于其间耳。"① 虽说以皮雕演故事，但其宗旨"务在滑稽"，这是宋代戏剧的一个基本特征也是当时傀儡、皮影、杂剧的共同特征。虽然傀儡、皮影戏对

---

① 　王国维：《王国维戏曲论文集》，中国戏剧出版社1984年版，第29—30页。

宋杂剧迅速发展起了推动作用，但它们本身变化并不大。就从宋杂剧本身而言，它的发展也是不平衡的，正如王国维所论："然谓宋人戏剧，遂止于此，则大不然。虽明之中叶，尚有此种滑稽剧，观文林《琅邪漫钞》，徐咸《西园杂记》，沈德符《万历野获编》所载者，全与宋滑稽剧无异。"① 由此可见，"务在滑稽"的宋杂剧、傀儡、皮影不仅没有被已经发展成熟了的戏剧所同化，而且按自己独特的艺术规律而存在。

戏剧的发展是一个非常复杂的现象，皮影也不例外。它分布的地域极广，又吸收所在地区的演唱曲调而形成了许多不同的风格，因此很难用一种固定的模式去规范所有的皮影剧种。如果从流行在巴东的皮影戏逆推，至少在入境之初的四川皮影戏人物结构中，除剧中主要角色外，还有"参军"和"喳娃子"这两对滑稽角色。而这种戏剧人物结构与元杂剧、明传奇的人物结构比较相去甚远，元杂剧、明传奇中的科诨人物都由净、丑充当，他们在剧青中都有规定的身份，如《窦娥冤》中的赛卢医、桃杌，《望江亭》中的杨衙内，《琵琶记》中的落得嬉，《牡丹亭》中的石道姑等，都是剧情规定性人物。而巴东皮影戏中的"参军""喳娃子"则不然，它们的身份和表演特征更为接近唐参军戏、宋杂剧。

出于影戏剧情冲突的需要，对立的双方各有一对男性小丑，正面人物里的叫"参军"，反面人物里的叫"喳娃子"，其表现形式：时而跻身剧情之中，充当帮闲奴才，皇帝早朝，他们搬桌搬椅，将军升帐，他们是帐前听差；两军对阵，又作军情刺探；朝官察情，又当轿夫差役；男婚女嫁，还当"三姑六婆"，总之，满场戏均有"参军""喳娃子"涉足。时而游离于剧情之外，相互戏谑，打情骂俏。其形貌特征，滑稽可笑。"参军"是小个子、小鼻子小眼，着青装戴瓜皮，出语幽默，举止滑稽，土家情歌小调不离其口。"喳娃子"的形象则更为怪诞奇特，人身怪首，因好吹牛皮，嘴形特大，故谓"喳娃子"；又因目光短浅，秃头鼠眼，举止行为极不正经，嘴里常哼着装神弄鬼的端公调，其性格特征大多是悲剧的诙谐。

---

① 王国维：《王国维戏曲论文集》，中国戏剧出版社1984年版，第25页。

　　作为"似戏剧而非真戏剧"的皮影，虽然也演故事，但情节不宜太复杂，人物不宜太多，节奏不宜太紧凑，所以演故事只演其梗概，即"虚多少实"。出场人物尽量精减，节奏舒缓便于观众理解，为了使表演层次清晰，"参军""喳娃子"穿插其间，起段落转换的交代作用以及深化剧情、烘托人物的作用，敌我忠奸阵线分明。同时，为适应大众审美需要，东道主必然要点一出团圆戏，唱的时候具有浓烈的喜剧气氛。演唱历史题材、传奇故事，主角大多先受磨难，后成正果，作为审美层次较低的观众便觉娱人效果不浓，艺人便表演一些当场见笑的滑稽，以满足观众的审美需要。皮影是一个"艺术符号"，它的侧身剪影与前后运动不免显得呆板、千篇一律，使观众感到单调和陌生，为了消除这种隔膜，"参军""喳娃子"穿插其中，进行即兴表演，将观众谙熟的故事加以提炼，使之诙谐滑稽，虽演古人之故事，却杂以今人之谐趣，这种古今交叉形成了美感的多层次，观众各取所需，雅俗共赏。

　　土家人吃肉讲吃大肉，喝酒讲"喷头"（酒味极浓烈），这样吃起来、喝起来才"过瘾"，审美也讲"过瘾"，土家人不习惯于通过剧中人物循序渐进地达到审美享受，追求的是当场见笑，而"参军""喳娃子"最能奏效，他们说话刻薄直露，表演不受道德的约束，没有尊卑之分，不讲男女之别，时而令人感到可爱，时而令人哭笑不得，是几个最"过瘾"的人物。"参军""喳娃子"的"过瘾"表演，或是来个喧宾夺主的插科，或是来个节外生枝的滑稽，以突出戏剧的热闹性，加强戏剧的幽默诙谐感。在《瓦岗寨》这台戏里，有起义领袖劫法场一出戏，艺人们为"喳娃子"精心做戏，在紧张的戏剧情节中制造喜剧气氛。法场戒备森严，用"喳娃子"的话说："我们帅爷布置得如铁桶一般，连蚊子也飞不进去。"但是在徐懋公的精心策划下，起义领袖们却化名进入了法场，首先是"参军"进场，第一个进去时，"喳娃子"问道："你叫什么名字?"答曰："锣是铜"，第二个答曰："锅是铁"，第三个答曰："尿是水"。这几个回答连最普通的观众都知道是戏谑之词，可"喳娃子"却装糊涂，还摇头晃脑地玩味这几个名字，正因为"喳娃子"的一本正经，就表现出他是一个傻瓜蛋。从剧情发展来看，这一个小小插曲，增强了戏剧情节的幽默感，突出了

"参军"的滑稽美。

第二节　表现乡土音乐美

　　追求戏剧场面的热闹，是土家人戏剧审美的又一个方面。热闹就意味着吉祥，这可以说是观众的审美心理定式。当地人有言："要看《缘花荷》，打破一面锣"，就是对追求热闹场面的誉词。东道主请艺人唱戏无不是撑个热闹场面，投个大吉大利。讲热闹，必动响器（打击乐器），但是，响器又不能随便乱动：当地人有许多忌讳，如打"广调子""川调子"，别人就要误认为死了人，反而不吉利。唱戏作为家庭中的娱乐活动，左右邻舍、亲戚朋友都要捧场，既然是喜事，就要有"喜"的气氛，而这个"喜"就要靠戏剧音乐把它"闹"起来。皮影戏音乐一是打击音乐，二是唱腔音乐。为适应土家人的审美口味，艺人们不断吸收乡土音乐熔铸于皮影戏中，使之具有传统戏剧音乐美，又具有浓厚乡土音乐美，既典雅又入俗，老少皆宜。

　　传统剧种都要使用打击乐器和唢呐，如人物出场、起驾发兵、两军相战等都要打击乐器加强节奏感和制造气氛。皮影戏不仅继承了这一传统表现方法，而且还有所创新，艺人们从"热闹"这一审美情趣出发，增加了乡土打击乐、吹奏乐的成分。当然，这种增加也不是随心所欲的乱打一通、乱吹一顿，而是有其自己的表现规律。从情节看，一般在欢悦场面，或是抒情气氛比较浓的时候，加入乡土锣鼓以增强喜悦气氛。从人物看，一是人情味比较浓的男女主人公，他们的出场，多用花灯中的鼓儿车调，又吹又打，鼓乐齐鸣，热闹非凡，就跟土家人办喜事一样。"参军""喳娃子"的表演偶尔也辅以锣鼓。由于他们说无正经话，唱无正经调，往往哼端公调，于是便以巫术锣鼓伴奏，显得更为滑稽。

　　融合当地堂戏唱腔，这是皮影戏表现乡土音乐美的又一种特征。堂戏是巴东沿渡河一带的地方戏曲，为当地人民群众所喜爱，堂戏多演团圆剧，每到逢年过节、庆生祝寿、男婚女嫁，就请戏班子在屋里热闹一番。皮影戏中融进堂戏唱腔无疑增强了喜悦气氛。有一出招安戏《三龙会》，山大王（靠山王）打劫官府民财，一次把进京应考的李文忠、李文孝绑架到山寨，靠山王之女施连环保释计将李氏兄弟保释出来，并向李文忠求爱。这一情节是"招安"的重要关节，艺人们有意铺排，融进堂戏唱腔，采用大筒《四平调》，节奏舒缓，气氛热烈，具有浓厚的抒情色彩。艺人们的这种艺术上的处理，起到了一箭双雕的作用，首先是深化了戏剧主题，增强了艺术感染力；其次是加强了戏场的热闹气氛，满足了观众的审美要求。

在皮影戏中表现乡土音乐美的第三个方面，便是吸收当地民歌小调，这种吸收方式可分为两种，第一种可谓之"正变吸收"，传统影戏唱腔有的难度高，不免曲高和寡，为适应大众的审美要求，艺人们便将具有浓郁乡土特色的民歌，或"拿来"，或"改变"，成为规定人物的固有唱腔，唱起来既轻松，又动听。第二种吸引可称为"即兴吸收"，这种吸收与戏中次要人物，或者"参军""喳娃子"的即兴表演分不开。他们的即兴表演与戏剧情节不即不离，演唱一些富有生活情趣的民歌小调，如《探郎》《探妹》，喜剧气氛极为浓厚。

第三节　追求戏剧语言美

按照惯例，戏剧语言美是剧本所固有的，可巴东皮影却是一个例外。老艺人们讲：影戏脚本很简单，只有一个故事梗概，演唱起来就靠自己去发挥，唱台戏如同到省城，水路、旱路随自己走。也就是说，一台戏的人物、情节和结局只是大致有个规定，但要让情节具体化、人物性格化，就要靠艺人的临时发挥。这个艺术空白，为艺术家们开辟了广阔的语言艺术天地。皮影戏追求戏剧语言美，基本上是从以下四个方面来表现的，即古戏今演地方化、语言风格多样化、化雅为俗大众化、幽默诙谐趣味化。

所谓古戏今演地方化，就是表演古代的故事，在演唱的时候，不时穿插生活中观众们所见所闻的事，并且用现代乡土语言来表达，好比"七琉壶（陶制品，容量七斤）装香槟酒"，看起来古朴，喝起来时髦。有一次戏班在一个四合天井屋里唱戏，村落依山傍水，沿河深潭无数，环境极为优美。东家点一台戏叫《瓦岗寨》，艺人在演唱时根据剧情的发展，作一些即兴表演。当戏中出现单雄信挥金如土、盛宴款待瓦岗寨众兄弟的场面时，艺人们便极力铺排，刻意表演。"参军"道白："主人家叫我管伙食，他挥金数斗，叫我把席面子搞好点，我准备在桐麻潭泡笋子，在头道河潭里泡耳子，在天井里打糍粑，用牛踩，在石院坝（屋侧有一块一亩见方的石板，可作晒场）上面赶包面，多搞几碗浆豆子炒腊肉，还有蕨芋豆腐酸萝卜……"① 这段极度夸张之词无疑是突出单雄信疏财仗义。但是戏中出现的瓦岗英雄集结到土苗山寨，北方人习南方人口味，其情节实在荒唐离奇。可是从审美的角度去看，扩大了审美时空，缩短了历史距离，打通了古今隔膜，使观众感到隋末农民起义的英雄们就在眼前，具有浓厚的乡土情义和亲切感。

语言风格多样化和化雅为俗大众化，既有共性，又有个性。风格多样是指一台戏中的台词（念白）呈现多种风格特点。剧中主人公的念白语言精练，接近书面语言，念唱抑扬顿挫，有浓厚的川腔余韵。这种语言风格与主人公表演的传统唱腔是吻合的，显然是老艺人口传心授的结晶。但在同一台戏中，又出现风格迥异的宾白念唱，次要人物或"参军""喳娃子"对话、旁白，均采用方言土语，往往随口便答，对话如拉家常，基本上是现代生活口语化。特别应该提到的是旦角的表演，无论是小姐还是丫鬟，念白由高雅趋变为通俗，念唱多为方言拖腔，这种念腔定格的原因主要是由旦角唱腔地方化所决定的，叫板、对话与唱腔形成了统一的风格。

随着在角色行当中念唱的新领地的开辟，在塑造人物性格上也就有相应的语言美的追求，即化雅为俗大众化。本来在传统戏剧里，剧中人物地位、身份

---

① 王新勇：《巴东皮影戏与土家族审美情趣》，《湖北民族学院学报》1991年第4期。

不同，其语言风格各异，上等人的高雅，下等人的粗俗。皮影戏在遵循这一艺术传统的同时，又按其自己的艺术规律而有所拓展——不仅使其语言更为接近现实生活，而且使人物性格具有现代意识的层面。

幽默诙谐趣味化，这是皮影戏追求戏剧语言美的一个重要方面。除了"参军""喳娃子"专营诙谐幽默外，还有许多角色，甚至包括旦角都"兼营"一点幽默滑稽。皮影戏的诙谐幽默滑稽美是由文化环境、人们的审美情趣所决定的，在社会生活中诙谐幽默不乏其人，追求这种审美情趣的更不在少数。土苗山乡一方一块都有能说会道的人，他们善于表现幽默情趣。在长峰有一个远近皆知的姓杨的普通农民，穷苦出身，没有文化，但张口便是顺口溜，最善诙谐幽默，新中国成立前夕，他经常饿肚子，一次在青黄不接之际，关心他的人问道："今春生活怎么样？"他一本正经地说："杨家弯就我跟张××（地主）两家不掺，张××不掺蒿子（野生植物，可吃），我不掺面（玉米面）。"关心的人开始觉得奇怪，听到后面又觉哭笑不得。1957 年在山沟里刮起了"电气化"的风，他又编了几句顺口溜："楼上楼下，电灯电话，不是我油亮子（松树节疤，可作照明用）救驾，差点从楼上滚到楼下。"像这样一些诙谐幽默、讽刺幽默，具有鲜明时代感和浓郁的乡土特色的顺口溜，后来均在皮影剧中变相借用。皮影戏班长年累月走乡串户，不断学习民间艺术语言，皮影剧种成了诙谐幽默的艺术宝库。艺人们将吸收的养分再次释放时，或借题发挥，精心杜撰；或信手拈来，现蒸热卖。

有一出戏叫《十二寡妇征西》，番邦军营中的"喳娃子"刺探军情返回营地的途中时大夸海口："赵家的男人都死光了，这次来的都是些母（女）家伙，这是送上门儿的好事，我们快回去禀告大王，叫王爷快些派兵把他们抓起来做压寨夫人，我们也好沾点光……"① 等到交战之后，番兵被杀得落荒而走，两个"喳娃子"倒在沙场上从昏迷中苏醒，甲问道："仗打胜了没有？"乙："打剩（胜）了，就剩下我们两个了。"这两句话通过谐音岔意，表现了"喳娃子"的悲剧性幽默。为了制造喜剧效果，有时也不免杜撰情节，在《辕门斩子》

---

① 王新勇：《巴东皮影戏与土家族审美情趣》，《湖北民族学院学报》1991 年第 4 期。

里，杨六郎如泰山一般坐在中军帐内下令斩首杨宗保，穆桂英突然只身闯入中军帐，"参军"只说"媳妇来了！"六郎吓得一下钻到桌子底下去了。英雄一下变成了"狗熊"，这实属荒诞表演。而这种艺术处理又是与现实生活中广为流传的"男子汉大丈夫，说不出来就不出来"的笑话相联系的，或者说由群众中的口头艺术变成了艺人们付诸形象的表演艺术。《穆柯寨》里有宗保大战穆桂英的紧张情节，宗保战她不过，且战且走，戏台上出现空白，于是出现"参军"的品头评足，甲："我看他们杀到弯弯里（山凹处）有些不停当嘞！"乙："我看她们是龙配龙、凤配凤，打柱子配背篓、革蚤（跳蚤）配臭虫——天生一对儿嘞！你看那个穆家女丫子长的哟，像豆腐花儿、白净净儿、嫩花花儿、水汪汪儿，眼睛笑得像个豌豆角儿、看到心里痒甦甦儿，宗保怎么不动心儿啰？"[1] 听了这些似乎电影画外音的观感评论，观众们早已忘却了一场生死搏斗，而是在听年轻人浪漫的爱情故事。艺人们在这里生出大段生活趣味极浓的对话，增强了喜剧气氛，适应了观众的审美情趣，同时，在丰富人物性格上不仅凸显了巾帼英雄的英武之姿，还显现了青春女郎的形体之美。深化了戏剧主题，强化了武打戏中的人情味，突出了巴东皮影戏喜剧美的本质特征。

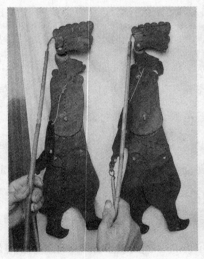

---

① 王新勇：《巴东皮影戏与土家族审美情趣》，《湖北民族学院学报》1991 年第 4 期。

第五章 "竹枝"文化与巴东堂戏^①

"竹枝词"是盛行于中华大地、承传古今的一种诗歌体式。据不完全统计，自唐代至清代的文人竹枝词有两万多首，遍布全国 30 多个省、市、自治区和港、澳、台地区。其作者绝大多数为华人，亦有外国人。竹枝词作为一种民歌形式对文人创作影响如此深远实属罕见。

文人竹枝词兴起于唐代，这已是公认的事实。但竹枝词作为民间艺术又起源于何时？这的确是一个需要深究的问题。《竹枝词》源于广泛流传的四川东部和湖北西部沿江一带的民歌，根据晚唐诗人皇甫松留下的六首《竹枝》诗来看，他所记录的《竹枝》均为二句体：

芙蓉并蒂（竹枝）一心莲（女儿），
花侵槅子（竹枝）眼应穿（女儿）。

斜江风起（竹枝）动横波（女儿）
劈开莲子（竹枝）苦心多（女儿）。

这里有两个重要的特征须引起我们足够的重视。一是两句为一个联体，表达了一个完整的意思。二是每一句，前四字作一顿，后三字作一顿，并以"竹

① 湖北省民族宗教事务委员会 2007—2008 年资助项目。

枝""女儿"衬字作合声。这就表明"竹枝词"不是案头文学，它是付诸音乐
演唱的，而且是在群体中有领唱和帮腔，或者是对唱等。这种形式特点是民间
艺术的本质特征。这就从根本上表明竹枝词似乎是绝句体（七言四句），但绝
不是近体绝句流落民间而成的，它起源于民间，不能本末倒置。任二北先生把
唐代绝句作为声诗来加以认定和考证，与竹枝词这一特定地域的声诗是有相关
之处的，唐声诗虽是付诸雅乐在官方或士大夫娱乐的圈子里进行演唱的，文人
歌诗与民间竹枝本色相比，虽然有别，但是源流是很清楚的，文人七言起源于
民间七言。①

从现有的诗集看，文人染指竹枝词最早见于中唐元和、长庆年间，或许顾
况更早一些。按时间先后，白居易贬忠州比刘禹锡贬夔州要早五年，从受竹枝
词的影响来看，刘禹锡的影响在白居易之上。若论其影响，顾况、刘禹锡、白
居易都是诗坛、政坛有绝大影响的人物，所以竹枝词这一民间演唱形式的歌词
经他们按作诗的规范加以改造升华，在体式上与当时盛行的近代七言绝句完全
相同，又保持独具地方的通俗形象、情感浓烈、情韵悠长的民歌特色。

民间艺术"竹枝词"通过文人的参与，净化了艺术，抬高了地位，扩大了
影响。据雷梦水、潘超、孙忠铨、钟山编《中华竹枝词》所收作品表明，到了
宋元时期，文人创作竹枝词便掀起了第一个高潮，参与创作的大诗人有苏轼、
王安石、杨万里、范成大、孙光宪；元代有刘肃、黄公望、杨载、杨维桢、萨
都剌等。参与作者数百人，所创作的竹枝词有数千首。至明清两代，文人将竹
枝词创作推至顶峰，明代文坛宿将有宋濂、胡应麟、李东阳、杨慎、杨士奇、
徐渭等作者近 300 人。清代有影响的人物当是朱彝尊、全祖望、王士桢、查慎
行、黄遵宪；台湾作家有谢道承等，创作有《南台竹枝词》《台湾竹枝词》等
20 首。这些仅仅是以"竹枝词"为题来作为统计依据。自唐至清有作者 1200
余家，作品有 26000 多首。如果我们把湘鄂渝黔七言四句的民歌，以竹枝词风
格再加以归类，恐怕要超过这个数字的数倍。仅就鄂西现在流行的民歌而言，

---

① 任半塘：《唐声诗》（下集），上海古籍出版社 2006 年版，第 375 页。

或许已经达到这个数目了。基于竹枝文化如此深厚的背景，笔者认为，巴东堂戏几经变迁而不改其基本模式，古老而又完美的音乐形式没有随波逐流而成为复杂的腔系，始终保持着戏剧的"童真"之美。

第一节　巴东堂戏的戏剧性探源

——从"叙事体"到"代言体"的本质过渡

　　1986 年，笔者在华东师范大学中文系助教班研习宋词元曲，主攻戏曲小说史，聆听到齐森华先生、蒋星煜先生（上海戏剧研究所）等多位戏剧研究专家的课程，也读了一些指定书籍，如王国维的《宋元戏曲考》，齐森华的《曲论探胜》，张庚、郭汉成的《中国戏曲通史》等。当蒋星煜先生的"中国戏曲的形成"课程快结束时，给学员布置了一篇论文。笔者的论文是一篇近 10000 字的《巴东皮影戏与土家族审美情趣》，蒋先生看了论文以后，对这种戏剧现象很感兴趣，还作过交谈。后来笔者将这篇文章发表在《湖北民族学院学报》（1991 年第 4 期）上，在文章中也提到了巴东堂戏，而且暗示出巴东堂戏是土生土长的一门地方戏剧艺术。后来在《中南民族学院学报》（1995 年第 1 期）上发表了《土家族艺术精神初探》一文，在文章最后部分明确表示："巴东堂戏是土生土长的戏剧艺术……"十年后，中国社会科学院历史研究所吴锐研究员与笔者共同申报了该所的重点项目——"恩施自治州区域文化研究"，吴先生要笔者把本州文化结合竹枝词研究一下，笔者自然也就想到巴东堂戏的问题。笔者翻阅了近年来关于堂戏研究的众多成果，特别是国际文化出版公司2001 年出版的《巴东堂戏》（高源章、邓明旺、邓贵洪编著），该书可以说是巴东堂戏研究的集大成，从探源到表演程式，都有详尽叙述。

　　近一段时间笔者认真读了这本书，感触颇深。一部系统性文化集成，的确具有开创性，同时又使一个抢救性的文化工程圆满地得到了实现。正如为书作

《序》的田发刚先生所言:"我在《恩施日报·周末》读到一篇巴东堂戏传人黄大国的通讯,引起了我的兴趣。黄大国老先生九十多岁高龄,从 14 岁起开始学戏,15 岁出角,足迹踏遍巴东和邻县的山山水水,1958 年还参加过全省戏曲调演,至今已从艺八十年,仍然精神爽朗,唱戏不已,如今还能唱 100 多本戏。那时我已调州民族事务委员会工作,又分管民族文化。我想,像黄大国这样的堂戏老传人一旦作了古,那么堂戏面临怎么样的境地呢?一种民族责任感,一种对民族文化的热情鼓舞着我。我认为,一个传人就是一种戏,趁他还健在之时,抢救整理装在老人脑子里的戏就成为当务之急、刻不容缓。"① 《巴东堂戏》问世从文化传承来看的确是"不朽之盛事",这里不仅有领导者、编著者的功劳,更有资料整理者和那些"活档案"的功劳。

如果站在一个文化批评者的角度,从宏观角度看文化的生存状态,把握文化的主体精神、从本质上把握文化现象,"土生土长"这种抽象概括也许能说得过去,所谓土生土长就是以本民族主体文化精神为支撑孕育的文化形态。笔者在拙著《空山灵语——意境与中国文学》中论述中国的民族精神时引过两个人的话,一个是哲学大师冯友兰论中国人的哲学精神:

中国的佛学,与在中国的佛学,是有区别的……西方哲学的传入,也有类似的情况。例如,随着杜威和罗素的访问之后,也有许多其他的哲学系统,此一时或彼一时,在中国风行。可是,至今它们的全部几乎都不过是在中国的西方哲学。还没有一个变成中国精神发展的组成部分,像禅宗那样。②

另一段话是美国乔纳森·斯潘塞《改变中国》的一段话:

西方顾问所带入的每一项技术,最终都为中国所吸收。日心说、历年

---

① 高源章、邓明旺、邓贵洪编著:《巴东堂戏·序》,国际文化出版公司 2001 年版,第 5 页。
② 冯友兰:《中国哲学简史》,涂又光译,北京大学出版社 1994 年版,第 364 页。

说、外科学、经济计划学、工程学、现代大学、长距通讯、机械化战争说、核物理学，无一不被中国消化。西方人将技术援助，作为意识形态输入的外包装，企图迫使中国一口吞下。中国拒绝的正是这一点，就在它的国力最衰微的时候，中国人也意识到，以外国的条件接受外国的意识形态，只能是一种屈服。这种共同的自尊与共同的忧虑，成了连接若干代全然不同的人物的共同纽带。①

乔纳森·斯潘塞是从西方人的眼光看中国人的民族性，而这种民族性恰恰是中华各民族的品格。"出乡十五里，各有一乡风"就是这种精神的具体化。中国人无论是对西方文化还是东方文化吸收总是有选择性的，甚至国内各民族文化的相互渗透也是有选择性的。如果不是这样，就不可能有黄河文化（诗文化）、长江文化（骚文化）、巴蜀文化、岭南文化等，特别是戏剧文化一开始就形成的北杂剧、南戏，两种迥然相异的戏曲风格，至今依然可见北方戏剧风格粗犷豪放，南方戏剧委婉缠绵的风格。但绝不能说南北戏剧文化就没有交流过。但这种交流与吸收都是以自身为坐标来选择的。正如何为先生在论"外来曲调的吸收"时所说：

　　戏曲音乐还有另一种丰富唱腔的方法，这就是吸收其他剧种或民间音乐的曲调。这种吸收，在戏曲史上是常见的。因为每一个剧种都不是孤零零地独自存在的，它总要和邻近的剧种或民间音乐发生关系……这种吸收，大体上是按两种不同的方式进行的。一种是整段地吸收别的剧种的唱腔。这也有两种情况：一是别的剧种的曲调流传到本地区来，为这个剧种所吸收和采用。例如赣剧弹腔中的〔浙调〕、〔秦腔〕、〔浦江调〕、〔拨子〕等，最初是吸收了外来剧种的。这种情况在别的剧种也有。一是吸收了别

_____

① ［美］乔纳森·斯潘塞：《改变中国》，曹德骏等译，生活·读书·新知三联书店1990年版，第292页。

的剧种的剧目，因而把原有的唱腔也全部采用过来。京剧有很多剧目就全部用了昆曲的曲调，而像《小放牛》、《打面缸》这一类小戏，就全部采用了原来民间小戏的曲调……另一种吸收方式，是以本剧的唱腔为基础，吸收其他剧种或民间音乐的某些腔调，或者是某些节奏、板眼、曲调上的因素，将本剧种的唱腔加以丰富和发展。例如，楚剧有很多唱腔是吸收了汉剧唱腔的某些因素发展起来的；在滇剧的某些腔里，可以看出它吸收民间小戏和民歌的痕迹；评剧从京剧、河北梆子、以及大鼓、单弦等说唱音乐和民歌中吸收了不少腔调；花鼓戏、采茶戏这些剧种，在从歌舞小戏向较成熟的戏曲形式发展时，就曾从京剧、湘剧等大剧种里吸收了一些节奏因素，甚至是腔调，来丰富自己的板式和唱腔。①

讲吸收、讲发展，首先要有一个大前提，这就是作为吸收的本体，这个本体就是坐标这个主体。具体到堂戏，那么堂戏就是大前提，没有堂戏这个本体，就是无本之木，也就无从谈起吸收与发展了。堂戏作为一个剧种，到底起源于何时？资料不足，今天的确给巴东堂戏的研究带来极大的不便，不像其他剧种，特别是大剧种，有较完整的历史资料可查，譬如戏剧研究大家赵景深所序的《昆剧演出史稿》，详细记载了舞台演出的昆剧历史。特别是由张允和著、欧阳启明编的《昆曲日记》②，把昆曲发展的轨迹用日记体记述下来，堪称世界之最，《昆曲日记》从1956年至1985年（中缺1960—1977）均用日记的形式对有关昆曲的活动作了记载。这为研究者提供了最为直接的第一手材料。巴东堂戏有文学史料的历史也是从1956年开始的，冉瑞泉先生是真正发掘、整理、提高堂戏的第一位专家，他一生将大半精力献身于巴东堂戏的整理、改编和研究，特别对堂戏唱腔的开掘和改革。那么在漫长的封建社会一直到新中国成立初期，巴东堂戏是怎么形成的，这方面的文字资料几乎是一片空白。据

---

① 何为：《戏曲音乐研究》，中国戏剧出版社1985年版，第35—37页。
② 张允和著，欧阳启明编：《昆曲日记》，语文出版社2004年版。

《巴东县志·文化·晚清时期》载："元宵节，县城张灯，自十一、二日起，市民装演杂剧，龙灯羽鳞，各族为戏。农历七月十五日，做盂兰会，放河灯、焰火。乡间农人且以山歌、故事、谣谚、号子等聊以自乐。迎亲之日，设鼓乐灯彩。殁之夕，其家置酒食邀亲友，鸣金伐鼓，歌呼达旦。流行于乡间的'堂戏''皮影戏'（灯影戏），'傩愿戏'为许愿者演出，以谢诸神灵保佑。"①《巴东县志》这一记载是对它之前历朝县志关于民间演艺活动的扼要概括，列出了演艺活动的几种主要形式。在文义的表述中是有严格区分的。记载中提到了关于戏剧方面的有"市民装演杂剧""流行于乡间的'堂戏'"。这两种形式应该是有区别的。"杂剧"究竟是宋杂剧一类以故事表演滑稽，还是后来成形了的元杂剧？总之，是否是表演故事的"戏"？如果是"戏"，与远在乡里的沿渡河堂戏又有何关系？

按《巴东堂戏》的堂戏成因考源：明崇祯末年由湖南武陵民间艺人曾道信定居沿渡河传进了堂戏的"南调"；清乾隆年间（1765）传入了川东梁山调；清乾隆四十三年（1778）又由苗民潘元令从湖南湘乡传入了南路声腔。又从旁佐证：民间老艺人言说"堂戏不准过河"与"秦腔不准入京"大背景是同一时限，从而锁定堂戏成形时间是清乾隆年间；清康熙时，县城有了"扮故事竟灯"，与此同时，火峰、罗坪一带有了"对子戏"的堂戏。从灯戏分离出来的花鼓子，后经过演变成了堂戏；清乾隆年间，巴东堂戏脱出花鼓子原始形态，进入发展阶段，上台艺人增至四人……②

经过五个方面的严密考辨，最后确定在康熙、乾隆年间，堂戏从花鼓子中诞生，并发展起来。这种考辨逻辑是严谨的，而且始终是扣住"花鼓子"是"堂戏"的前形态这一论点展开的。但是，由于对花鼓子的"戏"的核心部分疏于论述，唱腔的来源虽然摆出来了，怎样形成一个"戏"这一完整形态尚欠火候。

---

① 巴东县志编纂委员会：《巴东县志》，湖北科学技术出版社 1993 年版，第 469 页。
② 高源章、邓明旺、邓贵洪：《巴东堂戏》，国际文化出版公司 2001 年版。

关于"戏"的观念，王国维在《宋元戏曲考》中早已对戏曲发展演化脉络进行过勾勒，而且还提出"真戏曲"的卓见。齐森华先生对王国维的观点是这样表述的：

> （王国维）把我国戏曲的形成发展过程大体划分为以下四个阶段：第一，从上古到五代，是我国戏曲的萌芽时期。王国维把我国戏曲的萌芽一直延伸到远古，认为"后世戏剧，当自巫、优二者出"……第二，宋金二代，为我国戏剧的形成时期。两宋戏剧，谓之杂剧，虽大略与唐之滑稽剧无异，"但其中角色，较为著明，而布置亦稍复杂"。至金则有院本，其体制甚与宋官本杂剧段数相似，而复杂又过之。唐代仅有歌舞剧及滑稽剧，至宋金两代开始有了纯粹演故事之戏剧了……第三，元代杂剧的形成，标志着我国戏剧的正式成熟。王国维认为元杂剧较之古剧，即宋金所谓杂剧院本，有二大进步。其一，乐曲上之进步……而元杂剧则不然，"每剧皆用四折，每折易一宫调，每调中之曲，必在十曲以上，其视大曲为自由，而较诸宫调为雄肆"。其二，则由叙事体变为代言体也……第四，元明南戏较之元杂剧变化更多，中国戏曲有了新的发展……
>
> 他首次明确提出了"真戏曲"的概念，对中国古代戏曲的艺术特点，从理论上作了新的较为科学的概括。何谓"真戏曲"？在王国维看来，应当具有以下两个基本的标志：一、"由叙事体变为代言体"；二、"必合言语、动作、歌唱，以演一故事。"认为只有具备了这两条，"戏剧之意义始全"，"而后我中国之真戏曲出矣。"元人杂剧正是"合动作、言语、歌唱三者而成"。而元杂剧较"古剧"之一大进步，也正在于"由叙事体变为代言体"。所以王国维指出："论真正之戏曲，不能不从元杂剧始也。"①

按照王国维"真戏曲"的观点，巴东堂戏的戏剧性中有没有"合动作、言

---

① 齐森华：《曲论探胜》，华东师范大学出版社 1985 年版，第 177—182 页。

语、歌唱三者而成""由叙事体变为代言体"这一完整的戏剧性结构？而这二者又是缺一不可的，"戏曲作为一种由演员当众表演故事的艺术，代言体确是其一大特点。正是由于这一特点的存在，才能使它与其他表演艺术明显地区别了开来。比如唐宋大曲尽管与元杂剧有着密不可分的血缘关系，但由于它基本上还只是一种叙事体，'其词亦系旁观者之言，而非所演之人物之言'，所以王国维认为'其去真戏曲尚远也'。又比如诸宫调与元人杂剧的关系更为密切，两者在形式上也更为接近。但诚如王国维所指出的，诸宫调'虽有代言之处，而其大体只可谓之叙事'。而元人杂剧'于科白中叙事，而曲文全为代言'。所以前者还只能说是一种说唱艺术，后者方是真正的戏曲"①。巴东堂戏诞生于"花鼓子"，"花鼓子"这种艺术形式适不适合王国维说的这两大戏剧性要素：动作、言语、歌唱，代言体？从介绍中的花鼓子来看，花鼓戏的确对巴东堂戏的形成影响绝大："早期堂戏叫花鼓戏，花鼓子是其初级形态。花鼓子又称打花鼓，有的地方叫地花鼓或花鼓小锣。从南宋吴自牧《梦粱录》、明传奇《红梅记》、清柯煜《燕九竹枝词》中有关花鼓的记载得知，花鼓子的存在至少已有八百年的历史。花鼓是在元宵和其他节日与花灯一起表演的。表演的原始形式为一男一女，由锣鼓伴奏，边舞边唱。花鼓子传入巴东的时间不详，但从前述《巴东县志》的记载可知：清康熙之前，花鼓子已在巴东出现。巴东江北的平阳、麦丰、沿渡、火峰和城关等地，一直就流行花鼓调……花鼓这种民间歌舞形式传入巴东后，于明末清初即已增加了故事情节，形成了对子戏。对子戏不断吸收民歌、小调，特别是梁山调、南北路等戏曲唱腔，在吸收中不断地改造变化，从而发展为堂戏。"②

根据这段堂戏成因的概述，一是叙述了花鼓子在明清之际传入巴东，二是在表现形式上是对子戏，边舞边唱。这种形式还是属于歌舞，应该是有动作、有歌唱，甚至不排除有言语。根据王国维强调的"代言体"之说，再来琢磨堂

---

① 齐森华：《曲论探胜》，华东师范大学出版社 1985 年版，第 182—183 页。

② 高源章、邓明旺、邓贵洪编著：《巴东堂戏》，国际文化出版公司 2001 年版，第 8—9 页。

戏的内在成因，花鼓子仍属表演，但是在打花鼓子的时候，也有完全是进入角色表演的，譬如《两口子出来般般高》，就是两个男的模扮夫妻对唱，这在表演中叫作"角色"跳进、跳出的表演。在笔者看来，这已经是由"叙事体"向"代言体"迈进了一大步，是一个本质性的趋变。再者，县志里表述过的"市民装演杂剧"，虽然对"杂剧"的形式没作详细介绍，但作为文人记载，杂剧应该是戏剧的通称（或曰传统称呼）。能够登场演出，自然是市民所喜闻乐见的，这种杂剧的形式与江北一河之隔，不能说没有影响吧！前此，所叙说到的从湖南武陵、湘乡传入巴东沿渡河的亦不只是单纯的唱腔，应该是唱腔依附的剧情及其表演形式也应该有所传入。况且从堂戏所演剧目来看很多都是大江南北流行的剧目。当翻开《中国戏曲通史》时，笔者遂知道论小戏成因亦皆有所本："在这个时期中，民间的地方小戏，也在各地农村中纷纷地滋长起来。据余治《得一录》的记载，道光时的花鼓戏已在南方的广大农村甚为流行。他说：'吴俗名滩簧，楚中名对对戏，宁波名串客班，江西名三脚班'。它们在当时既叫做'对对戏'或'三脚班'，自然还处于二小（小旦、小丑）或三小（小旦、小生、小丑）的阶段，尚未发展成大戏；有的既叫做'串客班'，可知这些戏班还是业余性的或半职业性的。这正是农村中民间小戏初形成时期所共有的特点。"① 张庚、郭汉成先生在论述这一现象时，同时也强调了"有些兄弟民族的戏曲剧种，也接受了汉民族戏曲的影响。这使各兄弟民族的戏曲既保持有本民族的风格，同时，在交流中也具有我国戏曲所共有的民族特色"。② 因此，巴东堂戏在形成和成熟时不仅是在腔系上吸取外来声腔的某些因素，而且在戏剧性的基本构架上也应有所吸收，而且这种吸收是从表演体向"代言体"的本质过渡。

也许人们要问，你讲这也吸收，那也借鉴，那你所言说的"土生土长"不是自相矛盾吗？笔者还是那个观点，所谓土生土长就是以本民族主体文化精神

---

① 张庚、郭汉成：《中国戏曲通史》（下册），中国戏剧出版社1981年版，第18页。
② 同上书，第17页。

为支撑孕育的文化形态。不是直接搬演的某一个完整剧种，而是多种文化因素在主导因素的作用下形成的。正如前面所论及的花鼓子表演这一内在因素已经是由"叙事体"向"代言体"迈进，这是一个由表演向"戏剧"特征的本质性趋变。而且还必须提到的，那就是花鼓子是带有丑角表演性质的，这就是堂戏的原生态形式。民间戏剧应该是由喜剧演化的，最初每个戏都有丑角。譬如黄梅戏，源于湖北一带的采茶歌，形成以演唱"二小戏""三小戏"为主的民间小戏，后吸收青阳腔和徽调的音乐和表演艺术及民间音乐，演出了大戏，不过，在一些辞书上对戏曲的形成只注意腔系的来源，而很少提及"戏"（即整体框架参照系）的来源，这应该是被忽视了的一个重要方面。

第二节　竹枝词与堂戏七言体唱词
——从唐代歌诗俚质品格到堂戏歌词戏剧性与朴素美

研究戏剧者认为，研究的关键不在于戏剧何时兴起，而是在于戏剧如何兴起。不仅民间小戏如此，就是一些大剧种，譬如代表戏曲发展的几个时代的大剧种，如元杂剧、南戏、昆曲等也存在无法定论的问题。甚至是中国戏剧起于何时的时限、标准问题依然存在争论。关于戏剧起于何时的时限，虽说在整个戏剧研究中不是最关键，可对于地方小戏的研究来说又是至关重要的，因为它也涉及戏剧成熟度的问题。

王国维把戏曲的正式成熟期定在元代杂剧形成时。而把宋金两代的杂剧、院本谓之为"古剧"。齐森华先生说："宋金二代，为我国戏剧的形成时期。两宋戏剧，谓之杂剧，虽大略与唐之滑稽剧无异，'但其中角色，较为著明，而布置亦稍复杂'。至金则又有院本，其体制甚与宋官本杂剧段数相似，而复杂又过之。唐代仅有歌舞剧及滑稽剧，至宋金两代开始有了纯粹演故事之戏剧了。尽管宋金之所谓杂剧、院本，'其本则无一存。故当日已有代言体之戏剧否，已不可知.'但我国戏曲至此已日趋成形，这是显而易见的事实。只是宋金两代的杂剧院本，还'非尽纯正之剧，而兼有竞技游戏在其中'，故'其结构与后世戏剧迥异'，王国维因而谓之'古剧.'" ① 王国维的观点非常明确，把戏剧成熟的时代锁定在元杂剧时代；对戏剧成熟的标志勘定在戏剧结构和代言体之上。其实，还有一个在当时是不言自喻的问题，就是唱词也进入了元曲（套曲）时代。而套曲时代作为歌诗的词已是从唐代的七绝发展到词，又由词发展到曲，曲作为歌诗已是第三代了。

王国维所谓戏剧成熟时代和成熟的标准受到了当代戏剧研究的一代宗师任二北先生的质疑。有一篇文章这样评价："任先生在戏曲方面的主要成就，是对戏曲起源的探讨和研究。在他的代表作《唐戏弄》里，除了概述戏曲发展历史外，还就辨体、剧录、伎艺、脚色、演员、设备等方面，详细论述唐代已粗具戏曲表演艺术的初期形态，并追索和考证唐戏的脚本、戏台、音乐、化妆、服饰、道具等特征。从而提出'我国演故事之戏剧，固早始于汉，而盛于唐'，以及周有'戏礼'，汉迄隋有'戏象'，唐有'戏弄'，宋以后有'戏曲'的主张，反对割断宋元戏剧和唐戏剧之间的承启关系。" ②

任二北先生在《唐戏弄·后记》中说："唐戏是否真戏剧之辩论，展开已久。（见《戏剧论丛》二辑）预料此稿新版印行之后，进一步将有更具体之争辩。在此项争辩中，必然坚持两点，持之亦不费力：一乃王考'真戏剧必与戏曲相表里'之结论，务当取销，以容纳古今话剧；二乃对于古剧之理论，当容两派并立，——一派由'体'出发，偏重故事性与形式，亦并不废意义与作用；一派由'用'出发，偏重意义与作用，亦并不废故事性与形式。换言之，此二派中，一重体，一重用；一重貌，一重神。体用之间，古剧譬如古医；神貌之间，古剧譬如古画。除此两据点应坚守外，其他均不必深辨……我国古戏剧，早期多就现实编造故事，后期多就人情采用故事，正是历史发展现象。戏

---

① 齐森华：《曲论探胜》，华东师范大学出版社 1985 年版，第 177 页。
② 韦明铧、韦艾佳：《扬州戏曲史话》，广陵书社 2014 年版，第 226—227 页。

剧史家据实真书，保等信确！对于古剧，何必自陷于形式主义，曰'戏曲'或'大戏'方是真戏剧。'小戏'或'滑稽戏'仅是角觝，是'故事舞'，是舞队，是对口相声而已欤？——以偏害全，以轻害重，其失甚大，是宜熟计者耳……于此必须认清：曰真戏剧，并不等于曰成熟之戏剧；犹之曰真人，并不等于曰成年人。成年人是真人，儿童亦是真人。今人每虑'成熟'即戏剧之止境，以为汉唐果有戏，唐戏果已成熟，则尚有何更高地位，足以安顿宋南戏、元杂剧？实则成年人岂即垂暮之人！成熟以后，前途正无穷尽。"①

任二北先生在《唐戏弄·后记》中阐述的观点，看起来跟王国维所持戏剧成熟的观点针锋相对，既有所持的标准不同之争，又有对体、用、形、神的戏剧综合性特性认识的差别。任先生谈体用形神，打了一个比方："体用之间，古剧譬如古医；神貌之间，古剧譬如古画。""古剧"就是王国维所谓非"真戏剧"的古剧。任先生不仅认为古剧是真戏剧，而且还进一步认为讲"体用"的偏重功利；讲"形神"的偏重审美。特别是任先生认为唐戏有童心天真朴素之美，这可以说是慧眼独具。这也正是笔者所要论述的竹枝文化与巴东堂戏的"童真"之美的重要论题。同时我们必须正视这样一个现实，在当今的地方戏剧中，包括已经成为大剧种的越剧、黄梅戏，唱词都是以七言歌词为主。而这一点又是王国维将其归为"古戏"之类的。王国维在《宋元戏曲考》第四章中说："前二章既述宋代之滑稽戏及小说杂戏，后世戏剧之渊源，略可于此窥之。然后代之戏剧，必合言语、动作、歌唱，以演一故事，而后戏剧之意义始全。故真戏剧必与戏曲相表里。然则戏曲之为物，果如何发达乎？此不可不先研究宋代之乐曲也。宋之歌曲其最通行而为人人所知者，是为词，亦谓之近体乐府，亦谓之长短句。其体始于唐之中叶，至晚唐五代，而作者渐多，及宋而大盛。宋人宴集，无不歌以侑觞；然大率徒歌而不舞，其歌亦以一阕为率。其有连续歌此一曲者，如欧阳公之《采桑子》，凡十一首；赵德麟之《商调·蝶恋

---

① 任半塘：《唐戏弄》（下），上海世纪出版股份有限公司、上海古籍出版社 2006 年版，第 1356—1357 页。

花》，凡十首，一述西湖之胜，一咏'会真'之事，皆徒歌而不舞，其所以异于普通之词者，不过重叠此曲，以咏一事而已。"① "其歌舞相间者，则谓之传踏（曾慥《乐府雅词》卷上亦谓之转踏，王灼《碧鸡漫志》卷三），亦谓之缠达（《梦梁录》卷二十）。北宋之转踏，恒以一曲连续歌之。每一首咏一事，共若干首，则咏若干事。然亦有合若干首而咏一事者，《碧鸡漫志》（卷三）谓石曼卿作《拂霓裳转踏》，述开元天宝遗事是也。其曲调唯调笑一调用之最多。"② 他举例：

调笑转踏 郑仅③（《乐府雅词》卷上）

良辰易失，信四者之难并。佳客相逢，实一时之盛会。用陈妙曲，上助清欢。女伴相将，调笑入队。

秦楼有女字罗敷，二十未满十五余。金镮约腕携笼去，攀枝折叶城南隅。使君春思如飞絮，飞马徘徊芳草路，东风吹鬓不可亲，日晚蚕饥欲归去。

归去，携笼女，南陌春愁三月暮，使君春思如飞絮，五马徘徊频驻。蚕饥日晚空留顾，笑指秦楼归去。

石城女子名莫愁，家住石城西渡头，拾翠每寻芳草路，采莲时过绿蘋洲。五陵豪客青楼上，醉倒金壶待清唱，风高江阔白浪飞，急催艇子操双桨。

双桨，小舟荡，唤取莫愁迎叠浪，五陵豪客青楼上，不道风高江广，千金难买倾城样，那听绕梁清唱。

绣户朱帘翠幕张，主人置酒宴华堂；相如年少多才调，消得文君暗断肠。断肠初认琴心挑，么弦暗写相思调，从来万曲不关心，此度伤心何草草！

草草，最年少，绣户银屏人窈窕，瑶琴暗写相思调，一曲关心多少。临邛客舍成都道，苦恨相逢不早！

（此三曲分咏罗敷莫愁文君三事，尚有九曲咏九事、文多略之）

---

① 《王国维戏曲论文集》，中国戏曲出版社1984年版，第30页。
② 于天池、李书：《宋金说唱伎艺》，陕西人民教育出版社2009年版，第177页。
③ 王国维：《宋元戏曲史》，北京和平出版社2014年版，第38—39页。

放队

新词宛转递相传，振袖倾鬟风露前，月落乌啼

云雨散，游人陌上拾花钿。

进而指出："此种词前有勾队词，后有一诗一曲相间，终有放队词，则亦用七绝，此宋初体格如此。然至汴宋之末，则其体渐变。《梦粱录》（卷二十）：'在京时，只有缠令缠达，有引子尾声为缠令，引子后只有两腔迎互循环，间有缠达'。此缠达之音，与传踏同，其为一物无疑也。吴《录》所云，与上文传踏相比较，其变之迹显然。盖勾队之词，变而为引子；放队之词，变而为尾声；曲前之诗，后亦变而为他曲；故云引子后只有两腔迎互循环也。今缠达之词皆亡，唯元剧中正宫套曲，其体例全自此出。"[①]

王国维在《宋元戏曲史》第四章中分别论述了歌舞相兼的"传达"，亦谓"转达、缠达"；宋时舞曲（其乐有声无词，且于舞踏之中，寓以故事，颇与唐之歌舞戏相似）；大曲（遍数既多，虽便于叙事；然其动作皆有定则，很难完全演一故事）。王国维的结论是，纵然大曲"皆为叙事体，而非代言体。即有故事，要亦为歌舞戏一种，未足以当戏曲之名也"。这种循序渐进的轨迹，在王国维看来还只是"代言体"的前奏。不过在这个完整的发展过程中，王国维除了对叙事体特别关注外，还重视唱词形式的演变，从诗体、词体到曲体，真正到在他看来"真戏剧"形成时，唱词的形式也就是元曲了。也就是说，在王国维看来，戏剧成熟之时也就是作为唱曲的元曲取代了歌诗的七言体（主要是绝句）。

论述巴东堂戏主要是七言体歌辞体制，固然首先要考虑到堂戏就生长在竹枝文化的沃土之中的直接渊源关系。但堂戏毕竟晚文人竹枝词产生近 1000 年的时间，而在这漫长的历史长河中，甚至直到今天，竹枝词创作依然方兴未艾。作为戏曲唱词以七言为主的体制在全国各地大部分小戏中都是如此，这都是本书必须阐述清楚的。其理由是：一是要阐明七言体歌诗的历史悠久；二是

---

① 王国维：《宋元戏曲史》，上海人民出版社 2014 年版，第 27、28 页。

竹枝文化影响的广泛性，同时具有戏剧歌词的充分表现力；三是揭示竹枝本土文化滋润的戏剧文化的童真美。因此，也必须从七言歌诗的历史性定位谈起，进而涉及竹枝词的审美具有的时代感，最后反观堂戏"歌词"的返璞归真。

赵景深先生在《谈任中敏的〈优语集〉》时说："最近他认为唐代歌辞和同时许多民间文艺中的变文关系最切，特改旧编《敦煌曲校录》为《敦煌歌辞集》……他还写了《唐声诗》的一组三稿，包含理论、谱式和总集，解决唐人怎样把五言、六言、七言近体诗谱成曲子来唱的问题，像《旗亭赌唱》一类的例子，都加以考证和说明。"① "《唐声诗》是作者用综合研究方法从'声'的角度，系统探讨唐代诗乐及唐人歌诗实况的一部专著，也是作者继《唐戏弄》后，为开辟唐代音乐文艺研究工作的又一重要贡献。作者在这部书中，一反过去唐诗研究中重在主文、不兼主声之嫌，和众多文学史只讲唐代民谣、无视声诗体用之弊，从'辞、乐、歌、舞'四个方面研究唐及五代的五言、六言、七言等齐言歌辞，积极倡导唐代固有的声诗之学。作者认为，唐声诗和唐诗词研究的区别就在于体格上……任半塘在研究唐代诗歌与音乐之关系时，实际上是齐言诗歌与杂言诗歌并重的。他把对《教坊记》和'声诗'的研究作为突破口，分别从音乐角度和'格调'角度，抓住了从胡夷里巷之曲演变至后世文人词的中心环节。同样，他在研究长短句歌辞时，也注意到另一种歌辞，即齐言歌辞的存在，他对这些齐言歌辞的研究，旨在破除关于长短句词是由近体诗演变而来的传统谬说。"②

从以上两段引文来看，任先生旨在强调：唐声诗，即歌诗在唐五代普遍存在，只是研究戏剧的人忽视了歌诗的体用关系；再就是长短句歌诗与齐言歌诗并行发展，并不存在长短句歌诗是由近体诗（七绝）演变发展而来。这两种歌诗形式的泾渭之分不仅是要澄清当时事实真相，更是为以后近千年的歌诗创作（主要是戏剧唱词）长短句和齐言歌辞（七言体）并行发展正本清源。关于七

---

① 赵景深：《中国戏曲丛谈》，齐鲁书社1986年版，第69页。
② 转引自《国学·二十世纪隋唐五代文学研究综述》，http://www.guoxue.com。

言体歌诗起源，褚斌杰先生有精辟的论述："'七言体的来源是民间歌谣，七言是从歌谣直接或间接升到文人笔下而成为诗体的，所以七言诗体制上的一切特点都可在七言歌谣里找到根源。'……按余冠英先生的分析是这样的：原来七言和五言一样在起初都是'委巷中歌谣'之体，五言诗体初被文人应用是东汉时，并不比七言早些，但因为乐府中所收的歌谣多五言，五言普及得很快，到魏晋已经升为诗歌的正体了。七言虽早已有人应用于诗，但并未流行起来……七言诗历魏、晋而至南北朝时期，开始有了较大的发展。七言诗由文人试作到长足的进步……七言的真正兴盛时期，这时还没有到来，后来在唐代诗人李白、杜甫、岑参、韩愈、白居易等人的创造性的运用下，七言诗才充分发挥了艺术上的优越功能。"①

褚斌杰先生研究表明，七言体诗起源于民间歌谣，七言的真正兴盛是盛唐以后。任二北先生考证，歌诗分为长短歌辞与齐言歌辞之后并行发展，长短句并没有取代齐言体歌诗。这就从一个更大范围证实了这样不可争辩的事实，七言歌诗在长短句（词、曲）盛行的宋元时期一直在发展着。生生不息的鄂西、川东竹枝词文化，也是在这个时候由文人的推波助澜使竹枝词由民间创作发展到文人创作，也正是文人让三峡地区竹枝词在中华大地广泛传播，使竹枝词形成了一种中华民族独有的竹枝词文化。特别是从审美形态上看其蕴含着"词媚曲谐"的美学品格，因此后来的七言歌诗取代长短歌诗"曲"的地位。这也就表明流传至今的地方小戏演唱的歌词都以七言为主。巴东堂戏就是非常典型的剧种。

丁家桐先生在论明代戏曲评论家徐渭的戏曲主张时，充分肯定了徐渭主张戏剧语言要"越俗越雅"，并间接地指出了要达到这种境界，竹枝词是最好的艺术源泉："文长在论戏剧语言时，曾有越俗越雅之说。他在《题〈昆仑奴〉杂剧后》中说：'点石成金者，越俗越雅，越淡薄越滋味，越不扭摆动人越自动人。'戏剧与诗歌有若干相同处，他欣赏'宜俗宜真'，认为在不该堆砌

---

① 褚斌杰：《中国古代文体概论》，北京大学出版社1990年版，第133—138页。

文词、引用故实卖弄学问或者选择华丽涩拗的字眼，是'锦糊灯笼，玉镶刀口'。他非常倾心于竹枝词的创作，他认为国风—乐府—竹枝词一脉相承，取民俗之谣，有其特殊的魅力。他所写竹枝词甚多，据手边资料，可列者有如下十一种：

> 竹画上谷歌九首边词二十六首
> 长干行四首上谷边词八首燕京五月歌四首
> 雪竹竹枝词三首风竹竹枝词七首雨竹竹枝词一首
> 寻王子竹枝词一首燕京歌七首竹枝词（秋日高城大道边）三首

　　文长长期生活在民间，从民间语言中汲取养料，进入他的诗歌创作与戏剧创作，自然较之朝夕出入朝堂的士大夫有着有利条件。诗忌俗语，长期以来一直为诗坛所公认，下里巴人的东西不可混杂于阳春白雪之间。文长的特点之一便是常以俗语杂入诗歌。"① 词学大师施蛰存先生在谈竹枝词时也说过："各地的竹枝词，说得低一点，这是一种很有趣味的风土诗，说得高一点，这是民俗学（或称谣俗学）的好资料。"②

　　戏文歌辞和竹枝词除了具备抒情性特征之外，特别注重叙述性。如果说唐代文人竹枝词还是注重一首叙一事的话，那么到了唐之后则是以组诗表现一个完整的叙事。特别是到了中国封建社会末期，以竹枝词为表现形式的完整叙事已经达到了相当大的规模，这是元代散曲最多的三十多支曲表达一个完整的叙事抒情体所无法达到的高度。如清末李稷勋《都门竹枝词》是联体的十六首，其《序》说："竹枝之兴，肇于巴渝，击鼓联歌，扬袂睢舞，荡声佚节，宛转多风。自唐顾况、刘禹锡、白居易并擅此制，后来作者蔓衍弥繁，大都谱一州之土风，究一时之方俗。都门九衢交会，五方臻凑，人习华侈，俗伤淫靡，又

---

① 丁家桐：《东方畸人徐文长传》，上海人民出版社1999年版。
② 施蛰存：《关于"竹枝词"》，欧阳发、洪钢《安徽竹枝词》，黄山书社1993年版，第228页。

士女娴丽，雅乐游观，春秋佳日，车盖相望，君子慨焉。余巴人也，好为巴歈，爰因旧制，作竹枝词十六首。俚野无意，啴缓戾节，或庶几考省风土者，有所采览云。"①

《都门竹枝词》从时间上叙述了春夏秋冬四季都门（京城）的物事人事，感叹乱时人世踪迹不定、神情无所皈依的彷徨之感，特别是语言风格接近民歌，又不失文人雅士的情韵悠然。现取二则以观之：

> 九陌鹦啼绿叶滋，正阳门外日斜时。
> 朝朝暮暮巴人曲，夜色空寒唱竹枝。

> 狐裘蒙茸雪打衣，九门风急人声稀。
> 骑马踏冰马蹄滑，天上一双鸿雁飞。②

宣统年间"忧患生"的《京华百二竹枝词》可谓联体竹枝词的鸿篇巨制，表现内容，上至朝廷治国方略、军国大事，下至里巷车夫叫骂、市井勾当叫卖，可以说是京城一幅万方风俗图。像这种动辄百首联体竹枝词在明清之后是屡见不鲜的，如吾庐孺的《京华慷慨竹枝词》，立体、全方位地反映了朝野的政治、国势政风民情，把京城的政治社会面貌、人生世相作了淋漓尽致的写照。诸如：

> 轻车疾马走燕京，天下兴亡在此行。
> 只为个中滋味好，大家所以负苍生。

> —— 《议员》

> 都来饱饭黄昏后，谁忆江山白日斜？

---

① 雷梦水等编：《中华竹枝词》（一），北京古籍出版社1997年版，第271页。
② 同上书，第273页。

商女不知亡国恨，城南犹唱后庭花。

——《小班》

而今贵胄列专科，功课平均嫖赌多。

最有惊人可传事，也能唱得几军歌。

——《贵胄学堂》

不见流民郑侠图，实官揖害到当涂。

向来人命如儿戏，赤野青苗惨不如。

——《皖北人相食》

天下兴亡在眼中，雍容榫让古贤同。

半闲堂上斗蟋蟀，忍令君王泪染红。

——《政府大臣》

山外青山楼外楼，西湖歌舞几时休？

暖风熏得游人醉，直把杭州作汴州！

——《北京社会》

竹枝词从记述民间风俗，到记述国家命运攸关的重大主题，这是歌诗发展中的一个重大变化，这种变化结果犹如杜甫用庄重的诗歌体式抒发庄重严肃的忧国忧民政治情怀。吾庐孺则是用民歌风格的竹枝词联体以调侃嘲讽口气来揭露当局的无能无为和无耻的人生世相，清末文人竹枝词用里巷之趣抒忧国忧民之情，不仅扩大了竹枝词的讽喻功能，而且还取代了元散曲的讽喻调侃的"谐"的审美形态功能。这在吾庐孺《京华慷慨竹枝词》的序里已经表明：

盖闻词之咏也，柳枝之外，更有竹枝，寓情之余，尚能谐俗。原以国风虽在，雅颂三百已亡，而世态或多滑稽，寻常皆是。仆本闲人，诗无佳句，未尝问俗，曷敢为词？今春风鹤满天，四郊多垒，抚膺三叹，慷慨生焉。于是运龙蛇于掌上，抒垒块于胸中，曾未逾春，率成百首。虽彦和入袋，不敢必炙口于国门，而方朔挥毫，或无妨解颐于朝市。至格韵出入，意旨偏激，则又大雅之所容，抑亦鄙人之所希明教者尔。①

作为文人竹枝词，从审美形态来看具有喜剧性审美特征这是不容置疑的了。作为戏文对话式歌诗，在文人竹枝词里不仅大量地存在着，而且历史非常的悠久，至少可以表明在堂戏成熟之前。清初期的朱彝尊（主要生活在康熙年间），就有竹枝词联体八十八首，而唱和者谭吉璁有《鸳鸯湖棹歌八十八首和韵》、陆以诚有次韵《鸳鸯湖棹歌一百首》。朱彝尊是康熙年间重要文人，官至检讨，纂修《明史》，浙派词创始人，在文坛有重要影响。谭吉璁是朱彝尊的表兄，登州知府，军界人物，颇有文才。文人竹枝词联体唱和达百余首，其规模之大，突破前人旧制。竹枝词联体步原韵数人唱和，扩大了竹枝词的表现力，具有民歌中的一人唱众人和的盎然情趣，也是戏文歌诗对唱的基本形式。从信息磁场的丰富性上构成"戏"的重要因素。譬如朱彝尊《鸳鸯湖棹歌》（其二）：

> 沙头宿鹭傍船栖，柳外惊乌隔岸啼。
> 为爱秋来好明月，湖东不住住湖西。

又如谭吉璁《鸳鸯湖棹歌》（其二）：

> 秋来蜜橘自塘栖，露冷微霜乌夜啼。
> 担至南亭香未改，胜传柑子凤楼西。

再如陆以诚《鸳鸯湖棹歌》（其二）：

> 鸳鸯湖畔鸳鸯栖，鸳鸯梦醒乌初啼。

---

① 雷梦水等编：《中华竹枝词》（一），北京古籍出版社1997年版，第297页。

侬船方过丽桥北，郎马已来水驿西。①

根据陆以诚为谭吉璁《鸳鸯湖棹歌》写的《跋》可知，唱和朱彝尊竹枝词《鸳鸯湖棹歌》一百首者还有其他人，所抒均为故乡之恋情。陆以诚《跋》曰："朱太史竹垞先生首唱鸳鸯湖棹歌一百首，同时属而和者，谭太守舟石最著，新城王尚书极称赏焉……竹垞曾叙曹次典棹歌云：功名之士读之犹动故乡山水之感。矧余之侘傺无聊者，今曹作不可得见，而朱谭二家犹存。然谭作原本学者不能卒读，后又于闻川宋君兰城处得舟石续和三十首，按其自叙盖亦在榆林时作也。爰取曝出亭定本一百首并原稿十四首，与舟石原和八十八首，续和三十首，校正并付诸梓。余与芭堂国和之作附刻于后，亦宋玉、唐勒祖述赋骚之遗意也。且竹垞旅食潞河，寄怀风土，舟石远宦榆林间而遥和，俱有怀乡之感，余与芭堂望衡对宇咏歌太平，即以当乐郊之颂也，亦无不可。"② 陆以诚的《跋》表明竹枝词联体唱和的人之多，唱和的空间之遥，唱和的主题又如此的集中，把鸳鸯湖的景致、情趣、意蕴开掘得淋漓尽致，可以想见朱、曹、谭、陆以四百首联体竹枝词咏"鸳鸯湖"，规模何其壮观，写意何其细腻，就像陆以诚《鸳鸯湖棹歌》联体第一百首所云：

韵事朱谭寄两湖，扁舟侬亦兴非孤。

曾经百咏流传后，漫数嘉禾八景图。③

关于"戏文"有的专家谈得言简意赅，"戏"就是装扮成角色装演，"文"就是情节故事。唱词（歌诗）不全是为抒情而设，在很大程度上就是叙事。如越剧《梁祝·十八相送》：

---

① 雷梦水等编：《中华竹枝词》（三），北京古籍出版社 1997 年版，第 1823 页。
② 同上书，第 1822 页。
③ 同上书，第 1842 页。

合：三载同窗情似海，

山伯难舍祝英台。

相依相伴送下山，

又向钱塘道上来。

女：书房门前一枝梅，

树上鸟儿对打对。

喜鹊满树喳喳叫，

向你梁兄报喜来……①

作为歌辞所引段落都可以看作叙事，但是一旦付诸曲调演唱，歌声就传达出了喜怒哀怨之情了。甚至还可以这么说：当长短句歌诗的套曲（雅部）大戏逐渐走向衰落的时候，作为齐言（主要是七言）歌诗的民间小调演变的唱腔（花部）成了清中叶之后在全国流行的戏曲的主流。这种发展势头，给我们一个重要的启示，作为戏曲唱词的七言歌诗形式似乎已经取代了长短歌词的套曲，似乎又回到了唐代七言歌词，特别是三峡竹枝词的那种民间俚调的风格。巴东堂戏是在竹枝文化背景下滋长起来的剧种，也在不断地传承着竹枝文化。

巴东堂戏的唱词以七言为主，这是竹枝文化底蕴的直接呈现。笔者在前面已经论述过七言歌诗的竹枝词明清以后在华夏民族中已经形成最为通俗的歌诗形式，也是戏文首选的歌唱形式。那么作为竹枝文化故乡的堂戏，直接传承竹枝文化就是十分自然的事了。如巴东堂戏传统喜剧《王麻子打妆》，其唱词主要是七言歌诗。例唱曲一"老生四平"（已去掉衬字）：

（我）从小就把江湖走，

随带一个酒葫芦，

巴东赶船到汉口。

---

① 何为：《戏曲音乐研究》，中国戏剧出版社 1985 年版，第 101 页。

汉口转来逛荆州，

又会嫖来又会赌，

耍吃鸦片睡到抽。

打戳牌离不得四天九，

摇骰子一把抓到手。

先输钱来后输土，

廊圈房屋一齐抖。

输了肥猪还不够，

又输一条大牯牛。①

再如《梁祝·访友》英台（旦）唱：

梁兄送我到河坡，

河坡一对顺水鹅，

鹅哥就在前面走，

鹅妹后面叫哥哥。

梁兄送我到河边，

一对鱼儿水中恋，

鱼儿能知风流事，

梁兄全然不睬然。②

越剧《梁祝·十八相送》：

（心）前面到了一条河，

---

① 高源章、邓明旺、邓贵洪编著：《巴东堂戏》，国际文化出版公司 2001 年版，第 61 页。
② 同上书，第 169 页。

（九）漂来一对大白鹅。

（台）雄的便在前面走，

雌的在后面叫哥哥。

（伯）未见二鹅来开口，

哪有雌鹅叫雄鹅。

（台）（你不见）雌鹅对你微微笑，

（他笑你）梁兄真像呆头鹅。

（伯）既然我是呆头鹅，

从今你莫叫我梁哥哥。①

台湾剧本：黄梅戏《梁祝·十八相送》：

（银心）：你看前面一条河，

（四九）：漂来一对大白鹅。

梁：公的就在前面走，

祝：母的后边叫哥哥。

梁：未曾看见鹅开口，

哪有母鹅叫公鹅。

祝：（你不见）母鹅对你微微笑，

（他笑你）梁兄真像呆头鹅。

梁：既然我是呆头鹅，

从此莫叫我梁哥哥。

七言歌词在地方戏曲、曲艺作品中，都是唱词语言的主体，同时，同一个故事在不同区域，虽然唱腔各异，但是唱词风格都是差不多的。正如清代戏曲

---

① 高源章、邓明旺、邓贵洪编著：《巴东堂戏》，国际文化出版公司 2001 年版，第 169 页。

理论家焦循在《花部农谭》中所云："'花部'者，其曲文俚质，共称为'乱弹'者也，乃余独好之……花部原本于元剧，其事多忠、孝、节、义，足以动人；其词直质，虽妇孺亦能解；其音慷慨，血气为之动荡。郭外各村，于二、八月间，递相演唱，农叟、渔父，聚以为欢，由来久矣。自西蜀魏三儿倡为淫哇鄙谑之词，市井中如樊八、郝天秀之辈，转相效法，染及乡隅。近年渐反于旧。余特喜之，每携老妇、幼孙，乘驾小舟，沿湖观阅。天既炎暑，田事余闲，群坐柳阴豆棚之下，侈谭故事，多不出花部所演，余因略为解说，莫不鼓掌解颐。"① 焦循说花部本于元曲，应该是指两个方面，一是花部所演剧目大多来自元曲剧目，二是指语言风格具有元曲歌辞的通俗与质朴，与"雅部"在风格上有较大区别。

说到花部的俚质，是本节一直强调的观点。一是从美学品格上看，戏曲语言发展的确存在由诗到词到曲的诗庄、词媚、曲谐的三个阶段。譬如柳宗元的《江雪》：

> 千山鸟飞绝，万径人踪灭。
> 孤舟蓑笠翁，独钓寒江雪。

这是一首写柳宗元清高孤傲的人格和孤舟垂钓的隐士情趣的诗，体现了诗的庄重品格。我们再看中唐时期张志和的《渔歌子》：

> 西塞山前白鹭飞，桃花流水鳜鱼肥。
> 青箬笠，绿蓑衣，斜风细雨不须归。

王季思先生称这首诗是"从诗到词的过渡之作"。而另一首白贲的《鹦鹉曲》：

---

① 中国戏曲研究院编：《中国古典戏曲论著集成》（八），中国戏剧出版社 1959 年版，第 225 页。

依家鹦鹉洲边住，是个不识字的渔父，浪花中一叶扁舟，睡煞江南风雨。

觉来时满眼青山，抖擞绿蓑归去，算从前错怨天公，甚也有安排我处。①

王季思先生称这是"从词到曲的过渡之作"。从诗到曲（散曲）作为戏剧唱词有一个由齐言到长短歌诗的变化，同时又是一个审美形态的趋变——由庄到谐。也就是说元杂剧作为戏曲唱词，语言也是一种俚质，即通俗质朴。二是从唐代歌诗到清中叶以后"花部"（地方小戏）唱词没有经过长短歌诗阶段，直接承袭了齐言歌诗竹枝词的俚质美学品格，唱词以七言为主，而从俚质的美学品格来看，又可与元曲长短歌诗媲美。巴东堂戏歌词唱腔的主体部分都是七言体，而且都是以二句联体、四句联体为主。这正是竹枝词最基本的表达方式。笔者认为，巴东堂戏从文化背景来看，与竹枝文化是有渊源关系的，这种渊源首先是民歌是源，竹枝是流；而在相当长的时期之后，竹枝文化作为俚质的代表，对"花部"来说，竹枝是源，而"花部"是流。

第三节 民歌逸韵与堂戏唱腔的童真美
——从《十借》《十想》等旋律、风韵到入主堂戏主唱腔

要找到巴东堂戏唱腔腔系的源流，似乎并不觉得十分困难，因为在所有的地方小戏研究中，关于腔系形成源流的表述都差不多，特别是逻辑发展几乎完全相同，而这种认定好像出于权威研究者在研究大剧种时所下结论的模式，不妨说就是根据大戏研究结论套改而成的。但是，作为堂戏的主要唱腔，笔者一直在追问核心唱腔究竟是如何形成的？特别是老生四平、旦角四平、小生四平

---

① 《元曲鉴赏辞典》，上海辞书出版社 1990 年版，第 577 页。

和丑角四平，应该说这些都是堂戏的本色唱腔。这些当家唱腔是如何形成的？这应该是堂戏研究的重点和难点。

高源章先生等编著的《巴东堂戏》对堂戏唱腔形成有一段总结性论述：

> 堂戏在形成过程中，同任何其他的戏曲剧种一样，总是融合多种声腔系统的某些角色，继承其某些遗传基因，又不断按神农溪流域人民群众的审美价值和欣赏习惯改变着这些特色，起着质的变化。……早期堂戏叫花鼓戏，花鼓子是其初级形态。花鼓子又称打花鼓，有的地方叫地花鼓或花鼓小锣。从南宋吴自牧《梦粱录》、明传奇《红梅记》、清柯煜《燕九竹枝词》中有关花鼓的记载得知，花鼓子的存在至少已有八百多年历史。花鼓是在元宵和其他节日与花灯一起表演的。表演的原始形式为一男一女，由锣鼓伴奏，边舞边唱。花鼓子传入巴东的时间不详，但从前述《巴东县志》的记载可知：清康熙之前，花鼓子已在巴东出现。巴东江北的平阳、麦丰、沿渡、火峰和城关等地，一直就流行花鼓调。如《双探妹》、《四川下来的杨大姐》、《两口子出来般般高》、《唱古人》、《掐苋菜》、《滚铜钱》、《十绣》等，都是花鼓子板。其中《四川下来的杨二姐》前四小节旋律与堂戏曲牌《划拳歌》的前四小节旋律如出一辙，何其相似！花鼓这种民间歌舞形式传入巴东后，于明末清初即已增加了故事情节，形成了对子戏。对子戏不断吸收民歌、小调特别是梁山调、南北路等戏曲唱腔，在吸收的同时，自身也在不断地变化，从而发展为堂戏。这时的花鼓已逐渐脱离灯班，单独演出。其后，川灯也由民间艺人传入巴东江北，并"近俗而变"。加之花鼓戏脱胎于花灯，故与花灯戏艺术相近，因此，能与巴东灯调及川灯水乳交融，演变出堂戏的独特韵味①。

以上大段引述，比较集中地阐述了巴东堂戏唱腔形成的基本轮廓。其一是

---

① 高源章、邓明旺、邓贵洪编著：《巴东堂戏》，国际文化出版公司2001年版，第9—10页。

梁山调的影响；其二是花鼓子调的影响；其三是当地民歌的影响；其四是其他剧种南北路声腔的影响。但是具体是怎样影响的？源是什么，流是什么，来龙去脉尚不大清楚。也许这并不是该著作者疏忽，主要原因还是堂戏发展历史疏于记载。远不及国粹——京剧发展历史记载详备，京剧作为中国古典戏剧最年轻的剧种，它博采众长，以徽调、汉腔合作相互影响吸收了昆曲、秦腔等而成就的剧种。念白、唱腔、曲牌，都可以找到源头。巴东堂戏虽说有源头，譬如受梁山调的影响，但今天看来，哪一个唱腔属梁山调？的确无法作一个清楚的交代。

有资料表明："梁山灯戏，发源于重庆梁平的民间小戏……是梁平土生土长的民间戏曲剧种。本地人称它为'端公调'或'胖筒筒'调，远在明正德年间（1506—1522）它就从民间'玩灯'和'秧歌戏'中脱颖而出，活跃在梁平的城镇乡村、田头院坝。题材大多是乡间趣闻、家庭琐事、村姑渔父一类下里巴人的事情，表演随意诙谐，活泼有趣，具有俚俗的民间色彩、浓郁的生活气息、清新的泥土芳香和泼辣的山野风味。它经历了由倡灯打到扮灯直到今天的灯戏剧种的发展历程……每逢节日，特别是春节、元宵节期间，真正与民间同乐的戏曲就是灯戏，它的演出活动与平民百姓的喜庆活动融为一体，演出形式生动活泼，多用载歌载舞，表现民间生活，充满了淳朴清新的泥土味。平时农村乡镇的婚丧嫁娶等红白喜事也离不开灯戏。所以演出多喜剧、闹剧，多丑角扮灯。所谓'一堂歌舞一堂星，灯有戏文戏有灯；庭前庭后灯弦调，满座捧腹妙趣生'。到清代中期，梁山灯戏遍及城乡，逢节日盛会，筑台竞演，逐渐向周围传播，渗入到湖南花鼓戏、湖北提琴戏、江西及广东的采茶戏、赣鄂皖三省的文曲戏、贵州的阳戏、云南的巧灯戏和四川各地的灯戏等几十个戏曲剧种，形成了一个'梁山调腔系'。"[①] 戏曲音乐研究家刘正维在一篇权威性文章《论戏曲音乐发展的五个时期》中谈到梁山调的影响时说："梁山调声腔系统。以川东梁山（今梁平）县的灯戏胖筒筒调为代表的声腔，流向全川（灯戏）、

---

① 秦俭：《梁山灯戏》，《三峡都市报·西部观察》2005年7月2日。

滇东北（花灯）、贵州（灯戏）、桂北（唱灯）、陕南（端公戏、花鼓戏弦子调）、豫西南（梁山调）、湖北（梁山调、杨花柳、堂戏、灯戏、提琴戏）、湖南（各路花鼓戏的梁山调、川调、西湖调）、赣西、赣中、赣东南与闽西（各路采茶戏的川调）等十多个省区。形成了梁山调声腔系统。"①

但是，这种影响在各自剧种的发展中，尽管在其腔系体系中有梁山调（川调）的名目，或许只看到保留着的梁山灯戏（川调）的某些演唱因素，而依然名其曰川调。而这一点又是为研究者所证明了的。譬如在论湖南花鼓戏受梁山调影响时，专家就指出："这里必须提到，梁山调入湘后，虽然对湖南小戏的发展起了很大的作用，但并没有被湖南本土音乐取而代之。湖南大量的传统'三小戏'剧目中，如《潘金莲裁衣》、《背包》、《调叔》等，均是打锣腔、小调与正宫调同时并存。可以说，这是湖南小戏走向成熟的过渡阶段。即便是后来正宫调大本戏占了统治地位，一批像《捡菌子》、《看表妹》等专唱打锣腔或小调的剧目，也长期活跃在花鼓戏舞台上。实际上，除了正宫调和西湖调等'准'川调外，湖南各地其他川调都内涵了大量湖南本土音乐的因子，有些只保留了川调的躯壳，已经完全没有正宫旋律的痕迹了。"② 客观地讲，这种评价是符合实际的，仅就湖南花鼓戏与巴东堂戏在唱腔上来比较，相互之间在戏曲唱腔的旋律上几乎没有相同的地方。如果说有，那就是所有的小戏都有的"川调的躯壳"，大到剧目、角色、配器（大筒子伴奏），小到行腔使调的框架格局。也就是刘正维教授已作过的分析："《驼子回门》、《刘海戏蟾》等为代表性剧目。以大筒筒胡琴定 re/la 弦伴奏。在湖北境内大都男女分腔。唱腔与过门等长，而终止音常常相拗，如唱腔终止在徵，过门则终止在商，等等。一句词断开由上下两句唱腔演唱，叫慢板、一流、单川调、单句头；每句唱词以一句唱腔演唱，叫慢板、一流、单川调、单句头；每句唱词以一句唱腔演唱，则'快'一倍，叫中板、二流，双川调、双句头；回过头去不是由中板变化，而

---

① 刘正维：《论戏曲音乐发展的五个时期》，《黄钟（武汉音乐学院学报）》2003 年第 2 期。

② 胡健国：《从音乐角度看小戏形成发展轨迹》，《艺海》2000 年第 4 期。

是越过中板，将慢板简化加快为中快板，叫三流、横板；再回过头去越过中快板，将中板简化加快，叫快板。这是一种'回归式'的板式变化体。"①"川东梁山调入湘对湖南小戏的影响，首先表现在胖筒筒伴奏乐器传入湘北后，结束了湖南花鼓戏锣腔（傩腔）和小调的历史，进入了有主奏乐器的时代。湖南花鼓戏的声腔中有一大类叫'川调'，此川调是否是彼川调今无文字证实。但是，从湖南川调的演变情况看，这两类川调存在着一定的亲缘关系。如前所述，湖南花鼓戏的文字记载最早见于湘北石门县。而石门自古属常德府治，至今常德地区广大农村仍习惯叫花鼓戏为灯戏，其主奏乐器与胖筒筒完全相同，无千斤，筒长而且大，为了与当地汉戏主奏乐器京胡（琴筒很小）相区别，便俗称为大筒。常德花鼓戏称这种用大筒伴奏的曲调为正宫调……胖筒筒调进入湖南后，梁山调变成正宫调，其音乐与剧目沿沅水渗入洞庭湖区，又使当地流行的长沙路花鼓戏产生质的飞跃。《放羊下海》改编成《八百里洞庭》，《槐荫会》演化成连台本戏《天仙传》，正宫调改变过门、增加板式形成了一直沿袭至今的西湖调（当时洞庭湖有西洞庭与东洞庭之分）。正宫调与西湖调在长期运用过程中，艺人们通过大筒变 2—6 弦为 6—3 弦，或变 2—6 弦为 4—1弦等改弦变奏手法，改变其音乐色彩和旋律走向，形成另一种表现悲伤情绪的阴调和反西湖调，大大丰富了它的表现力，为戏曲音乐塑造戏剧人物形象奠定了基础。"②

戏曲研究成果表明，梁山调对其他剧种的影响最为直接的是剧目、角色、配器以及行腔使用的框架格局，也就是"川调的躯壳"，于唱腔本身而言，各地方戏依然保持着自身的乡土味，否则的话，长江流域以南的广大地区流行的小戏就只有一个调，就只是一种风格，那就是梁山调。

谈到巴东堂戏主唱腔时，堂戏研究者高源章等先生是这样论述的："堂戏大筒子腔又名梁山调，出于原川东梁平，当地叫端公戏胖筒筒调。梁山调流布

---

① 刘正维：《论戏曲音乐发展的五个时期》，《黄钟（武汉音乐学院学报）》2003 年第 2 期。
② 胡健国：《从音乐角度看小戏形成发展的轨迹》，《艺海》2000 年第 4 期。

很广，产生于明末清初，甚至更早。流行于湖南、湖北、贵州等十二省市数百个县市。传入巴东后，变异为巴东堂戏的主腔。作为堂戏主腔的大筒子，因其主奏乐器为大筒胡琴而得名。九十四岁的传人黄大国说：大筒子有'七十二支半曲子'。大筒子腔为板腔体，而且是特殊的板腔体。一般的板腔体，总是采用扩张或者紧缩的手法，对某一基本曲调（上、下句或四句）的速度、节拍、宫调、旋律加以变化，使之演变出一系列不同的板式（如一字、二流、三板子、散板），形成一整套具有戏曲多种表现功能的唱腔。而巴东堂戏大筒子是个例外：它很少对旋律做改变，而只在节拍、节奏、速度上下功夫。其次，大筒子句式为一板一眼、板起板落、长度为四小节的规整上下句，且上句与下句长度相等，唱腔与过门长度相等，具有对称性。但也有变化的特殊，如某些为五小节、不对称等。至于单句体的导板、回龙，则被作为散板归入了特殊句式。从段式上分析，大筒子腔是标准的板腔体，乐句由上、下句组成，其变化也就是上、下句的变化。大筒子的板式，发育得比较完善，从板眼上看，有抒情性的一板三眼（慢板，即 4/4 拍子），有叙事性的一板一眼（原板，即 2/4 拍子），有激切的无板眼（快板，即 1/4 拍子），有展开矛盾冲突的滚板，以及抱板等等。总之，无论哪一种板式，它们既统一在共同的风格之中，又各自发挥着表现不同人物或不同情态的特殊功能。"[①]

把堂戏主唱腔作为研究的坐标，与周边省份地方戏比较。如果说都受梁山调影响形成了各自的腔系，而川剧、花鼓戏、秦腔、黄梅戏、江西采茶戏等都没有相同唱腔，那么梁山调影响其他众多剧种不是在于唱腔的直接借鉴，而是在剧目演出形式（基本框架）、配器（特别是大筒子伴奏）以及出场角色。也就是专家们所说的"外壳"。由此可见，堂戏研究专家言说的堂戏唱腔吸收了民歌以及灯调，从而发展为堂戏。笔者认为，这种发展就是以民歌、灯调为基础，用带有戏曲唱腔因素的梁山调对本地的民歌、灯调进行戏曲行腔的板式改造，形成了堂戏的主腔调独特风格。当然，这种改造不排除吸收了梁山调的某

[①] 高源章、邓明旺、邓贵洪编著：《巴东堂戏》，国际文化出版公司 2001 年版，第 26、27 页。

些旋律，或者说民歌里吸收了灯戏腔调，或曰灯戏里吸收了民歌腔调。正如何为先生在论越剧唱腔吸收"武林调"时的情况。

　　越剧吸收武林调（杭剧原来的名称）的方法又有不同。它并不是像锡剧、扬剧那样吸收过来创造、发展成自己的新的板眼，而是把它作为一种插曲使用，或者是把它溶化在越剧原有的唱腔里。可以看下页的例子：

十八相送

（越剧）

[中板]

$\frac{4}{4}$ 6 16 52 3 | 2 35 6161 2 | 6 32 1·2 3 |
（梁）离了井　又一　堂·　前面到了

2 63 5 2·1 6123 | 1 - 0 0 | （过门）1·6 321 6 16
观音堂　　　　　　　　　　　观音堂

2 3235 2 - | 3 21 61 232 | $\frac{2}{4}$ 1 - $\frac{4}{4}$ 1 56 1 6165
观音　堂　送子观音　坐上方　　注意（一）

3 - 0 0 | （过门）3 21 61 6 | 1 61 3 232
（祝）观音大士　媒来做　　注意（二）

1 - 0 0 | 2 76 56 | 61 555 76 | 5 - 0 0 |
我与你梁兄　来拜　堂啊

　　在这个例子里可以看出来，武林调不是作为一种单独的唱腔被运用的，而是吸收来的武林调的旋律溶化在越剧"中板"的唱腔里，来丰富原有唱腔的变化的。

它这种处理吸收的方法，也值得我们研究：

第一，在注意（一）的地方，可以看出是在很大的程度上保持了武林调原来的面貌。但是，它也有变化。我们看这四个小节的乐句，它实际上是采用了武林调上下两句的材料，把它紧缩成为一个下句。在这个下句之前的上句，我们可以看出仍是越剧原有的唱腔。上句是越剧原有的唱腔，下句又接武林调，使两种不同的唱腔在上句与下句之间交替出现，这是一种溶化方法。

第二，在注意（二）的地方，可以看出前面一个小节是越剧唱腔，后面两个小节又是武林调。这又是一种溶化方法，就是使两种不同的唱腔在同一个乐句里交替出现。第三，除了上面两个比较明显的地方外，还有的地方，明明是越剧原有的唱腔，却使我们感到有武林调的某些因素，但这种感觉不十分明显，例如：

```
                                    ┌─── 注意 ───┐
 6  3 2  1·2  3  │ 2 6  3 5  2·1  6123 │ 1 - 0  0 │
 前  面  到  了  观  音  堂
```

假如我们比较一下：

```
 3  2 1  6 1  232 │ 1 -
 送  子  观  音
```

可以看出，原来它早已把武林调旋律的特点揉和在越剧唱腔里了。只是开始的时候并不明显，只是一点点，然后，运用得逐渐多起来、明显起来，并且使两种唱腔交替出现。这样，吸收来的唱腔便很自然地与原有唱腔结合起来了。

上面所举的这些例子当然还不足以说明戏曲唱腔所有各种吸收方法。

但这些例子却集中地说明了一点：同一个唱腔，被不同的剧种吸收以后，经过不同的改造处理，它会具有怎样不同的面貌，会怎样与另外的剧种的特点结合起来。类似这样的吸收经验，都是值得仔细研究的。①

巴东堂戏主唱腔——四平调受梁山调影响的因素究竟有多大？这在一些关于堂戏研究的专著、论文中，还没有准确的定论，都承认受影响这样一个事实。如果我们从沿渡河、平阳坝以及江北一带的民歌小调中去寻找堂戏主唱腔旋律的基因，还是有一定的可能性。笔者之所以认定巴东堂戏唱腔具有童真之美，其确定的因素就在于堂戏唱腔依然保存着本地民歌的风神韵致，而且还可以在民歌之中寻找到主唱腔——四平调的某些民歌旋律因素。同时，我们还可以从这些具有旋律因素的民歌在当时的影响中窥测出影响堂戏唱腔形成的某种逻辑发展。

我们先从《巴东堂戏》中引一段老生四平调《从小就把江湖走》和丑角四平调《昨日无事长街进》的旋律作一个观照。

从小就把江湖走②

(《王麻子打妆》曲 胡大多［老生］唱)

唱［老生四平］
1=C 中速

易秉宣 演唱
谭联杰 记谱

----

① 何为：《戏曲音乐研究》，中国戏剧出版社1985年版，第158—160页。
② 高源章、邓明旺、邓贵洪编著：《巴东堂戏》，国际文化出版公司2001年版，第83—87页。

$(\overline{1 6 1}\ 6 5\ |\ 4\ 2\ 5\ 2\ |\ \overline{2 2 3}\ \overline{2 3 2 1}\ |\ 6\ i\ 6)\ |\ 5\ \overset{6}{\frown}i\ 6\searrow\ |\ 2\ 1\ 2\ |$

随带 (也)　一个 (啊)

$5\ 6\ |\ 5\ 4\ 2\ |\ \overset{i}{\frown}2\ -\ |\ \overset{\frown}{2}\ i\ 6\ |\ \overset{\frown}{i\cdot 6}\ 2\ -\searrow\ |\ \overset{\frown}{i\ 2}\ |\ \overset{\frown}{i\ 2}\ 6\ |$

酒 葫 (呃)　(哎　　哎　　哦　　哎　　哦哎　衣　哟)

(帮)【短稍板】稍快

(壮- 车- 壮- 壮- 壮车 乙 车)

$5\ 5\ |\ 5\ -\ |\ \overset{\frown}{\dot2\cdot i}\ |\ \overset{\frown}{6 i\ 5 6}\ |\ i\ -\ |\ i\ 6\ |\ 5\cdot 6\ \overset{\frown}{i\ 6\ i}\ |$

芦 (哎　　衣　哟)　喂　　哟火 衣哟

壮 车　车 车 壮·车　乙 车　壮- 车车　壮 乙 车壮-

$\dot2\ -\ |\ \dot2\ -\ |\ \overset{\frown}{i\ 6}\ |\ 2\ -\ |\ \overset{\frown}{i}\ 6\ \overset{\frown}{6\ 5\ 6}\ |\ i\ -\ |\ i\searrow\ |$

喂　　哟　　喂　哟喂 衣 哟　喂

壮- 车车 壮- 壮- 壮车 乙 车　壮- 车车

【双句头】

$5\cdot 6\ |\ 3\searrow\ 6\ |\ 5\ -\ |\ 5\ 0\ |\ (\overset{\frown}{i\cdot 3}\ 6\ 3\ |\ i\ -)\ |\ 5\ 5\ \overset{\frown}{5}\ |$

哟火 衣哟 嘞　　　　　　　　　　　　　巴 东 (呃)

止　　　　　　　　　　　原速

车·壮 乙 车 壮·车　乙 车　壮-　　　壮

$\overset{\frown}{\dot2\ \dot2}\ \overset{\overset{2}{\frown}}{i\cdot}\ |\ 5\ 5\ 2\ 5\ 2\ 2\ |\ i\searrow\overset{5}{\frown}6\searrow\ |\ (\overline{1 6 1}\ 6 5\ |\ 4\ 2\ 5\ 2\ |\ \overline{2 2 3}\ \overline{2 3 2 1}\ |$

赶 船(罗)　到(呃)汉(的个)　口 (嘛)

$6\ i\ 6)\ |\ 5\ 6\ 6\searrow\ |\ 4\ i\ 2\ |\ 2\ 2\ 4\ |\ 5\overset{5}{\frown}4\ \overset{4}{\frown}5\ |\ 6\ i\ 5\ 6\ |$

汉 口 (呃)　转来 (呀)　到(啊)到荆　州(嘛 喂)

$\overset{\frown}{i\ i\ 2}\ i\ -\ i\ |\ \overset{\frown}{6 6 6}\ i\ 3\ |\ 6\ i\ 5\ |\ i\ 5\ 5\ |\ \overset{\frown}{2 2}\ 3\ i\ |\ 6\ i\ 5\ |\ i\searrow\overset{5}{\frown}6\searrow\ |$

又 会 (呃)嫖来 (哟)　又(啊)会 赌 (哦)

tr

$(\overline{1 6 1}\ 6\ 5\ |\ 4 2 5 2\ |\ \overline{2 2 3}\ \overline{2 3 2 1}\ |\ 6\ i\ 6)\ |\ 5\ 6\ 5\ 4\ |\ 2\overset{4}{\frown}5\ 2\ |$

要 吃 (那个)　洋 烟(嘛)

2 4 2 4 | 5 5̂4 5↗ | (6·1 5 6 | 1̇ 2̇ 1̇ 1̇ | 6 6 1̇1̇3̇ | 6 1̇ 5) |

睡(呀)睡 到　抽(嘛 喂)

1̇ 5　5 5 | 2̇ 2̇ ⌃1̇·↗ | 5 1̇ 1̇ | 1̇ 6̂ 6̇↘ | 1̇6̇1̇ 6 5 | 4 2 5 2 |

打 骰 牌(呀) 离 不 得(呀) 四 天(呀) 九　(嘞)

2·3 3̂2̂1̂ | 6 1̇ 6 | 6 6 5 4 | 2 4　2 | 5 4　5 2 | 4 2　5↘ |

摇 骰 子(嘛) 一 把 (呀) 抓(呀) 抓 过　手(罗 喂)

(6 1̇ 5 6 | 1̇ 2̇ 1̇ 1̇ | 6 6 1̇ 3̇ | 6 1̇ 5) | 1̇ 5　5 | 2̇ 2̇ ⌃1̇ |

先 输　(哦)　钱 来(呀)

5 5　1̇ 1̇ 1̇ | ⌃1̇ 6̂↘ | (1̇6̇1̇ 6 5 | 4 2 5 2 | 2̇3̇ 2̂3̂2̂1̂ | 6 1̇ 6 |

后 啊 输(的 个) 土(哇)

6 6 5̂·4 | 2 4 2 | 2 2 2 4 | 5 5̂4 ⌃5↘ | (6 1̇ 5 6 | 1̇ 2̇ 1̇ 1̇ |

房 廊(呃)　 屋 宇(呀) 一(呀)一 齐　抽(哦)

6 6 1̇ 3̇ | 6 1̇ 5) | 1̇ 5 5 | 2̇ 2̇ 2̇1̇· | 5　5 | 2̇↗1̇ 6 | (1̇6̇1̇ 6 5 |

输 了(喂) 肥 猪(哇) 还 不 够 (嘛)

4 2 5 2 | 2̇2̇3̇ 2̂3̂2̂1̂ | 6 1̇ 6) | 6 6 6̂5̂↘ | 2 1 2 | 2 1̇↗ | 2 4 5 |

又 输(呃) 一 条(哇) 大 牯 牛　(哦)

(6 1̇ 5 6 | 1̇ 2̇　1̇ 1̇ | 6 6 1̇ 3̇ | 6 1̇ 5) | 5 5　5 | 2̇ 2̇ ⌃1̇ |

输 了 (呃)　铺 盖 (呀)

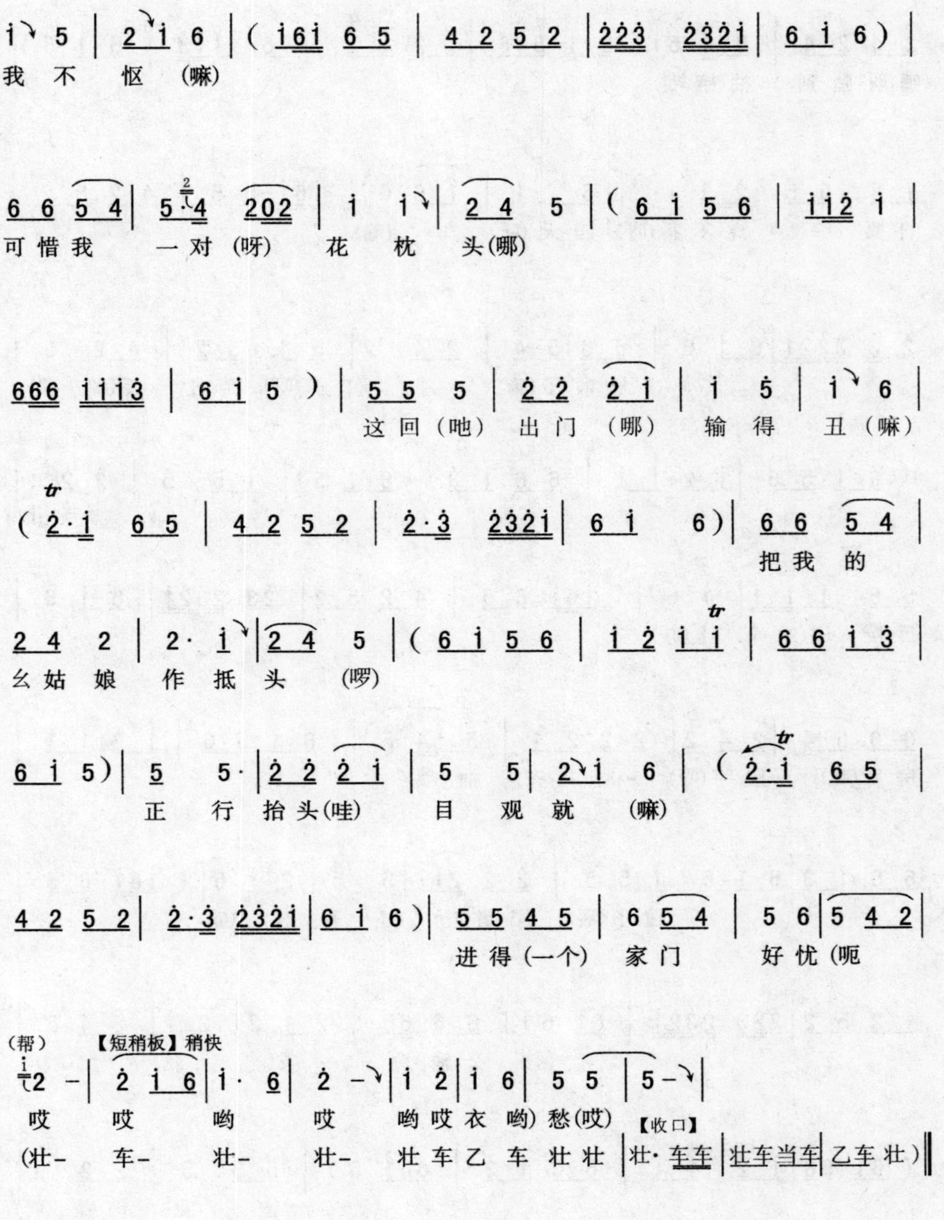
我 不 怄 (嘛)
可惜我 一对 (呀) 花 枕 头(哪)
这回(吔) 出门 (哪) 输 得 丑(嘛)
把我的
幺姑娘 作 抵 头 (啰)
正 行 抬头(哇) 目 观 就 (嘛)
进得(一个) 家门 好忧(呃
(帮)
【短稍板】稍快
哎 哎 哟 哎 哟哎衣 哟) 愁(哎)
【收口】
(壮- 车- 壮- 壮- 壮车乙车壮壮 壮·车车 壮车当车 乙车壮)

昨日无事长街进①

（《双富贵·海棠花》刘德景［丑］唱）

1=C 稍快

曾学仲 演唱
王民基 记谱

① 高源章、邓明旺、邓贵洪编著：《巴东堂戏》，国际文化出版公司 2001 年版，第 186—188 页。

5　0　|（6661　56　|　12 1̇　|　6666　1̇1̇1̇3̇　|　6 1̇ 5）5 5 5 6 |
听　　　　　　　　　　　　　　　　　　　　　　　　　　　　不 觉（呀）

2̇ 2̇ 3̇　1̇·6　|　6·1̇　5　|　6̇ 6　5̇6　|（6̇767̇67̇　65　|　425　|
行 程　（啊）　来　得　快（呀 喂）　　　　（帮）【短梢板】稍快

2̇2̇2̇3̇　2̇3̇2̇1̇　|　6 1̇ 6̇　5̇654　|　2̇412　|　56　542̇　|　2̇　－ |
　　　　　　　我 家（呀）　就 在（啊）自 家（也）（哎　哟
　　　　　　　　　　　　　　　　　　　　　　（壮－车－壮－
　　　　　　　　　　　　　　　　　　　　　　　　　　（止）

2̇　6　|　1̇·6　|　2̇·6　|　1̇　2　|　2̇1̇　6　|　5　5 | 5 － |
哎　　哟　　哎　哟喂　　衣　哟）门（哦）
壮－　　壮－　　车壮　　乙　车　壮壮壮 车车

【浪里钻】
壮－ | 壮　车 | 壮车 壮车 | 乙车 壮 | 乙车　壮）‖

　　我们再看薅草锣鼓歌《赞歌·十借》的旋律和唱词。

十借①

（赞歌薅草锣鼓）

1=C　2/4　中速

5 5 5　|　2̇3̇ 2̇1̇　|　6 1̇　|　2̇1̇　|　6 1̇ 6　|（锣鼓　8拍）|
（男）昨 日（啊）上 山（啰）去 砍　柴（呀）
两 头（哇）两 脑（呃）火 烧 了（喂）
栀 子（哎）花 开（哟）叶 烧 了（喂）
一 借（呀）借 姐 的　叮 当 响（哎）
三 借（呀）借 姐 的　肉 包 子（啊）
……
九 借（啊）借 姐 的　象 牙 床（啊）
（女）不一会（啊）铁 匠（哎）哪 有 叮 当 响（啊）
没 开（呀）馆 子（啊）哪 有 肉 包 子（啊）
……
不 会（啊）木 匠（啊）哪 有 象 牙 床（啊）

① 歌词系笔者收集、乐曲系笔者记谱。

（男）讲 你 的 　耳朵上 有 　叮 　当 　响 　（啊）
　　　讲 你 的 　胸前 是 　肉 　包 　子 　（啊）
……

$$\underbrace{2 \quad \underbrace{6\,\dot{1}}} \mid \underbrace{\dot{1}\,\dot{2}} \quad \underbrace{\dot{1}\,6} \mid \underbrace{\dot{1}\,6\,\dot{1}} \quad \underbrace{\dot{2}\,\dot{1}\,\dot{2}} \mid 6 \quad 5 \mid \text{（锣鼓 8拍）} \mid$$

（男）捡 一 个 　歌 本本 带 　回 　　来 （哟）
　　　只 剩 　当 中 一 　　段 　　情 （呐）
　　　我 向 　姐 娃儿 借 　十 　　样 （啊）
　　　二 借 　借 姐的 响 　叮 　　当 （哎）
　　　四 借 　借 姐的 蜂 　糖 　　罐 （啊）
　　　十 借 　借 姐的 救 　命 　　王 （啊）
（女）不 会 　银匠 哪有 响 　叮 　　当 （啊）
　　　没 喂 　蜜蜂 哪有 蜂 　糖 　　罐 （啊）
……
　　　不 会 　医生 哪有 救 　命 　　王 （啊）
（男）讲 你的 　牙齿 是 响 　叮 　　当 （哟）
　　　讲 你的 　嘴巴 是 蜂 　糖 　　罐 （呐）
……

　　薅草锣鼓歌中"赞歌"是午饭前或收工前唱的田歌，土家人薅草挖田打锣鼓，东家一天要供应三顿饭，"赞歌"是歌手即兴演唱的调子，譬如称颂老板饮食招待好，所以叫赞歌。如在吃午饭前歌手就唱道："无人赞来呀我来的赞嘞，赞了早饭呐赞中饭嘞……"薅草锣鼓歌在大江南北、武陵地区是最为普及的田歌，特别是赞歌的曲调旋律跳跃性强，节奏明快，同时又简单明了，容易展示欢畅爽快的情怀。再说，从薅草锣鼓的平腔来看，平腔风格多样，一曲多词，结构简单，宜于对唱，抒情性强，委婉动听。曲式结构一般由相对应的上下乐句或起承转合的四句组成，形成一种旋律优美节奏自由的朗诵调。薅草锣鼓歌的赞歌与堂戏老生四平调有没有渊源关系？笔者以为有几个方面构成了这种关系。

　　首先是旋律的相似性，其次是审美风格的相似性，最后是曲式结构的相似性。

　　从旋律来看：

赞歌：$\underbrace{5\,5} \quad 5 \mid \underbrace{\dot{2}\,3} \quad \underbrace{\dot{2}\,\dot{1}} \mid \underbrace{6\,\dot{1}} \quad \underbrace{\dot{2}\,\dot{1}} \mid \underbrace{6\,\dot{1}} \quad 6 \mid$ （间奏锣鼓8拍）

$\underbrace{2 \quad \underbrace{6\,\dot{1}}} \mid \underbrace{\dot{1}\,\dot{2}} \quad \underbrace{\dot{1}\,6} \mid \underbrace{\dot{1}\,6\,\dot{1}} \quad \underbrace{\dot{2}\,\dot{1}} \mid \underset{6}{\overset{\dot{1}}{}} \quad 5 \mid$ （间奏锣鼓8拍）

四平调（节选）：

```
5 5 5 | 2 2  i·i. | 5 5 2 5 2 2 | i  5·6 (1 6 1  6 5 | 4 2 5 2 |
巴 东(呃)  赶 船 (罗)  到(呃)汉(的个)  口 (嘛)

2 2 3 2 3 2 1 | 6 i 6) | 5 6 6 | 4 1  2 | 2 2 2 4 | 5 5·4 5·5 |
汉 口(呃) 转来 (呀)  到(呀)到荆   州(嘛 喂)

( 6 i 5 6 | i i 2 i i | 6 6 6 i 3 | 6 i 5) | i 5 5 | 2 2 3  i |
又 会 (呃) 嫖来 (呐)

6 i 5 | i 5·6 | (1 6 1 6 5 | 4 2 5 2 | 2 2 3  2 3 2 1 | 6 i 6) |
又(啊)会 赌 (哦)

5 6 5 4 | 2 5·2 | 2 4 2 4 | 5 5 4 5 | ( 6·i 5 6 | i 2 i i |
要 吃(那个) 洋 烟 (嘛) 睡(呀)睡到 抽(嘛 喂)

6 6 i i 6 | 6 i 5) |
```

在旋律的比较中，赞歌的第一句与老生四平调第一句

```
i 5 5 | 2 2 3  i | 6 i  5 | i 5·6 |
```

基本相同。而第二乐句的旋律在巴东江北平阳坝《灯歌·花鼓子》和沿渡河红砂的《灯歌·莲湘》调中找到相同的因子。而且这种相同的因子在江北的民歌小调中是屡见不鲜的。

从审美风格层面去看，薅草锣鼓赞歌《十借》，从内容到形式都具有情感交流、心灵对话的突出特征。《十借》是一首非常通俗（俚俗）的调情的情歌，它用打哑谜的方式，用十种比喻来暗示女性身体，并逐渐提出对性的渴求。同时，在唱法上采取男女对唱形式，这种交流方式就构成了戏剧性因素，或者说就是演戏的基本形式——心灵的交流。作为戏剧性审美来看，俚俗是戏剧必须具备的品格，男女之情（所谓"十部传奇九相思"）是戏剧惯常表现的主题。从曲式结构相似性来看，都是相对应的上下句曲式，而且每个乐句都是四节八拍。赞歌在演唱过程中，一句唱完之后，间奏是锣鼓穿

插，与乐句皆为四节八拍。堂戏演唱，乐句与间奏（过门）与此完全相同，皆为四节八拍。特别是旋律起伏跳跃，明快酣畅。上句高亢激越，下句又充满奔放自信，而且这种自信有时带有一种自我陶醉或自我调侃。如《王麻子打妆》中赌徒胡大多所唱：

……又会（呃）嫖来（哟）又（啊）会赌（哦），

要吃（那个）鸦片（嘛）睡（呀）睡到抽（嘛喂），

打戳牌（呀）离不得（呀）四天（哪）九（嘞），

摇骰子（嘛）一把（呀）抓（呀）抓过手。

先输（哦）钱来（呀）后（啊）输（的个）土哇，

房廊（呃）屋宇（呀）一（呀）一齐抽，

输了（喂）肥猪（哇）还不够（嘛），

又输（呃）一条（哇）大牯牛（哦）。

在堂戏所有表语气的词中，"嘛喂"在唱词中表示轻佻、不庄重、不严肃或者说自以为是、玩世不恭的自我得意。老生四平调的上下句板式，带有一种叫板的提示，板腔比较高，好像是有意识地提醒要交流的对象，自己要表达的心思，而且是具有肯定性意味。跟句的板腔在低音区回旋，唱腔起伏变化具有跳跃性，它保持生活中语言交流的惯常逻辑，就如格律诗中出句与对句的关系，有了上句，就必然出现下句。堂戏上下句唱腔就是这种关系，上句高音区又似言说的定位，下句的低音区唱词犹如进一步的言说。

譬如《劝夫》中的丑角四平调：[1]

……

---

[1] 高源章、邓明旺、邓贵洪编著：《巴东堂戏》，国际文化出版公司2001年版，第61页。

```
5 5 5 | 2 2 2 1 | 5 5 555 | 1 6 | (1 6 1 6 5 | 4 2 5 2 |
倘(若)(哪)  一碗(哪喂)  揭(呀)红(的个) 了  嘛

2 2 3 2 3 2 1 | 6 1 6) | 5 6·5 | 5 1 2 | 2 2 556 | 2 4 5 |
犹如 (哎) 开(哇)    黄(啊)金(的) 家   (哇喂)

(6 1 5 6 | 1 2 1 1 | 666 2 1 | 6 1 5) | 5 5 50 |
                                          要是 (啊)

1 2 2 1 | 1 1 1 6 | (1 6 1 6 5 | 4 2 5 2 | 2 2 3 2 3 2 1 |
一碗 (哪个) 赌 输 了(嘛)

6 1 6) | 6 6 54 | 2 4 1 2 0 | 2 4 2 4 | 2 4 5 |
三条 (呃)  裤儿(哪)  要 卖 两条  (罗)
```

唱腔板式的上下句结构与唱词出句对句的因果关系句，形成了旋律与唱词相匹配的关系。应该说这种唱腔以表意为主，同时唱腔也呈现出自我调侃的喜剧性特征。老生四平与丑角四平在唱腔的旋律上大致差不多，其区别应是在演唱的节奏上和声音色彩上表现出有慢有快，在快慢之中显现出情绪的不同表达。

再从堂戏主唱腔老旦四平、花旦四平、小生四平来看，唱腔的基本旋律是同一的。见以下选段：

1. 《想奴命来命好苦》

2. 《将身离了庄房门》

3. 《找了二庚回家转》

4. 《黄连黄柏苦死我》

5. 《叫四九带过来能行走趱》

想奴命来命好苦①

（《王麻子打妆》曲二 陈氏［婆旦］唱）

唱【四平】 谭 星 演唱
1=C 中速 谭联杰 记谱

---

① 高源章、邓明旺、邓贵洪编著：《巴东堂戏》，国际文化出版公司 2001 年版，第 88—90 页。

i⁴ -) | i⁴ 2 2 | 6·2 i | i 6 5 | 6·2 i | (i 3⌐ | ²2 i 6 | i i i i 3 |

走　上　街　来　转　下　街（呀）

2 -) | 2 2 3⌐ | 6 i 6 | 6 6 i | 5 6 i | (3⌐6 i 6 | 5 4 5 2 |

腰中（啊）挂个　　烧酒　　壶（哦）

6 i 5 6 | i -) | 2 2 | 6·2 i | i 6 5 | 6·2 i | i 3⌐ |

奴在家　中　把　农　务（哇）

i i 6 | i i i i 3 | 2 - | 2 2 3⌐ | 6 i 6 | 6 i 6 | 6 | i i· |

支人（哪）待客还　喂肥（哟）猪（哇）

(3⌐6 i 6 | 5 4 5 2 | 6 i 5 6 | i -) | 2 2 | 6 i 6 3 i 3 |

回到　家中　气　鼓

i 6 | (6 3⌐ | 6 i 6 | i·3 6 3 | i -) | 2 2 3⌐6 | i i 6 i 2 i |

鼓（哇）　　　　　　　　整天（哪）都是　鼾扑

（帮）〔短梢板〕稍快
6 - | i 2 - | i 2 i 6 | i· 6 2⌐ | i 2 | 2 i 6 | 5 5 | 5 - |

（嘞　哎　哎　哟　喂　哟喂　衣　哟）扑（喂）
（壮-　车-　壮-　壮-　壮　车乙　车　壮　　壮｜壮·车车

【收口】慢
｜壮·车 乙车｜壮 ‖：可打 可打 打溜：‖溜·溜 0 溜｜可打溜）‖

将身离了庄房门①

（《王麻子打妆》曲六 陈氏 [婆旦] 胡秀英 [旦] 唱）

唱[四平]　　　　　　　　　　　　　　　　　谭　星 演唱
1=C 稍快　　　　　　　　　　　　　　　　　谭联杰 记谱

（车车 壮 ……）

【双句头】
(陈唱)奴身 离了 庄 房 门(哪)

一心(哪)要找 王二 (罗)庚(哪)

(英唱)多 亏妈 妈把 计 定 (哪)

一计(哪)能保 女儿的 身(哪)

(陈唱)只怪你爹 心(哪)肠 狠(罗)

把你(呀) 输于 冯家 门 (罗)

(英唱)想 到 此来 心 恼 恨 (嘞)

① 高源章、邓明旺、邓贵洪编著：《巴东堂戏》，国际文化出版公司 2001 年版，第 98 页。

恨那些　赌博佬　不是　人(哪)

(陈唱)走　了　一里又　一

里(嘞)　　过了(啊)一村

又　一(哟)村(罗)　　(英唱)猛　然

抬头　目　观　就(罗)　　前　面(哪)

不远　一庄　门　　(陈唱)

呼　声　女　儿　身站　定(罗)

(帮)【短梢板】稍快

待我(啊)去　喊　王　二　(哎　哎　哎　哟

壮-　车-　壮-

(止)

喂　哟　喂　衣　哟)庚　(嘞)

【收口】

壮-　壮车　乙车　壮壮｜壮·车车｜壮·车　当车｜乙车　壮‖

找了二庚回家转①

(《王麻子打妆》曲七 陈氏［婆旦］王二庚［大丑］胡秀英［旦］唱)

谭星 廖复汉 谭志伟 演唱

谭联杰 记谱

1=C 稍快

黄连黄柏苦死我①

[堂戏《槐荫记》选段 董永（生）唱]

曾学仲 演唱
曾理中 记谱

1=C [小生四平] 起板·长梢板

$\frac{2}{4}$ 正板·放板·短梢板·落板

（起板锣鼓）0 车车 壮

（图谱）

黄 连（啊）　黄（啊）柏（啊）

（帮）【长梢板】稍快

苦死（啊）　（哎　　哦　哎　哦哎衣哦）
（壮－　车－　壮－　壮－　壮车 乙 车

我（哎　　衣 哟嗬 喂　　哟嗬衣哟 喂
壮车 车车 壮车 乙 车　　壮－ 车车 车壮 乙车 壮－

---

① 高源章、邓明旺、邓贵洪编著：《巴东堂戏》，国际文化出版公司2001年版，第161—166页。

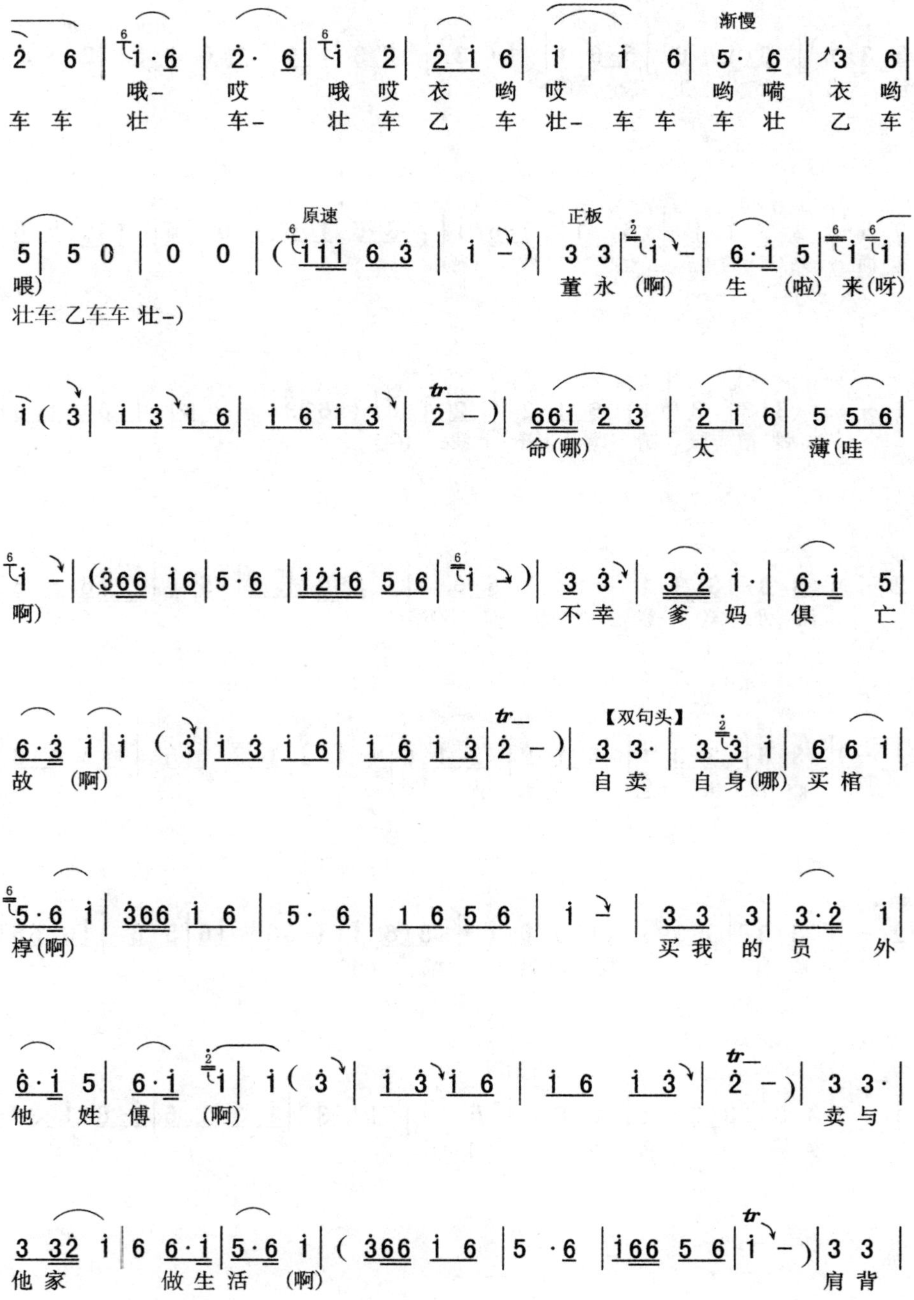
渐慢
哦- 哎 哦 哎 衣 哟 哎 哟 嗬 衣 哟
车 车 壮 车- 壮 车 乙 车 壮- 车 车 车 壮 乙 车
原速
正板
喂)
董 永 (啊) 生 (啦) 来(呀)
壮车 乙车车 壮-)
命(哪) 太 薄(哇
啊)
不幸 爹 妈 俱 亡
【双句头】
故 (啊)
自 卖 自 身(哪) 买 棺
椁(啊)
买 我 的 员 外
他 姓 傅 (啊)
卖 与
他 家 做 生 活 (啊)
肩 背

3 3 1 | 6·1 6 | 5·6 1 | 1 (3 | 1 3 1 6 | 1 6 1 3 | 2 -) |
包　裹　上　工　去　(啊)

3 3· | 3 3 1 1 | 6 1 | 5·6 1 | (3 6 1 6 | 5· 6 | 1 66 5 6 |
地面　站　的是　女娇娥　(啊)

1 -) | 3 3 | 3 3 1 | 6 1 2 | 2 1 6 | (6 3 | 1 6 | 1 6 1 3 |
　　她把　眼　睛瞧　着　我　(啊)

2 -) | 3 3· | 3 3 1· | 6 1 | 5 6 1 | (3 66 1 6 | 5·6 | 1 2 1 6 5 6 |
　面带　笑　容　所为　何　(啊)

1 -) | 3 3 | 3 3 1 | 6 1 2 | 2 1 6 | (1 3 | 1 3 1 6 | 1 6 1 3 |
　　心中　焦　急能　点　火　(嘞)

2 -) | 3 3 | 3 3 1 1 | 6 6·1 | 5 6 1 | (3 66 1 6 | 5·6 | 1 6 56 |
　哪有　闲　心(啦)看娇　娥　(哇)

1 -) | 3 3 | 3 3 | 1 | 6 6·1 | 5 1 | 1 (3 | 1 3 1 6 | 1 6 1 3 |
　爹妈　也　曾　嘱咐　过(啊)

tr $\overset{\cdot}{2}$ -) | 3 3 | 3 $\overset{\cdot}{2}$ $\overset{\cdot}{1}$ | 6 6 · | $\overset{\cdot}{1}$ - | (3 6 6 $\overset{\cdot}{1}$ 6 | 5 · 6 $\overset{\cdot}{1}$ 6 5 6 |
男 女 交 谈 是 非 多

tr $\overset{\cdot}{1}$ -) | 3 3 3 | 3 3 $\overset{\cdot}{1}$ 6 | 6 $\overset{\cdot}{1}$ 5 | $\overset{5}{6}$ $\overset{6}{7}$ $\overset{\cdot}{1}$ · | ($\overset{\cdot}{3}$ | $\overset{\cdot}{1}$ 3 $\overset{\cdot}{1}$ 6 |
大 路(哇) 不 走 弯 路 过 (啊)

(帮)【短梢板】

$\overset{\cdot}{1}$ 6 $\overset{\cdot}{1}$ 3 | $\overset{\cdot}{2}$ - | 3 3 · | 3 $\overset{\cdot}{1}$ 1 | 6 $\overset{\cdot}{2}$ $\overset{\cdot}{1}$ | 6 | $\overset{\cdot}{2}$ - | $\overset{\cdot}{2}$ 6 |
免 得 平 地(是) 起 风 (哎) 哎
壮- 车-

(落板) (收)

$\overset{6}{\overset{\cdot}{1}}$ · 6 | $\overset{\cdot}{2}$ · 6 | $\overset{6}{\overset{\cdot}{1}}$ $\overset{\cdot}{2}$ | $\overset{\cdot}{2}$ $\overset{\cdot}{1}$ 6 | 5 5 | 5 - | (5 6 5 4 | 2 4 | 5 -) ||
哦 哎 哦 哎 衣 哟 波 (哎)
壮- 壮- 车 壮 乙 车 壮 壮 壮 车车 壮·车 当车 壮 车车 壮-)

叫四九带过来能行走趖[①]

(《梁祝·访友》山伯［小生］唱)

易秉成 唱

谭联杰 记

1=C [稍慢]

(5 56

打 打 打 打 可打可 溜 | $\frac{2}{4}$ 壮 - | $\overset{\cdot}{1}$ $\overset{\cdot}{1}$ 6 $\overset{\cdot}{1}$ | 3 $\overset{\cdot}{3}$ 6 | $\overset{\cdot}{1}$ 6 $\overset{\cdot}{1}$ 6 |

(小生四平) 【单句头】

$\overset{\cdot}{1}$ $\overset{\cdot}{1}$ $\overset{\cdot}{1}$ 6 3 | $\overset{6}{\overset{\cdot}{1}}$ - | $\overset{\cdot}{2}$ $\overset{\cdot}{2}$ · | $\overset{\cdot}{3}$ $\overset{\cdot}{1}$ · | 6 5 4 5 4 5 | 6 $\overset{\cdot}{1}$ | $\overset{\cdot}{1}$ 3 | $\overset{\cdot}{1}$ $\overset{\cdot}{1}$ 6 |
叫四 九哇 带过 来(哟)

tr $\overset{\cdot}{1}$ · $\overset{\cdot}{1}$ $\overset{\cdot}{1}$ 3 | 2 - | 2 2 3 2 2 | $\overset{\cdot}{2}$ $\overset{\cdot}{1}$ | 6 | 6 · $\overset{\cdot}{2}$ | $\overset{\cdot}{1}$ - | (3 6 6 $\overset{\cdot}{1}$ 6 |
能 行 走 (哇) 趖 (罗)

---

① 高源章、邓明旺、邓贵洪编著:《巴东堂戏》,国际文化出版公司 2001 年版,第 167—168 页。

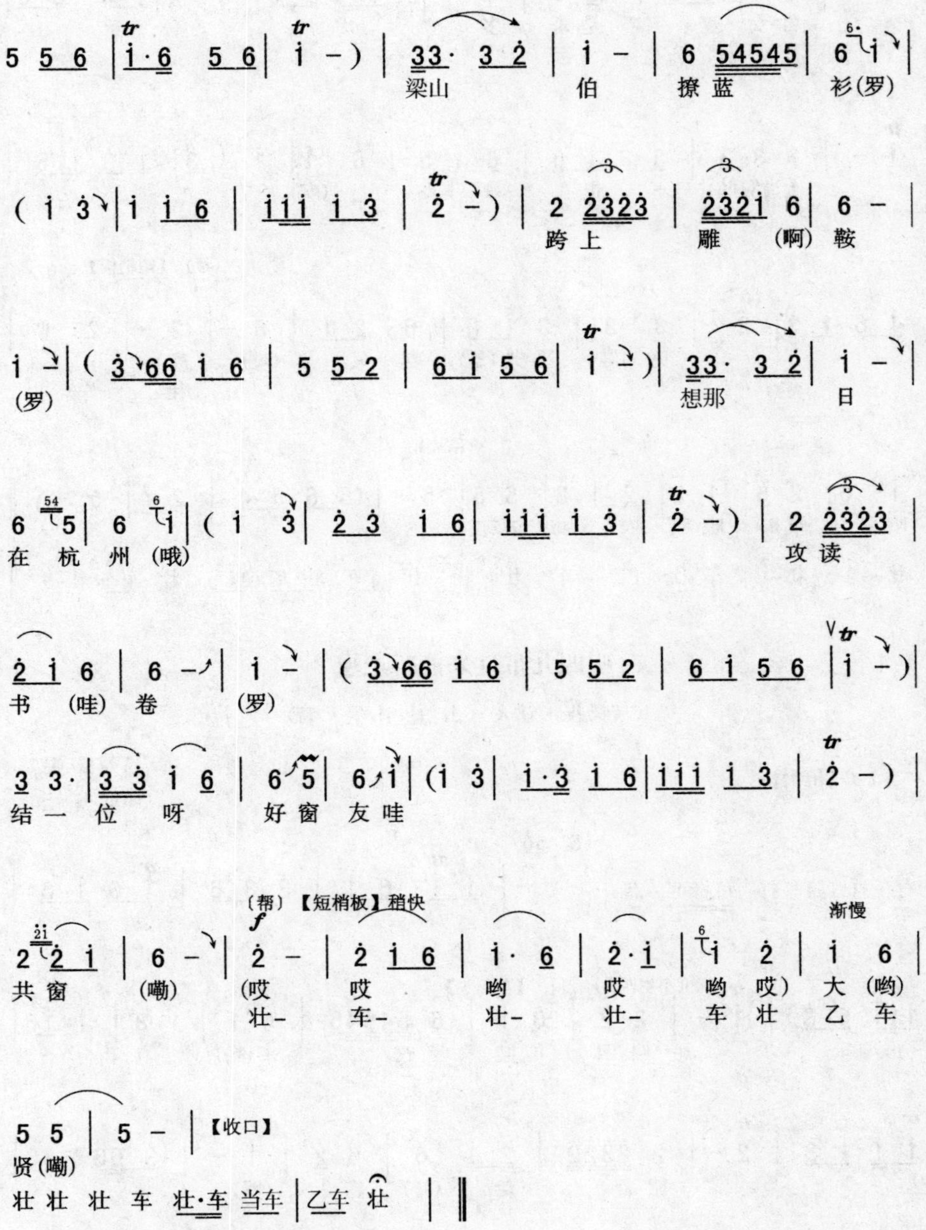
梁山 伯 撩蓝 衫(罗)
跨上 雕 (啊) 鞍
(罗) 想那 日
在 杭 州 (哦) 攻读
书 (哇) 卷 (罗)
结一位 呀 好窗 友哇
(帮)【短梢板】稍快
渐慢
共窗 (嘞) (哎 哎 哟 哎 哟哎) 大 (哟)
壮- 车- 壮- 壮- 车壮 乙车
贤(嘞)
【收口】
壮 壮 壮 车 壮·车 当车 乙车 壮

在《想奴命来命好苦》中，老旦四平调的基本旋律是：

$$2 \quad 2 \mid \underline{6 \cdot \dot{2}} \mid \dot{1} \mid \overarc{\dot{1} \, \underline{6}} \quad 5 \mid \underline{6 \cdot \dot{2}} \mid \dot{1} \mid \text{（间奏8拍）}$$

$$\underline{2} \; \underline{2} \, {}^{\nearrow}3 \mid \underline{6} \; \underline{\dot{1}} \; \underline{6} \mid \underline{6} \; \underline{6} \; \dot{1} \mid \underline{5} \; \underline{6} \; \dot{1} \mid \text{（间奏8拍）}$$

在《将身离了庄房门》中，花旦四平调的基本旋律是：

$$\dot{1}^{\searrow} 2 \quad 2 \mid \underline{6} \; \dot{1} \; \dot{1} \mid \underline{\dot{1}} \; \underline{6} \; 5 \mid \underline{6 \cdot \dot{2}} \mid \dot{1} \mid \text{（间奏8拍）}$$

$$\underline{2} \; \underline{2}^{\searrow}3 \mid \underline{6} \; \underline{\dot{1}} \; \underline{6} \mid \underline{\dot{1}} \; \underline{6} \; 6 \mid \dot{1} \; \dot{1} \cdot \mid \text{（间奏8拍）}$$

在《黄连黄柏苦死我》中，小生四平调的基本旋律是：

$$3 \quad 3 \mid \overset{\overset{\dot{2}}{}}{\dot{1}}{}^{\searrow} - \mid \underline{6 \cdot \dot{1}} \quad 5 \mid \overset{6}{\dot{1}} \; \overset{6}{\dot{1}} \mid \text{（间奏8拍）}$$

$$\overarc{\underline{6} \underline{6} \dot{1}} \; \underline{2} \; \underline{3} \mid \overarc{\underline{\dot{2}} \; \underline{1}} \; 6 \mid \underline{5} \; \underline{5} \; 6 \mid \overset{6}{\dot{1}} \; -{}^{\searrow} \mid \text{（间奏8拍）}$$

在《叫四九带过来能行走趟》小生四平调里的基本旋律是：

$$2 \quad 2 \cdot \mid \overset{\dot{1}}{3} \; \dot{1} \cdot \mid 6 \; \underline{5 4 5 4 5} \mid 6 \; \overset{6}{\dot{1}} \mid \text{（间奏8拍）}$$

$$2 \; \overarc{\underline{2}\underline{3}\underline{2}\underline{2}} \mid \overarc{\underline{\dot{2}} \; \underline{1}} \; 6 \mid \underline{6 \cdot \dot{2}} \mid \dot{1}^{\searrow} \mid \text{（间奏8拍）}$$

旦角四平与小生四平在曲式上没有多大区别，在主唱腔里同样具备叙事与抒情的功能。当然，堂戏唱腔，特别是四平调作为主要唱腔，与其他任何一个剧种的唱腔显出不同的风格特点，也就是说其他唱腔有别于巴东堂戏唱腔，更多的是注重唱腔的抒情性，一般速度比较慢，字少腔多，是一种歌唱性较强的唱腔，适于表现人物深沉、细腻的内心情感。而堂戏唱腔是板腔体，四平调突出地表现出这种特点，各种板式均源于同一腔调，看起来这些腔调近似单一、呆板，但是由于辅助于各种板式，四平调也适合表达多种情绪。从抒情性来看，流行在江北的民间小调，如《十想》（梁山伯与祝英台），其曲调也是非常简单的，但抒情性又是非常强烈的，听起来催人泪下。

十想①

（梁山伯与祝英台）

1=C $\frac{2}{4}$ 慢速、忧伤地

$\underline{\dot{1}\ 3}$ $\underline{\dot{1}\ \dot{1}}$ | $\dot{1}$ $\dot{2}$ | $\dot{2}$ - | 5 6 | 6 5 | $\underline{3\ 5}$ 3 | 3 - |

一 想 梧 桐 树（哇） 二 人 在 一 路（哇）

$\underline{5\ 6}$ 5 | $\underline{5\ 5\ 3}$ 2 | 5 $\underline{6\ \dot{1}}$ | $\underline{5\ 6\ 5}$ 5 | 5 6 | $\underline{6\ 5}$ 3 | 2 - |

你 姓（的） 梁 （啊来） 我 姓 祝（啊）同 学 把 书 读 （啊）

二想奴的身，舌干口又紧，

三言两语哄郎君，并未说真情。

三想在庙里，结拜天和地，

三月桃花一树齐，结拜两兄弟。

四想在学堂同学读文章，

日同砚台夜同床，叫奴不思想。

五想山伯哥，同学三年多，

杭州回家你送我，心中如刀割。

六想山伯郎，想起断肝肠，

茶不思来饭不尝，两眼泪汪汪。

七想山伯友，想起就忧愁，

脚叭手软难梳头，两眼泪又流。

八想山伯肝，说话不上算，

说的日子不来玩，两眼都望穿。

---

① 歌词系笔者收集，演唱曲调系笔者记谱。

九想短命鬼，脚步好甘贵，

这世不能成双对，二世再相会。

十想爹和妈，把奴许马家，

我在杭州说的话，何日放得下。

（《中国古典学》中对以上方言的注释：叭——软；不上算——不守信用；甘贵——难得）

《十想》（梁山伯与祝英台）这类民间小调，在大江南北、武陵地区传承历史久远，就在 20 世纪五六十年代，江北一带仍然十分流行，笔者曾记得故乡沿渡河神农溪上游石板乡的老榨坊里，有数位很受尊重的老油匠，他们都是私塾出身，一个姓周的师傅每每在茶余饭后，都有人请他唱《梁山伯与祝英台》，而且被感动得直流眼泪。民间小调的这种叙事抒情方式，既是久远的传承文化模式，也是堂戏赖以生存的文化背景，也正是基于此，欣赏与文化创造就形成了紧密的对应关系。也就是说小调曲式造就了观众的欣赏习惯，堂戏曲式迎合了观众的欣赏心理，创造出了当地观众乐意接受的艺术形式——板腔式四平调，这种调式足以传达剧作所要表达的情感。

如果从流传久远的山歌中寻找堂戏旦角、小生四平调的音素，也可以找到不少的例子。如下例：

传秀英送寒衣忙往前行①

（《送寒衣》传秀英 [旦] 传虎 [丑] 唱）

1=C 中速

吴发美 廖复汉 演唱
谭联杰 记谱

---

① 高源章、邓明旺、邓贵洪编著：《巴东堂戏》，国际文化出版公司 2001 年版，第 209—211 页。

（南调）【单句头】

传(旦)秀 英 送 寒 衣(呀)

忙 往 前 行(哪)

（丑角四平）【单句头】

柳 传(哪)虎(哇) 带着(一个)妹(呀 喂)

出(哦) 了(哇)

家 门(罗) (英)

—————注 意—————

（南调）

徐 相 公 在 寒 窑(哇)

身 受 贫 困 (哪)

（四平）

送 买(哦)巾(哪) 和(哇)蓝(的)衫(哪喂)

送(哟 哇) 有(哇)

2 2 4 | 5 454 5 |（6 6 1̇ 5 6 | 1 2̇ 1̇ 1̇ | 6666 1̇1̇1̇3̇ | 6 1̇ 5）|
白银　（罗）　　　　　　　　　　　　　　　　　　　　　（旦）

注意

1̇ 1̇ | 1̇3̇2 | 2̇3̇1̇ | 1̇1̇3̇ | 2̇3̇1̇ | 2 2 | 2̇3̇1̇ |
但愿　得　　徐　相　公（啊）

【南调】　　　tr

6 6 1̇ | 2̇3̇ | 1̇3̇2）| 6 1̇2̇3 | 2̇1̇6 | 6 6 2̇ | 1̇ - |
　　　　　　　名　　中　状　元　（哪）

tr
（1̇ 6 | 2̇3̇6 | 5 4 5 | 6 1̇ 5）| 5 5 5 | 2̇2̇1̇ | 1̇1̇5 5 |
　　　　　　　　　　　　（丑）上 京（哪）　华（呀）中（啊）状（的）

5
1̇1̇ 6̇6 |（6666 6 5 | 4 2 5 2 | 2̇2̇3̇ 2̇3̇2̇1̇ | 6 1̇ 6）| 5 6 |
元（哪 喂）　　　　　　　　　　　　　　　　　　　保 定（罗）

（帮）【短】稍快　　　　　　　　　　　　　　渐慢　　　　（止）【收口】
4̇ 5 4 2 | 2̇ - | 2̇1̇6 | 1̇·6 | 2̇·6 | 6 1̇2̇ | 1̇ 6 | 5 5 | 5 - |
哎 - 哎 - 哟 哎 哟哎 朝（哟）延（哎）。
壮 车 - 壮 - 壮 - 车壮 乙车 壮壮壮车|壮车|当车|乙车 壮‖

传秀英唱：

3̇2̇ 1̇6 | 2̇ - | 2̇3̇1̇ | 1̇ 1̇3̇ | 2̇3̇ 1̇ |
传　秀　英　送　寒　衣（呀）

这个旋律的主要特征，我们可以在田歌《反茶花》的第一个乐句中找到类似的旋律：

2̇ 2̇ 12̇ 5̇ | 2 2̇3̇1̇ | 2̇ 2̇ 2̇3̇1̇ | 2 2̇1̇6 | 5 6 |

其中有6个小节基本相同。再从四平调跟句的煞腔旋律来看，田歌（高腔·对声号子）中也有类似尾腔收煞。

如《吃了中饭来》①：

$$\underline{2\ 2}\ \underline{3\ 2}\ |\ \underline{\dot 1\ 2}\ 2\cdot\ |\ \underline{3\ 2}\ \underline{3\ \dot 1}\ \underline{2\ 3}\ |\ \underline{\dot 1\ \dot 1}\cdot\ |\ \underline{2\ 3}\ \underline{2\ 3\ 2}\ |\ \underline{\dot 1\ 5}\cdot\ ||$$

$$\underline{\dot 2\ \dot 1\ 6}\ \underline{3\ 2}\ |\ \underline{2\ \dot 1}\ 2\cdot\ |\ \underline{\dot 3\ \dot 1\ \dot 1}\ \underline{6\ 5\ 6}\ |\ \underline{\dot 1\ \dot 1}\cdot\ ||$$

诸如《黄色伞一把》②（高腔·对声号子）中的旋律：

$$\underline{6\ \dot 1\ 6}\ \underline{6\ 5\ 6}\ |\ \dot 1\ 0\ |\ \underline{6\ \dot 1\ 6}\ \underline{6\ 5\ 6}\ |\ \dot 1\ 0\ |$$

《桡夫子采茶》中不断反复的旋律：

$$\underline{3\cdot 3}\ \underline{\dot 1\ 2\ 3}\ |\ \underline{\dot 2\ \dot 1\ 6\ 5}\ \dot 1\ |\ \underline{3\cdot 3}\ \underline{\dot 1\ 2\ 3}\ |\ \underline{\dot 2\ \dot 1\ 6\ 5}\ \dot 1\ |$$

$$\underline{3\cdot 3}\ \underline{\dot 1\ 2\ 3}\ |\ \underline{\dot 2\ \dot 1\ 6\ 5}\ \dot 1\ |$$

这些乐句都是在高音区收煞的唱腔，与堂戏四平调跟句的煞腔都具有相同的旋律特征。当然，堂戏旦角、小生四平调中的这些相同因子是否就来自田歌（高声、对声号子）《吃了中饭来》《黄色伞一把》《桡夫子采茶》曲调之中，笔者不敢下定论。但是有一个不可争辩的事实，那就是薅草锣鼓歌中的山歌是一种比堂戏更为广泛地为人们所熟知、所传唱的民间艺术。笔者在十多年前的一篇文章里论土家音乐时指出，土家音乐的产生，一个很重要的方面就在于对自然的模仿。③综观土家族的山歌和田歌，无论是高腔还是平腔，使用的基本调式多为徵（5）调，除扬歌外，旋律线多为上、下级进或接近平行式旋律线。其乐汇、乐句四拍六拍八拍为多，特别是每一乐汇后两拍，多用衬字拖腔，如

$$\underline{5\ 5}\ \dot 1\ 6\ |\ 5\ -\ |\ \underline{5\ 6}\ \underline{5\ 6}\ |\ \dot 1\ |$$

---

① 恩施行署文化区编：《恩施地区民歌集：简普本》（上），1979 年版，第 170 页。
② 同上。
③ 王新勇：《土家族艺术精神初探》，《中南民族学院学报》1995 年第 1 期。

　　而且常用下滑音来润腔。这种基本乐汇、乐句不妨说就是土家先民在创造音乐的时候对大山回音的模仿，是受自然现象启发之后一种自觉的艺术创造。在先民们看来，山的回音记录了人们行走踏歌的自由节奏，同时产生此呼彼应的有趣的"对歌"效应，不妨说呼唤式、应答式旋律和节奏的模式就是从这里脱胎而来的。至于下滑音腔表现在生理上是气流的猛然收煞，表现在美感上是审美体验之后的艺术创造。也许在先民们看来，山的回音是一种神秘现象，随着先民音乐创造的神秘感连同对祖先业绩的崇拜心理的长期积淀，"深山峡谷之音"的声乐传统便继承下来。不过在继承和发扬祖先的声乐传统中，各自又有所发明创造。因此，不仅形成了"各有一乡风"的声乐特点，而且还形成了自我完善的审美心理。5 5 i 6 ｜ 5 - ｜和 5 6 5 6 ｜ i ｜在堂戏旦角、小生四平调的跟句煞腔也体现出这样一个带规律性旋律，这就说明巴东堂戏的腔系与本地的民歌有着不解之缘。如果说 5 6 5 6 ｜ i ｜山歌收尾煞腔是先民对自然的一种模仿的话，那么堂戏的收尾煞腔则是再一次的模仿，同时也是一种创造。

　　我们说堂戏具有一种"童真美"，主要就是从堂戏的主唱腔老生四平、旦角四平、小生四平来说的，所谓童真就是指戏剧唱腔没有像"戏剧性唱腔"那样发生根本性变化，戏剧性唱腔旋律起伏较大，节奏变化多，感情变化强烈，戏剧性冲突尖锐，而堂戏虽然受梁山调的影响，这种影响只是梁山调戏剧的影响，即一种规模、形式，诸如舞台性、使用大筒子等戏的基本框架，而不是调本身（即旋律）的引用。同时，堂戏唱腔也没有走复杂拖腔的路子。为了进一步说明这个问题，不妨将堂戏唱腔《楼台别》与越剧《楼台会》作一比较。

楼台会①

（越剧）

范瑞娟　演唱
顾振遐 薛　岩　记谱

1=G 【尺调慢板】

英台 说出 心头 话 我

肝肠 寸断 口 无言

金鸡啼 破三 更 梦 狂风

吹 折 并蒂 莲

我只 道 有情 人 总能 成眷 属

谁又 知 今 生 难娶 祝

转【弦下调】D调15弦

英 台 满怀 悲愤

① 曲谱据浙江省上虞市文化馆资料。

5·1 6·56 165 3561 | 1 7 6·165 3561 | 5 -（5 2 7 6
何　　处　　　　诉　啊

5 1 6 5 3 5 6 1 | 5 6 5 3 2 1 2 3）| 1 5 3 5 1 1 6 5 565

无　限　欢喜

3 2 2 7 6 0 | 3· 5 6 5 5 5 3 2 2 6 0 | 1·212 352 1·2

变　　　　　　　　成　　　　灰

3253 | 2 2 7 6 5·635 6276 | 5 - ‖

舍不得九弟回头见①

（《梁祝·楼台别》山伯［生］英台［旦］唱）

1=C

易秉成 费天凤　演唱
谭联杰　记谱

（帮）【哀子】稍快

XXX X X X X　ⅰ ⅰ ⅰ ⅰ 5 6 ⅰ 6·　（壮车　壮车　乙车　壮）
(梁白)舍不得 九 弟 回 头 见　（哟 哟 哟 哟 火 衣 也）　　　（梁唱）

0 1 1 1 6　6 1 5 6 1 5 6 1　6 2 1 6 1 6 5 4 5·5 6 5 4 2 4
心中 好似 乱 箭 穿(哪 哎)　（哦 衣哟 衣哟　哦哎　哟火衣哟
（壮　壮　车壮车车壮·车　乙车

2 - 6 2 1 6 5 6 1 - 2·1 1 6 5 6 1 0 6 5 6 1 6· 0 0 |
喂 哟 火 衣 哟 喂　哟 火衣 哟　喂　嘿 哟 火 衣 哟)
壮-壮·车乙车壮车车壮·车 乙车 壮·车乙车壮车乙车壮·车 壮-)

（苦板）单句头稍慢　　　　　　　　　　tr
2/4（ⅰ ⅰ 6 1 | 5 -）3 3 ⅰ - | 6 5 | 6 ⅰ |（3 ⅰ 1 6
我 要 (哇)　去 (呀) 来 (哟)

① 高源章、邓明旺、邓贵洪编著:《巴东堂戏》,国际文化出版公司 2001 年版,第 177—181 页。

— 143 —

真 要 去（哟）

（祝唱）我要（哇）留（哇）你（哟）

是 枉 然（罗）

（梁唱）开弓（啊）难（哪）留（哇）

弦 上 箭（哪）　　　　　　　　　　　（祝唱）

丝 条（哟）难（哪）拴（罗）　　　　　　　　　　顺

水 船（罗）　　　　　　　　　　　　　（梁唱）

兄也呀难（哪）来（哟）　　　　　（祝唱）弟 也

难　　　（罗）　　　　　　　　　　（梁唱）兄 难

3·2 1 | 6 1̇ 1 6 | (6 3 | 6 1 | 1·3 6 3 | 1 -) | 3 | 1 - |
(哪) 弟(呀)难(哟) (合)皆 一

6 2 1 | 6 | (3 6 | 5 5 6 | 1 2 1̇2̇1̇6 | 5 6 5) | 3 3 | 1̇ 1̇ |
般 (罗) 　【双句头】稍快　(梁唱)兄难 好 比

6 5 | 6 1 | (1 3 | 1 1 6 | 1 1 1 1 3 | 2 -) | 2 2 3 | 3 1 6 |
龙 到 旱(嘞) (祝唱)弟难(哦) 好 比

1̇ 6 6 | 1̇ 1̇· | (3 6 6 1 6 | 5 5 6 | 1·6 5 6 | 1 -) | 3 3 | 3·2 1 |
虎 离(呀) 山(哪) (梁唱)龙 到 旱 来

6 1̇ 1 6 | (6 3 | 6 1 | 1·3 6 3 | 1 -) | 3 3 3 | 1̇ 1̇ 6 |
有 凶 险(哪) (祝唱)虎 离(呀) 深 山

6 6 6·1̇ | 6 6 1 | (3 6 1 | 6 3 1 | 1·3 6 3 | 1 -) | 3 3 3 | 1̇ 1̇ |
难 回(哟) 返 (罗) (梁唱)兄难 好 比

6 5 | 6 1̇ | (1 3 | 1 1 6 | 1 1 1 1 3 | 2 -) | 2 2 3 | 3 1 6 |
蛾 眉 月(哦) (祝唱)弟难(哪) 好 比

1̇ 1 6 | 1̇ 1̇· | (3 6 6 1 6 | 5 5 6 | 1·6 5 6 | 1 -) | 3 3· |
月半(哪) 边(哪)。 (梁唱)蛾 眉

3 1 6 | 5 5 | 6 1̇ | (1 3 | 1 1 6 | 1 1 1 1 3 | 2 -) | 3 3· |
月 (祝唱)月 半 边(哪) (梁唱)好 比

明 月(呀)(祝唱)来团(罗) 圆(罗)。　　　　　　　　　　　　(梁唱)

稍慢【单句头】

自 从 (呀)(祝唱)今(哪)日 (罗)　　　　　　　　　　(合)两

分 散 (罗)　　　　　　　　　　　　　　(合)

要 得 呀 相(啊) 会(哟)

【收口】　　　　　　　　　　　　　　　　　　　　(止)
难 上 (嘞)(哎 哎 哟 哎 哟哎 喂哟)难(哎)
壮－车－ 壮－壮－ 车壮 乙车 壮 壮 车

【收口】
壮·车当车｜乙车 壮‖

　　无论是哪一个剧种，《梁山伯与祝英台》中《楼台会》一场是悲剧氛围最浓的，尽管旋律不同，甚至台词也不尽相同，但在传达悲情时都有能达到各自剧种表情的极致。作为唱腔，旋律表情是最直观的，因此在几乎所有的地方戏曲中都追求旋律的复杂性以达到表情的复杂性与深刻性。

　　越剧《楼台会》的旋律与堂戏《楼台别》的旋律相比，不知要复杂多少。尽管如此，在演唱的时候，却依然在追求其变化，以达到表情的极致。正如何为先生在分析越剧《楼台会》时所论："这段唱腔，是由52弦的尺调转到15弦下调。我们先来看看这段唱腔为什么转调。在《楼台会》这场戏里，当梁山伯听说婚事有变时，他非常气愤，同祝英台据理力争。但是，当他知道这件事实在不可挽救时，他完全灰心绝望了。这在人物情绪的发展上，是一个巨大的变化。这一场戏，戏剧冲突是很尖锐的，人物情绪的变化发展也很复杂。因此，唱腔的变化很复杂，它运用了各种节奏的板式，如〔慢板〕、〔中板〕、〔散板〕、〔嚣板〕、〔快板〕等。在表现梁山伯心情上这种复杂巨大的变化时，唱腔开始用的是〔尺调慢板〕。和前面那种紧张激动的〔嚣板〕或〔快板〕比较起来，这段〔尺调慢板〕在节奏上是很缓慢的，在情绪上也比较低沉压抑。对比之下，它是要着重表现梁山伯的悲痛、绝望的情绪的……戏剧情绪的发展要求唱腔再次出现一个重大变化。但如何变化呢？在这之前，所有的节奏变化都已运用了，而且现在节奏变化已不足以表现这种情绪的发展了。于是，那种变化色彩的方法，也就是转调的方法，便被运用进来了。唱腔从５２弦的〔尺调慢板〕，转入了１５弦的〔弦下调慢板〕。"①

　　从前面所附越剧《楼台会》唱腔和巴东堂戏《楼台别》唱腔的比较中可以得出，越剧唱腔的旋律是非常委婉曲折的，可以说是名副其实的戏曲音乐，字少声多，如泣如诉，再加之委婉缠绵的拖腔，更是哀怨动人。

　　如转〔弦下调〕D调1—5弦：

---

①　何为：《戏曲音乐研究》，中国戏剧出版社1985年版，第119—121页。

每一个乐句都有较长拖腔，特别是尾句拖腔则更长。但是在堂戏《楼台别》中，其旋律、板式比越剧简单得多，但是唱腔却依然是四平调的苦板，如梁祝对唱：

〔苦板〕

3 3 | i - | 6 5 | 6 i̅ | (3 i | i 6 | 1·6 5 6 | i 3 2) |
(梁唱)我要 （哇） 去(呀) 来(哟)

3̇ - | i·6 | 6 i̅ | 6 | (3 6 | 5 5 6 | 12 1216 | 5 6 5) |
真 要 去 （哟） （祝唱）

2 2·2 | i·6 | 6 5 | 6 i̅ | (3 i | i 6 | i 56 | i 3 2) 3 | i̅ - |
我要 （哇） 留(哇) 你 （哟） 是 枉

6 i 2 i | 6 - | (3 6 | 5 5 6 | i 2 | 1216 | 5 6 5) |
然 （啰）

梁祝对唱在旋律上没有大的变化，所变之处是在节奏和板式上，唱词由对句变成单句，即双句 16 拍变成了单句 16 拍，也就是由双句 14 字唱 16 拍变成单句 7 字唱 16 拍。同时间奏过门也起了同样的变化。这样使整个节奏显得缓慢悲怆，低回动人。我们认为堂戏唱腔保持着民歌风韵的童真美，主要基于以上所分析的状况，民歌比较稳定的节奏在堂戏唱腔里基本保留着，特别是唱腔与间奏过门的对称性，也基本保留着山歌（田歌）的基本特征。其他剧种唱腔的复杂性，特别是拖腔的委婉曲折，在堂戏的主唱腔中（指传统唱腔）没有受到影响，也正因为如此，堂戏才有别于其他剧种。

第四节　和谐文化构建与堂戏创新传播

——从堂戏独特审美价值出发打造特色文化品牌

进入 21 世纪，堂戏作为非物质文化遗产受到了国家的保护，这可以说后人守住了祖宗的遗产。文化的保护不是把它收藏起来，藏得越紧越好，而应该是开放式发展，谁发展得越好，堂戏这份非物质文化遗产就保护得越好。作为非物质文化保护的另外一个意义，那就是抢救濒临失传的文化。既是搞民族文化研究的专家，又是非常重视民族文化抢救的组织者、领导者田发刚同志，在为《巴东堂戏》作《序》时说的话最为到位。

恩施自治州民族事务委员会组织编辑出版《恩施州民族研究丛书》的动议，从动议整理编辑《巴东堂戏》为发端。两年前，我在《恩施日报·周末》读到一篇巴东堂戏传人黄大国的通讯，引起了我的兴趣。黄大国老先生九十多高龄，从 14 岁开始学戏，15 岁出角，足迹踏遍巴东和邻县的山山水水，1958 年还参加过全省戏曲调演，至今已从艺八十年，仍然精神爽朗，唱戏不已。如今还能唱 100 多本戏。那时我已调州民族事务委员会工作，又分管民族文化。我想，像黄大国这样的堂戏老人一旦作古，那么堂戏面临什么样的境地呢？一种民族责任感，一种对民族文化的热情鼓舞着我。我认为，一个传人就是一种戏，趁他们还健在之时，抢救整理装在老艺人脑子里的戏就成为当务之急，刻不容缓。我把这个想法告诉向继茂同志，很快得到响应，而且语出惊人："这是对子孙后代都有利的大事。"于是他把这项工作作为民族工作的一项工程来抓。①

---

① 高源章、邓明旺、邓贵洪编著：《巴东堂戏》，民族出版社 2007 年版，第 1、2 页。

最近翻看了一部非常厚重的集子，由顾颉刚等辑、王煦华整理的《吴歌·吴歌小史》，心中非常惊讶，倒不是为其中的内容所感，而是为搜集、整理这个集子的人们惊讶，像顾颉刚、胡适、郑振铎等都是历史、文学大师。在《吴歌小史》之中，有顾颉刚先生写的《苏州的歌谣》《吴歌小史》《苏州近代乐歌》，同时也登载了胡适《论山歌的信》、容肇祖《说山歌的起源》等，还有郑振铎《山歌跋一》，钱南扬《山歌跋二》，周作人《山歌跋三》，这些人都是大师级的学者，但都非常重视民间的艺术。顾颉刚先生在《苏州的歌谣》里说："歌谣是以前不注意的东西，所以书籍里保存得极少。只有给当时人看作有关国家休咎的，才肯尽量登载在国史的'五行志'里，这一方面的损失，实在很大。近来中国人感受世界潮流，北京大学于民国七年即着手征集歌谣。到现在，已征集到二万多首，都放在研究所国学门的歌谣研究会……苏州是中国近古的一个文化中心，那里的歌唱也很有名……其实山歌（民歌）何地没有，不过苏州人受了水乡的陶冶，声调靡曼缠绵，容易使得听众爱好罢了。"① 对于顾先生在民间文艺学领域的成就，钟敬文先生有很高的评价："顾先生在我国学术上的贡献，决不仅限于历史学。他在民间文艺学和民俗学等方面的活动和成就（特别是前者），是同样具有学术史价值的。顾先生在民间文艺学领域里的活动和成就，也并不是很狭窄的。孟姜女故事的研究，自然是使他取得世界声名的科学业绩。但是，在民间文艺学的另一个重要方面——歌谣学，他也作出了卓越的贡献。它就是那部在二十世纪二十年代中刊行的《吴歌甲集》。"② 笔者引述这么多的大师级学者如此关注民俗文化，无非是一个愿望，如此威望极高的大师们都注重民俗文化史料的搜集，我们又有什么理由不去搜集整理尚要失传的文化资源呢？

笔者曾在讲台上给学子们授课时很遗憾地讲道，这里的山美水美，人情也美，然自古及近现代，没有出现过大文人，特别是享誉中外的文学家，甚至连

① 顾颉刚等辑，王煦华整理：《吴歌·吴歌小史》，江苏古籍出版社1999年版，第585页。
② 顾颉刚等：《孟姜女故事论文集》，中国民间文艺出版社1983年版，第1—2页。

古代失意的大文人也没有来过。湘西出了个沈从文，是湘西的文化哺育了一位忠实于本土文化的大诗人。我们这里的文化没有生长出代表本土文化的大诗人，但不能说没有文化，更不能让已有的文化失传。如果连抢救文化的人都没有，那就太悲哀了。所以，田发刚同志说"抢救整理装在老人脑子里的戏就成为当务之急，刻不容缓"，是最有使命感的警句。

抢救一种文化，首先是抢救这个文化的本体系统，比如堂戏的本体系统就应该包括演出脚本、唱腔器乐系统；特别是演出程式、角色行当表演风格、舞台规程（动作范式）、行头道具（演出时的一整套）等。也就是说除了纸质材料，更重要的是全程录像资料。

其次，是一个非常重要的问题：抢救的目的是"存活"，也就是要解决堂戏赖以生存的依托。堂戏传承至今重要原因就是堂戏深受广大人民群众的喜爱，在20世纪五六十年代堂戏曾一度欣欣向荣，正如《巴东堂戏》所描述的："在'百花齐放，百家争鸣'方针指引下，堂戏一度甚为活跃，各乡村市镇纷纷建立业余演出队，传艺授徒、拜师学艺蔚然成风。江北蔡家山、熊家槽、舒家槽、三岔、罗溪、罗坪、沿渡河、红砂、劳坡、界河、火峰、白羊坪、泉口、下谷、堆子、平阳坝、麦丰、官渡口等地，先后都组建过堂戏业余演出队。据统计，这一时期的堂戏艺人共有145人，不同程度地活跃在深山峡谷之中的民间舞台。"①进入80年代，堂戏演出依然保持着旺盛的势头，沿渡地区恢复、重建了8支演出队，平阳坝区新建了7支演出队，并涌现了一批如易秉成、易秉宣、费天凤、廖福汉、许泽立、廖明琼、谭运龙、黄庆莲、黄庆玲、喻宗秀等资深角色和骨干。堂戏艺术之根又深深扎在广大人民群众之中。首先是堂戏唱腔的亲和力，简单明快，具有民歌风韵的主唱腔，渗透了戏剧性人生智慧的韵味。人们尽管只是唱某一出戏的一段或一句，其实是在感受整个戏剧的人生世相，它不像单一的一首歌只抒发某一种情绪。戏剧的唱腔之所以吸引人，就在于它唤起的是人生的系统体验。其次是演唱形式灵活，调式简易，以

---

① 高源章、邓明旺、邓贵洪编著：《巴东堂戏》，民族出版社2007年版，第22页。

选段为主，有二胡伴奏便可。笔者故里石板坪村就有老少三代都是堂戏的爱好者，有的老人年近八旬，自个儿边拉二胡边唱，还往往与中青年爱好者在一起吹拉弹唱，只要音乐一响，围观者数十，并参与其中。但是在今天传媒技术如此发达，堂戏还是以传统的方式传播显然是不行的。因此，堂戏要求得生存，必须面临两个创新，一是堂戏自身的改革创新，二是在传播方式上也要大幅度改革创新。

平心而论，堂戏虽然有着其他任何剧种不可取代的美，但是在很大程度上处于艺术上停滞不前的状态。当务之急应该走出两个"空间"，一是舞台程式是否可以拓宽表演空间，要特别强调"做戏"。同时移植一些有影响的适于堂戏、擅长喜剧性的折子戏，譬如现代京剧中的一些戏剧冲突强烈的段子，使之显现堂戏唱腔独特风格。二是突破影响空间，堂戏不仅要活跃于江北的文化氛围，还应该过江，向江南延伸，同时向周边省份辐射。特别是通过网络影响全国。这是一个具有现代创新意义的形象工程，只要双管齐下，堂戏的前程是不可估量的。

第六章　东方裸神——土家族原生态文化审美

本着科学发展观的求实精神，本书从巴东神农溪船工裸体拉纤的表象，深层次地探索东方裸神的文化内蕴。裸体拉纤是一种文化传承，在恶劣的自然环境中，船工们积淀了土家先民千百年的智慧。在先民那里没有主宰他们的神，也没有虚伪的道德偶像。他们遵循的是适者生存的自然法则，用自然的躯体自如地在自然中搏斗，创造了神农溪水域特有的文化现象，这种本真的文化存在是东方少有的文化精神的活化石，具有极其重要的文化审美价值。神农溪船工裸体驾船与古希腊斯巴达人裸体运动交相辉映，其文化意义不可低估。

现实生活与艺术审美是有距离的，这种距离既包括空间距离，也包括时间距离，而时间距离似乎尤为重要。譬如我们今天来讨论神农溪船工裸体拉纤问题，就可以把它看作审美文化来进行讨论，因为这种现象已不是现在的生活实际，这种普遍现象已经过去 30 多个年头了。对过去的事进行思索时，头脑也许更冷静，态度也许更审慎。就好像 18 世纪的黑格尔在他的《美学》著作中论述两千多年前的古希腊裸体艺术一样，态度是严肃的，方法是科学的，更是历史地看问题。当然，黑格尔面对的是两三千年前纯然的艺术品，而我们面对的神农溪船工裸体拉纤的文化现象还不是纯然的艺术，还是一个仅仅过去 30 多年而且是延续了千百年的生活实际，甚至还没有一个画家正面表现过存在千百年的真实画面，如果说有的话那就是在旅游宣传画中侧面背影的摄影，准确地说这是采风猎奇的风光照，还不是艺术。艺术强调的是一种文化内涵，而且是有意识地张扬这种文化内涵。这种张扬不是闪烁其词，而是直接面对生活实际，并给出一个正面的文化精神的回答。

第一节　公路延伸江北与东方裸神的隐身

东方裸神——神农溪船工裸体拉纤的黯然隐身是在 20 世纪的 70 年代末和 80 年代初。主要原因有两个，一是交通状况的改变，70 年代初公路开始向江北的平阳坝（坪阳坝区政府所在地）、沿渡河区逐渐延伸，物流与人流因公路运行逐渐增多，沿渡河这著名的"小武汉"由水码头变为水、旱码头相兼，到 1975 年 12 月 30 日巴东至泉口公社的公路正式通车，这应该感谢"学大寨赶泉口"的浪潮带来成千上万的参观人员，水路运输无法承受，抢修公路迫在眉睫，公路的提前竣工，沿渡河区管水路运行的机构——运输社开始撤至巴东县城关镇。区一级的水路运输画上了历史性的句号。但公路运输辐射不到的罗坪、叶子坝、龙船河还依然在走船。这可以说是现代物质文明改变了神农溪千百年来水路航运的命运，把水路交通压缩到一个狭小的空间。第二个原因是 80 年代初神农溪漂流的旅游开发，提倡文明旅游。其时的水路里程只相当原来的一半，况且水上漂流只是顺水漂，旅客从巴东县城乘车到水路起点叶子坝，船逆水而上是拉的空船，这就从根本上改变了历史上的载物逆水拉纤的状况，裸体拉纤的可能性就减少了，所以说文明旅游，即船工穿衣驾船漂流也就很自然地习惯了。这可以说是现代精神文明改变了神农溪裸体拉纤的千年"陋俗"。

裸体拉纤是不是一种不文明的行为？这一直是一个让人很困惑的问题，说不文明，为什么千百年来这种现象一直在延续，甚至新中国成立二三十年都没有打灭掉，就是"文化大革命"也没有革掉？父辈们清楚地记得从 20 世纪 50 年代后期（"大跃进"时代）至 70 年代末，是神农溪水路航运最繁盛的时期，水路里程由巴东到沿渡河的 60 里延伸到 80 里，即从沿渡河向上游的东壤口延伸 20 里，这是新中国成立以前木船从来没有去过的地方。这一延伸使当时的沿渡河区长峰九个乡板桥、石磨、下谷、东峪、堆子、泉口、万碑、桐木、石板的物资供应得到充分的保障。这时候的木船近 50 条。按每只船 5 个船员计算，近 250 人，可以想见在 80 里的河道上有 200 多个纤夫裸体拉纤，这绝不是一个偶然的孤立的文化现象，也不能用"陋俗"把这种存在轻易地予以诋毁。更何况是在社会主义建设高涨时期的一种存在。据巴东县志记载："沿渡河至西瀼口，全程 27.4 公里。沿途依岩为岸，河道紧束，河道流量变幅较大，可航行 1—2 吨小木船，每船需 6 名船工。河道滩多滩长，全程有 50 个滩，航行艰难。民国 36 年沿渡河上有船 14 只，可航行至石板坪。"[①] 新中国成立以后，人民政府对神农溪的船运更为重视，《巴东县志》亦有记载："1954 年，政府拨款 5562 元，对西瀼口至沿渡河河段炸礁除滩。1955 年和 1956 年共拨款 2200 元用于维护航道，由季节通航成为终年通航。1958 年，政府拨款 17000 元，集中 300 名民工除礁捡槽，经 44 天，疏通沿渡河直达东于口 9.5 公里航道。由于河道狭窄，除西瀼口至沿渡河 27.4 公里航道经常维护，维护常年通行外，其余河段因航道阻塞而弃航。1959 年 6 月，群力公社抽调 30 个劳动力对平阳河叶子坝河段（长 7.5 公里）进行疏通，花工 200 余个，用资 250 元。航道疏浚后，造载重 1.5 吨的木船 2 只进行运输。1965 年后，河道阻塞，停航。"[②] 这些记载充分表明，神农溪水路航道是一条天然的船行道，在生产力不发达时期，它是神农溪两岸人民的生命线。而且随着社会的进步，这一天然资源得到政府的充分开发和利用。这种开发当然也就意味着裸体拉纤的现象不仅存在，而且呈有增无减的势头。凡是在沿渡河区工作过的武汉、宜昌的教师、医务人员及其他战线的工作人员，巴东县机关工作人员，还有被分配到这里的男女青年必须乘船往返县城及故乡，首先面对的就是裸体拉纤这样的现实，不过女同志乘船习惯带把凉伞，必要时回避一下。但是这种回避并不意

---

① 巴东县志编委员会：《巴东县志》，湖北科学技术出版社 1993 年版，第 154 页。

② 同上书，第 160 页。

味着该现象的不存在。据父辈口述：曾于 1969 年、1973 年乘坐过两次下水船，印象最深的一次是 1973 年的 9 月，也正是航道通航的最佳时节，沿途都可以遇上逆水而上的船只，碰到最集中的一次是在叶子坝下游一条狭窄的航道，逆水而上的船必须让道，等顺水船开过之后再行上水船，有一批船至少有 5 只，依次停靠在岸边，上面裸体而立的纤夫检阅着顺流而下的船上的乘客，而这几只船上坐的好像还有黄花闺女。那个时候在人们的心目中并没有裸体艺术、人体美学的概念，但也并不觉得那是什么见不得人的事，而女士们也并无什么抱怨。

第二节　恶劣自然环境与天地自然的舞者

　　关于神农溪，《巴东县志》亦有记载："沿渡河源于神农架南坡，南流至西瀼口入江，全长约 60 公里。两河口以上称板桥河，以下至叶子坝称沿渡河，再下至河口称龙船河。今又名之为'神龙溪'。流域面积 1031.5 平方公里。河床约宽 25 米。多年平均迳流总量 11.60 亿立方米，平均迳流深 1055.60 毫米，最大洪水流量 640.0 立方米/秒，最小流量为 1.2 立方米/秒。坡降大，水能蕴藏量丰富。其上游有盐场河温泉；西岸，巴堆公路 61.9 公里处，有鱼泉瀑布。注入沿渡河的河流，溪沟 17 条……"[1] 神农溪是一条古老的河道，具体通航时间不敢妄加断限，根据库区考古发现，龙船河墓地："发掘总面积 4951 平方米，共发掘墓葬 5 座，其中土坑墓两座，石室墓 3 座，出土铜器、石饰、陶瓦等各类文物近 40 件，其时代为六朝时期和清代。"[2] "罗坪遗址位于沿渡河中游，隶属巴东县沿渡河镇罗坪村，是一处河谷台地遗址。罗坪遗址海拔高度

---

① 巴东县志编委员会：《巴东县志》，湖北科学技术出版社 1993 年版，第 35 页。
② 邓辉：《土家族区域的考古文化》，中央民族大学出版社 1999 年版。

110—120 米。遗址开掘面积 2300 平方米，墓葬开掘面积 2200 平方米。其中遗址地层有东周、汉、六朝、明清等历史时期的堆积；遗址有水井、灰坑、灰沟、建筑遗迹、窑等；遗物有陶质瓦类、器皿、石质工具等。墓葬方面的勘探发掘清理 13 座墓葬，均为六朝时期的砖室墓，多被早期盗掘。出土铜、瓷、玉、铁、陶等不同质地的器物 200 余件。通过遗址发掘了解其分布特点：罗坪遗址较之今天的村落，更靠近河流。"[1] 考古发现不仅证明神农溪是一条母亲河，同时表明神农溪下游的龙船河和中游的罗坪也是与外界通商的码头。特殊地理环境决定了神农溪作为水路要道的重要地位。而且在今天交通事业十分发达的公路网时代，神农溪的旅游黄金水道的地位越来越高。可见神农溪在交通不发达时期的重要地位。

在交通不发达时期，通往沿渡河有一条常行旱路，这就是"东板大道"，《巴东县志》记载："东板大道（东瀼口至板桥），起东瀼口，经平阳坝、沿渡河、下谷坪至板桥，长 220 华里，系沟通巴东、兴山、房县之要道。"[2] 这一条道路，在 1947 年中美联合开发神农架股份有限公司成立时，曾在神农溪上游通往神农架的道路上进行扩建，目的是将砍伐的木材从旱路搬至神农溪上游的水道。但是这条古老的通道行走却是艰难的，从东瀼口至沿渡河 120 华里，需两天行程。从东瀼口上曾家岭，沿东瀼河进两河口，途中要涉 48 道水（老辈子称作"48 道脚不干"），沿河道走没有桥，近 20 里的河道全部淌水，特别是冬天，行走就更不方便了。水路走完之后爬 15 里的山，上曾家岭。翻过岭之后，又沿 15 里的石阶下到坪阳坝；然后涉坪阳河翻狮子垭上八宝山，这是800 级的石阶；过大白羊坪、小白羊坪，下罗坪过渡，再行 15 里稍平坦的路至沿渡河。这种攀爬行走得艰难还属正常的，若在夏天，途中遇暴雨山洪突发，说不定还堵上几天，前不着村，后不着店。西线还有一条通道，行走起来更为不便，里程则更长，最难行走的是"45 里的好汉坡"，因此也基本上不走

---

①　《湖北库区文物保护工作》："龙船河墓地""罗坪遗址"，www. threegor. gor. cn。
②　巴东县志编委会：《巴东县志》，湖北科学技术出版社 1993 年版，第 156 页。

这条道。从历史上的官方驿道来看，在巴东段正好绕开了从东瀼口经平阳坝至沿渡河这个区位，直接往东瀼口、西瀼口、观昔堂、火峰、界岭入川，而清康熙初年四川总督李国英在围剿农民军刘体纯时，攻击其重要据点陈家坡（沿渡河腹地）时，选择的进军路线是从巫山的巫溪上游大昌东下四川（今重庆）与巴东交界处，可见刘体纯正是依托神农溪水道旱道的艰险而固守的，清军顺川江东下，避开了由东瀼口、西瀼口的陆路和水路北上进剿。无论是从历史的视角，还是从现在的视角来看神农溪的地理环境，水道是十分艰险的。

神农溪沿河两岸的道路环境，决定了神农溪水道的必要性与重要性，虽然峡谷深窄，水流落差大，但水道给沿河两岸的人民带来很多的方便。可是这种方便却使船工们付出了巨大的代价，甚至是牺牲。从工作环境来看，从西瀼口至东峪口的海拔落差是 180 米左右，仅就龙船河至下游猴子洞，30 多米长的滩，落差就有 5 米，滩陡水急，拉上水船至少 6 人拉纤，所以船工一般是三条船为一组，对负重的船只上水要集中人员互助，下水也要吊滩（吊滩即下水船以防船速过急需要纤夫用纤绳拉住船控制船速），亦须互助。从滩多滩长的特点来看，从西瀼口至东峪口近 80 里水路，91 条滩，这也就意味着有 91 个潭，滩与潭之间往往是山势绝壁交错，也就是说纤夫时而在东岸河滩上拉纤，时而在西岸河滩上拉纤，这就要过河，或者乘船到斜对岸上滩，这种频繁的涉水拉纤，是不容许有任何间歇的，船工水上作业十分紧张复杂。拉纤与驾船是一个整体，船一旦上滩，来不得半点的松懈，不进则退，若稍有松懈，船体就要受到威胁。打一个比方，拉纤就像拔河赛，不同的是，拉纤不是游戏，一旦松弛，很可能就是船毁人亡。记得 20 世纪 90 年代初，满载游客的豌豆角船，从龙河下猴子洞，一般情况下要吊两条滩，不至于 90 度拐弯撞在岩壁上。但是这一次水位提高，第二条滩因水深纤夫无法跳下水拉开阵势吊滩，在滩短水急的情况下，前艄折断，接着后艄亦折断，而濠竿在此时无着力点撑持，船无法改变直抵岩壁的方向，致使船头撞上岩石，船体折断，遂酿成重大伤亡事故。这一事实说明无论是上水船、下水船，船工的动作都是非常紧凑、紧张的，上水船行船艰难，下水船行船惊险，在神农溪这条河道上，驾船高手都掌握了各种水位，不同滩、潭的地理特点，也形成了放船的不同招式，无论什么复杂情况，就是那么几把橹、几濠竿，驾轻就熟。当笔者叙述至此，也许人们明白，在神农溪裸体驾船是否还要受到道德的谴责？假设我们作为乘客在冬天里坐船，船行至滩陡水浅的地方时，除了驾长掌着橹把握方向，其余四人裸身跳下水倾斜着身体将沉重的船体向上抬、向后拽，直到平稳行驶，抵达目的地，也许你只有一种感觉，他们就是保护神。

当然，一些好心的人也为神农溪船工裸体拉纤作过保护性的解释。最有影响者莫过于电影《男人河》中的台词，当剧中主人公莲玉登上覃老大的船往龙船寨时，看到覃老二等船工裸体拉纤，莲玉委屈地哭了，她认为这是覃老大手下的人对其不尊重，故意欺负她。覃老二解释：在这男人河上拉纤，若穿着裤子那不把裆擦破……之后这就成了神农溪船工裸体拉纤的开脱之词。这种解释也许是较普遍的。近来在网上看到一则资料《劳动者的美！渔民裸体推虾》："下海推虾是山东日照沿海渔民一项古老的劳作方式，过去当地人烟稀少，渔民下海时都是裸体劳作，这主要是身体不受约束，况且长时间的海水浸泡，在布料和纤维物质的作用下会产生全身瘙痒和湿疹的症状，近年，当地游客日益增多，为了不影响观瞻，渔民也只好穿些简单的短裤了。据说这些古老的劳作方式，只有 50 岁以上的老渔民才会操作，这也是我国非物质文化遗产的重要组成部分，希望能保留和继承下去。"[①] 这个解释与愿望也许是最有见地的，其解释与当下阐释神农溪裸体拉纤有着大同小异，说有见地是这位文化人的一种文化责任感。与此相呼应的还有"神农溪纤夫是神农溪上又一道亮丽的风景线，原始、野趣、纯朴、憨厚。千百年来，神农溪两岸乡村的农副土特产品、日用工业品，全靠神农溪纤夫用扁舟运进运出。由于神农溪水不太深，都只有一尺左右，故扁舟行其上，有时船底与沙石相擦发出'嘭嘭嘭'的响声，恰似'陆地行舟'。下水有时要纤夫倒拉纤来限制速度，这叫'倒牵牛'，要过浅滩

---

① 《渔民裸体推虾》，http://women.sohu.com/20080827/n259232525.shtml。

时，纤夫竞相下水，背船过滩，尤其是上水，全靠纤夫合力拉纤而上，号子声声，空谷回荡，别有一番情趣。神农溪纤夫常年拉纤，所以他们除冬天穿上衣外，其他时间几乎全是裸体，因为穿裤子在水里妨碍操作，就是穿短裤，被水浸湿后亦会很快擦伤皮肤，故只能裸体。虽然裸体不雅，但他们心灵却很美，不管是大姑娘、小媳妇，赶船都是他们裸体接上船，送上岸，而毫无邪念"①。这些介绍性的褒扬，无疑是在肯定这种文化现象，其良苦用心在期待人们本着正常的心态冷静审视这一文化现象。

第三节　民族魂英雄气与裸露表象的审美

特殊的生存环境，给了他们一个规定性情境，那就是在恶劣的自然环境中强生。夏天头顶烈日在滚热发烫的石滩上负重爬行，烤晒得皮肤呈古铜色。冬天在寒冷刺骨的水中调来调去，皮肤皲裂。特别是在夏秋时节，暴雨突降，洪水猛涨，有时船就困在山峡之中，甚至还要付出船破人亡的代价。1963 年 9 月的一天，在沿渡河上游的乱石窖（供销社所在地），有三只船运货返回时，不知神农架突降暴雨，山洪猛涨，洪峰水头有一丈来高，排在最后的一只船行至老鸹岩先被洪峰覆盖，船当即沉没；第二只船在崩口湾陡滩上被洪峰覆盖，船被撞碎；第三只船在横石头沉没。船上装载的生漆、药材满河漂荡，在这次惨重的天灾之中一名船工身亡，其余 14 名船工在洪水中挣扎，最后死里逃生。这样的灭顶之灾在神农溪驾船的历史上，殒命的又岂止杨传烈这一位船工？有时为了救人一命，船工们不顾自身的安危，送病人到 90 里外的巴东县城就医。也是 1963 年的春夏之交，一场久雨导致山体下滑了，正在石板公社搞"四清"运动的刘队长一行五人，被山上滚下的巨石砸伤，伤情十分严重，须送巴东救

---

① 《神农溪》，http：//www.cots.com.cn/changjiangsanxia/shennongxi.htm。

治，这送的任务自然就落到船工头上，他们面对大半河洪水毅然决然地放淼（在洪水中驾船）。当你看到他们驾着豌豆角船像一片树叶一样漂荡在洪流之中，也不禁为他们捏一把汗，可他们就凭一叶艄、一片橹、三根濠竿在江心飞快地奔驰而去，那种智慧，那种胆识，使他们成为神农溪上的神，他们征服了险山恶水，那健壮的裸体与古希腊时期的雕塑《宙斯》《掷铁饼者》又有什么两样？所不同的是，他们是活着的宙斯、掷铁饼者。

是这些即将在记忆中消失的神，他们一代一代地主宰神农溪这条时而温顺、时而凶猛的河流，他们积淀了先民们千百年来适者生存的智慧，也创造了神农溪水域特有的文化。在土家族先民那里没有主宰他们的上帝，也没有虚伪道德的偶像。他们遵循的是适者生存的自然法则，用自然的躯体自如地与自然搏斗。最能见其境界的是船工们面对一川洪流，裸身驾一叶扁舟，挑战生命极限，一叶橹、一片艄在洪峰中拨开安全通道，全神贯注，冷静分辨，高度配合，驾驭砥水中流，跨过一道道鬼门关。此时此刻眼前只有浩渺洪波与呼啸而过的峡谷石壁，超越的灵感与自如的身躯在瞬息万变的水体上飞驰。这是崇高的精神境界与挑战自然的冒险精神高度融合，凝聚了土家人的智慧与勇敢。裸体驾船不仅仅是一般解释所说的工作环境的必然，应该看到裸露的表象具有丰富深厚的文化内涵，它是土家先民在恶劣的自然环境中，以自然的躯体自如地与大自然搏斗的经验见证，在一种境界中剥离了羞耻感，客观地抵御了虚伪的道德观，这是符合自然发展规律的科学精神，因此裸露的表象不是一种盲目的存在，它是土家先民最本真的选择。既然是一种本真的存在，就具有崇高的审美价值。那么今天的黯然隐身就有悖于这个民族的传统文化精神，应该让它本真地存在下去，至少是以艺术的形式永远存在下去。

如果说裸体拉纤现象先于儒家文化影响的话，那么经过儒家文化的一番洗礼却依然存在，这种存在就是一种本真的存在，用今天的话说是经得起科学发展观检验的。假若我们用"回到事物本身"的科学态度，回到30多年前去直观神农溪船工驾船的情境，你会感觉到一种真理，船工们才是神农溪真正的英雄，他们不仅是与自然搏斗的自然之神，而且还是以其勇敢与智慧代表着这个民族的魂。一种文化存在是一个民族或者一个群体在其生存环境中的选择，神农溪先民在与恶劣的自然环境搏斗中选择了裸体驾船的劳作方式，而没有选择"孔夫子"给他们的那条驾船的裤子，说明这种选择的科学性。船在瞬息万变的空间中安全行驶，全在于这个群体高度配合的意识、灵活敏捷的动作、发挥自如的力度，实际上是自然的躯体与自然环境和谐发挥，人的智慧在自然威力面前掌握了主动权，成为战胜自然的英雄。英雄们以其在自然中的真实存在，在劳作时抛弃了所谓遮羞的外衣。前辈船工有一句口头禅："该死的球（男性生殖器）朝天，不死的又过年。"这是宿命论，还是豪言壮语？在我们看来各种成分都有，是一种洒脱，赤条条地来，赤条条地去。这"赤条条"是一种文化的真。

可以直截了当地说，时至今日对神农溪船工裸体拉纤还没有，或者说不敢上升到文化审美的高度来正视，更多的是在请求媒介予以理解，言及此总感觉到理亏而底气不足，总是说一句钩一句，或曰：要说他美，首先必须承认丑，更谈不上什么审美文化了。之所以会这样，也是我们这个民族的集体无意识所造成的。陈醉在论裸体艺术时说："中国的封建社会经历了两千年的漫长历史时期，儒、道、释合流的精神统治，一方面孕育了中华民族的灿烂文化，另一方面，也严重地压抑着人性的自由舒展。也许是由于我们民族的过早成熟，对人欲特别敏感，在观念上很早就形成了一套禁锢的方式。所以在漫长的封建年代里，尽管我们有过汉唐的开明时期，创造了丰富的宗教艺术和世俗艺术；但是，几乎可以说没有严格意义的裸体艺术出现。中国的儒家，在理论上并不否认人的生存欲和生殖欲的客观性……令人惋惜的是，我们的民族未能形成一个人的艺术的观念，所以也一直未能真正打开裸体艺术这座宫殿的大门。尽管儒家承认'食色，性也'，但是，为了维护封建统治，从根本上钳制人的自由思想的说教，与无所不在的风教等等封建教化以更加强劲的势头，把人性逼到最低下的限度……中国封建社会的伦理道德说教，没有像天主教那样推行禁欲主义，但是，它对于人、人的个性，欲望以至自身的肉体等都是不予尊重的。他们把肉欲视为猥亵，把肉体贬为卑污。所谓德行是至尊的，而肉体只能屈从。"① 正是这种封建伦理道德的负面形成了国人的集体无意识，在对待有悖于封建伦理道德的一切行为与艺术时，总是要纳入他们那个价值体系以论高下。

其实，在如何对待神农溪船工裸体拉纤的社会现实问题上，有一个最根本的事实是值得探讨的。生活在神农溪流域的先民们恐怕是首先参与生产斗争，即与生存的生产环境打交道，并非首先接受束缚行为的儒家道德伦理体系。意识形态是建立在物质生活基础上的，脱离客观环境强调意识形态这不是唯物主义。我们在土家族创世纪的歌谣中，首先看到的是土家先民与自然抗争的过程，其次看到的是对创世纪神的崇拜。并不像中华民族第一部诗歌总集——《诗经》，经历代儒家高手染指，把它变成封建道德的附庸。而神农溪船工裸体拉纤这一社会现实（虽然隐身已有 30 多年，但毕竟是当今社会的存在），不仅没有把它看成土家先民文化精神的遗迹，反而把它看成有伤风化的见不得人的东西。我们以为裸体拉纤的现象是更早于儒家文化影响之前的存在，跟儒家虚伪道德论没有关系。而世人在评价时总是把它纳入儒家道德文化大背景中为其存在而辩解，其实是风马牛不相及，这也是对儒家文化的不公，它本来就没有管到，是评价者的一种自作多情。

黑格尔是很注重伦理的美学家，他的观点有助于我们对神农溪船工裸体拉纤文化意义的阐释。他首先强调了人的羞耻感，然后又辩证地分析了裸体艺术的文化意义："除了艺术的目的以外，服装的存在理由一方面在于防风御雨，大自然给予动物以皮革羽毛而没有以之给予人，另一方面是羞耻感迫使人用服装把身体遮盖起来。很概括地说，这种羞耻感是对于不合式的事物厌恶的萌芽。人有成为精神的较高使命，具有意识，就应该把只是动物性的东西看作一种不合适的东西，特别是要把腹胸背腿这些肉体部分看作不合适的东西，力求使它们屈从较高的内在生活，因为它们只服务于纯然动物性的功能，或是只涉

---

① 陈醉：《裸体艺术论》，中国青年出版社 1987 年版，第 173、174、177 页。

及外在事物，没有直接的精神的使命，也没有精神的表现。所以凡是开始能反思的民族都有强弱不同的羞耻感和穿衣的需要。"① "希腊雕像有裸体的，也有穿衣的。希腊人在实际生活里总是穿着衣服，但是在运动会里竞赛时，却把裸体看作最体面的事。特别是斯巴达人开了不穿衣服上场搏斗的风气。这也并不是由于他们富于美感，而是由于他们对于羞耻感的优美品质和精神意义漠不关心。希腊民族性格的特点在于他们对直接呈现的而又受到精神渗透的人身的个性具有高度发达的敏感，对于自由的美的形式也是如此，这就使得他们必然要把直接呈现的人，即人所特有的受到精神渗透的躯体，作为一种独立的对象来雕塑，并且把人的形象看作高于一切其他形象的最自由的最美的形象来欣赏。所以希腊人抛开不让人看到的自然身体的那种羞耻感，并不是由于他们对精神事物漠不关心，而是由于他们要求美，就对涉及欲念的纯然感性事物漠不关心。所以他们有意地把许多雕像都雕成裸体。"② 神农溪船工并不是没有像黑格尔说的没有羞耻感，在驾船的时候，驾长（一船之长）因为始终在船尾船头（上水船驾长摇橹撑竿，下水船在船头掌艄）把握方向，是着装的，其余 4 人都基本在水中作业。一旦船停靠码头，船工们都穿得衣冠楚楚，而且比一般人穿得还讲究些。怎能说他们不是文明人？

---

① 黑格尔：《美学》（第三卷上册），商务印书馆 1997 年版，第 157 页。
② 同上书，第 158 页。

第七章　土家族影视文化创新与发展

第一节　土家族影视文化的彰显

反映恩施土家族的电影较早的影视剧并不自《男人河》始，更早的是《天池山血泪》，该剧拍摄于 1988 年，根据王英先长篇小说《枫香树》改编，反映清匪反霸斗争。真正反映土家人文风情的是郑克洪作为编剧、副导演在 1991 年拍摄的两集电视剧《血溪》。

电视剧《血溪》——土家族文化展示的开端

《血溪》以新的艺术观念，再现了一个民族的艰难历程。编导者用当代意识对一个古老的民族进行了反思，使其具有历史纵深感和时代的启示性。

一　一个耐人咀嚼的悲剧主题

《血溪》以土家族、汉族两对男女青年的爱情悲剧为线索，以土家族把关的"峡口"为喻体，围绕"峡口"的封闭与开放的斗争，揭示了民族进程里的悲剧主题，民族的融合、世界大同的理想通过两对男女青年的爱情悲剧表现出来。聚集在峡口内的各民族山民都心系峡口，在这里发生的一切都冲着峡口而来。峡口是斗争的焦点，石头一家是矛盾的主要方面，而浪尖人物是石头。他身怀过峡的绝技，土家山寨无人可比，因而寨主十分器重他（实际是利用）。同时，石头正直善良，他不愿看到异族船工为峡口所吞噬，不愿看到民族之间无休止的残杀。从苦山及逃难群众在峡口遇难，苦姐被石头从水中救起之后的那一天起，石头的心在强烈地震颤，这里包含着人性的呼唤、主体意识的觉醒。他对苦姐奉上一颗温馨的爱心，他对逃难的汉族人不仅抱以深切的同情，而且还在寨主面前为其说情，希冀开恩过峡，更值得钦佩的是他还以从未有过的胆量为汉人送货过峡口。尽管寨主不断制造血案，阴谋离间一起又一起，石头作为把门将军，有时也做一些违背自己心愿的事，但在内心里他却深深地自责，最后终于从愚昧中觉醒。苦姐、石花、宝根的死，使他从一个同情者变成一个祖宗的叛逆者、寨规的反抗者。他向峡口里的各民族山民泄露了天机——"朝我来"，从此，各民族的船队自由往来于峡口。

峡口的封闭被冲破，意味着民族的融合这一痛苦历史的结束，标志着愚昧的驱走。是什么东西驱走了愚昧？当然，一方面决定于主体意识的觉醒，另一方面则是商品意识不可抗拒的助推作用，而这一方面在《血》剧中表现得尤为突出，这也是《血溪》立意高人一筹的地方。土家山寨寨主虽然也看重银子，似乎有经济观念，把收买路钱的"银坑"越凿越大，实质上这种卡脖子严重地阻碍了峡口内外的商品交流。峡口的封闭首先是寨主心态的封闭。一次管家出于好奇，从山外给寨主带来一个铜制水烟袋，寨主受到了强烈刺激，责备管家："以后不要把这些洋玩意带进山来！"这一情节，与石头给苦姐买丝绸形成鲜明对照，也说明寨主的封闭心态达到十分可怜的程度。生产观念的僵化是以寨主为首的土家人落后的另一面。当石头在苦姐的影响之下，种的苞谷丰收的时候，土家人大多神情木然，心怀敌意的也大有人在，乃至于毁坏庄稼，阻挠农耕。年长的人说："打我记事起，就没有种过田。"从这些对白中，我们不难看到，在寨主的高压之下，连刀耕火种的落后生产方式都不能容忍，把土家人的生计全部寄托在峡口上。与之相对的则是汉族聚居区李家寨的山民们，他们既重农耕，又利用天然盐水发展盐业。可是随着寨主废弃农耕，使峡口打劫合法化，李家寨的盐和山货运不出去；更为严重的是，寨主禁止土汉正常的经济交往，致使土家人吃不上盐，挑起了民族间的争斗。可是寨主万万没有想到，这一种倒退行为却增强了巨大的反弹力，峡口不仅没有封锁住山里人，反而被山里人强烈的商品交流意识所冲破，从而形象地揭示了一个朴素的真理，封闭是没有前途的，同时，也是不会长久的。

二　诗化的意境悲剧的氛围

《血溪》为突出其悲剧主题，创造出一种深沉含蓄的诗化的艺术境界，烘染出深邃凄婉的悲剧氛围，不仅提供了观赏的鲜明画面，而且还具有耐人寻味的深层意蕴。《血溪》的故事是在一个民族发展的历史过程中截取的一个片段，如何在有限的时间和空间内表现深层文化结构中新旧观念的历史性碰撞，作者娴熟地运用了象征手法，使画面的一景一物由第一自然转化为第二自然，淡化情节戏，强化抒情性，使剧作富有浓厚的诗情画意。

"峡口"是《血溪》中的一个焦点。它象征着人的"心口"、人的观念。从情节看，围绕峡口的封闭与开放的斗争贯穿了全剧，在这里发生的一切不是偶发性的民族间争斗，而是隐文化结构的观念冲突。因此，峡口又是观念外化的景物实体，它向人们暗示，峡口的封闭是"心口"（即观念）的封闭，一旦旧的观念被破除，峡口也就自然地开放了。峡口既具有形象性，又寓哲理性，它启导人们在进行审美观照时，同时悟出悲剧的根源。

与峡口相依并存的另一形象，即土家人供奉的始祖——白虎神像，它从另一角度强化了《血》剧深沉的历史厚重感。它的出现，使威严变成了残忍，原始的开拓性变成了社会发展的阻力。在这里，白虎神同样具有象征意义，它是观念的化身。如果说白虎神在取代自然崇拜为祖先崇拜（确立人的本质力量）中起过积极作用的话，那么在《血溪》中白虎神则是阻碍历史前进的精神障碍。正如马克思在《〈黑格尔法哲学批判〉导言》中所说的那样："他把人从外在的宗教解放出来，但又把宗教变成了人的内在世界。他把肉体从锁链中解放出来，但又给人的心灵套上了锁链。"① 所以，每当剧情发生剧烈冲突时，白虎神像反复出现，这实际表明情节冲突即观念冲突的外化。白虎神作为观念的外化，像一尊凶神恶煞锁住峡口，无情的水不断吞噬汉人、土家人。由此不难看出，白虎神像是一个象征性形象，它作为一个审美对象，实质上是诗化地揭示了最本质的东西——民族精神落后的一面。

《血》剧情节冲突的结束，便是观念冲突的高潮的到来。"朝我来"三个石刻大字向峡口内各民族山民揭示了过峡的秘密，"我"字作为直面漕口的怪石向掌橹的家长指示了放船的方向，同时，作为凿字的悲剧主人公——石头，已挣脱了精神枷锁，向各族山民敞开了心中的秘密——过峡秘密。随着"心口"的敞开，峡口畅通无阻，石头作为劈山开道的英雄，屹立峡口，气贯长虹。"朝我来"诗化般地展示了石头这一悲剧主人公的光辉形象。

《血溪》为凸显悲剧群像，还刻意制造浓烈的悲剧氛围，无论是静态的景物画面，还是人物的活动，都笼罩着一种令人窒息的氛围，给人以色调的、音调的质感。编导者创造艺术氛围最突出的是烘染深沉、凝重的艺术氛围。

从音、画来看，古峡里的土、汉山乡的一山一水、一草一木似乎被一种看不见摸不着，但又可以感觉到的有力度的东西所笼罩、浸透。蓝蓝的天、血红的水，以及纤夫号子的回荡声构成了一幅古板、暗淡的画面，凝滞的音调，这正是古老观念外化的四维空间。特别是阴森的峡口，石壁犹如一张冷漠的脸，气氛有"黑云压城城欲摧"之势。

纵然是人物活动的场面，其空间气氛依然显得沉闷、冷淡。尽管是喜事，同样呈现一个基调——人物表情呆板、内心世界压抑，两对相爱的男女青年，很少破颜而笑，姑嫂俩在水中嬉戏，石花赞美苦姐"长的真美"，苦姐自然地笑了，但喜悦的脸上马上愁云密布，预感到的不是喜，而是悲。石头打心眼里爱慕苦姐，乃至于处处保护她，却没有情欲的冲动，不越雷池一步。当管家设

---

① 《马克思恩格斯选集》第一卷，人民出版社 1995 年版，第 9 页。

下奸污苦姐的骗局时，苦姐卧室的门半掩半开，石头下意识向门前走去，继而带紧半掩的门，径自回到牛棚。为什么石头的理智可以达到麻木的程度？是一种无形的精神枷锁——寨规，使人的情感始终控制在一定的刻度上，降温不忍，升温不能。石花算是倔强的土家妹子，她可以直率地去追求汉族青年宝根，但在土家山寨宣泄自己的情感时，也只能是凄楚哀怨的"木叶吹"，如泣如诉。总之，峡口内的空间被一种奇怪的气氛所笼罩，而这种莫名其妙的氛围像是从威严的白虎神像、寨主阴沉的脸上释放出来的。白虎神寨主与山民没有共通的感情，僵化的脸威慑着人的灵魂，遥控着人的行为，人就像水面上的浮物，不能自己支配自己。这种氛围使人预感到两对相爱的青年只有悲剧性的结局。

三 民族风情的艺术化构思

《血溪》反映了浓郁古朴的乡情，但有别于其他反映少数民族题材的风俗剧和风光片。作者不仅把山水民族风情作为故事的载体，也把它作为历史文化的载体，通过对奇异风物的联想，自然风物（神秘的古峡、悠远的溪流、凄神寒骨的残阳等）不再是纯自然的观赏的客体，同时通过对这个客体的观照，看到这个民族历史演进的痕迹，在这片土地上表现出来的风俗民情正是历史文化的积淀（自然崇拜、祖先崇拜），并且成了民族前进的沉重包袱。为实现民族奋进的悲剧主题，塑造反封闭的艺术群像，剧作者从审美理想出发，将风俗民情具象化、典型化，赋予风物以新的意义，使其内涵更为丰富，主旨更为明确。

反映土家人的生活，不能不表现土家族特有的"跳丧舞"。跳丧舞又谓"撒尔嗬"，是一种比较原始的舞蹈，其特点在于热热闹闹陪亡人，欢欢喜喜办丧事；其审美特征是，舞步变幻多姿，声韵古老粗犷，曲子格调明快，伤而不悲，悲而不哀。但一旦这种古老的艺术形式与表现民族奋进的主题挂起钩来的时候，传统的内涵改变了，强化了政治色彩，深化了悲剧主题。因峡口长期被封锁，土、汉民族矛盾日趋激化，经石头、苦姐、石花、宝根的暗中努力，汉人以盐缓解土家山民的燃眉之急作为货船过峡的交换条件，但寨主横加干涉，而且还兴师问罪，一场恶斗终于发生；峡口之战，两败俱伤，土家寨子的灵堂，棺木排列，气氛凄惨悲凉，寨主面对灵位，鞠躬而去，土家山民踩着鼓点，唱着丧歌，跳起丧舞，伤而不悲，悲而不哀。跳丧舞悲而不哀的审美特征的形成，本来是土家人对死亡不可抗拒的一种心理释放，但在此时，人们悲而不哀的心灵不是对自然的超越，他们的麻木更具有宗教色彩，是所谓先祖意志在头脑中的僵化，轻视人的价值，为神而战，是情感异化的结果。其思想意义及艺术价值远远超出民俗本身，再一次地揭示了民族的悲剧性根源之所在。

"贞洁牌"是《血》剧的重要"关目"。看重女子的童贞，并非土家族所独有。但以"贞洁牌"检验苦姐是否贞洁，并将"女儿红"按寨规悬挂于外，张罗全寨，这确属编导者的精心杜撰。《血溪》的斗争焦点是峡口，关键人物是石头。老谋深算的寨主对石头与苦姐即将联姻感到十分恐惧，但又无法正面干涉，于是利用民情习俗以退为进，借刀杀人，其用心险恶，其手段卑鄙。"贞洁牌"这一关目，使剧情明线、暗线交替发展，暗线推波助澜，明线惊心动魄。"贞洁牌"真像一块界牌，把土家山寨的好人、坏人划得泾渭分明，寨主管家阴险狡诈，当面是人背后是鬼，而憨直的石头、诚笃的苦姐是真善美的艺术典型。在石头与苦姐的新婚之夜，当石头知道苦姐失贞的不幸遭遇后，断然以口中之血洇湿了手中的白布单子，继而幻化出次日早上山民围观的情形。这一切表明，在石头的心目中，苦姐是贞洁的，心灵是美的。幻化的境界向观众展示：石头抛弃了世俗的贞洁观，他把人生的价值升华到一个新的境界。

悬棺是神龙溪龙船峡奇异景点之一，具有浓厚的神秘色彩，至今被谓为龙船河"悬棺之谜"。但是最具传奇色彩的莫过于《血溪》的美妙遐想。寨主、管家为达到长期封闭峡口的目的，不得不对石头、苦姐、石花、宝根的婚姻进行干涉，他们在采取以"贞洁牌"借刀杀人的同时，对石花的婚姻则"明修栈道暗度陈仓"——命用人山苕抢亲。苦姐为救石花出虎口，深夜领石花逃离山寨，帮助石花、宝根躲避寨主的追杀，夜闯峡口，结果全部殒命于峡口。她们的出走，并非全为追求婚姻的自由天地，准确地说，她们以身试险是要获得出入峡口的自由，她们的死是悲壮的。石头双手托起苦姐的遗体，山一样沉重的步伐震颤着峡谷，春雷般的话语回荡在天地之间："污泥里长不出灵芝草，我会把你葬在只有雄鹰才能去的地方，让你看到这峡口会有不流血的一天。"至此，众说纷纭的悬棺之谜被揭开了，苦姐这个民族精英也有了一个神话般的归宿，诗一般的联想，实现了剧作家的审美理想，凸显了悲剧主人公美丽的鲜明形象，消除了审美主体的人与审美客体棺木之间的恐惧和隔膜，增强了剧作的浪漫主义色彩。

电视剧《血溪》不是以"存在"的观念展示民族之间的关系，而是从"发展"的角度来观照这个民族的自身。《血溪》不同于一般的反映少数民族斗争、生活的影视剧，《血溪》的积极意义正是从传统中超越出来，加以哲学的思考、理性的否定，所以在展示民族特征时，不是表现它的"野性"，而是刻意揭示它的"惰性"。只有这样认识，民族才有发展，"存在"才有希望。

电影《男人河》——形象符号的意象美与意蕴美

《男人河》写的是土家族人的英雄故事。用电影这一手段表现土家族人的英雄主义题材，特别是以宽银幕、同期声来进行表现，这还是第一部。可以自豪地说，以诸多高档次的艺术手段表现民族题材，这是土家电影人向本民族奉献的一份厚礼，在中国电影史上也是值得大书一笔的。

电影《男人河》较之于《血溪》在主题上有新的提升，在文化符号上互为表里，在形与神的创造上，《血溪》更注重"形"的外在把握，而《男人河》则更注重"神"的内在升华。电视剧《血溪》注重民族之间的外在冲突，即在情节冲突中显现观念冲突。《男人河》在诸方面都要高出一等，首先，主题的本位突出的是英雄主义，"男人河"本身就是这个民族的象征，驾驭这条河的只能是这个民族的英雄，但是这里的英雄不仅是蕴含着"勇敢、智慧"或者是"力"，更具特色的是强调了"德"的重要性，也就是说《男人河》的英雄是"德力"并重，把勇敢、智慧与高尚的仁德高度地统一起来。覃老大虽然高大魁梧，英雄的"力"与男人河气势形成同构，但是由于缺乏对人的普遍的爱，所以他从"英雄"地位降为普遍人。而覃老二形体赢弱，但他的勇敢、智慧中充满着仁德，所以他从"人不人，鬼不鬼"的地位上升为民族英雄。其次，《男人河》人物性格在"关系"中趋变，人生境界在"动态"中升华，与水呈同构关系，即审美意象呈强烈的动态特征。譬如剧中主人公莲玉与巴茶、莲玉与覃老大，覃老二与巴茶、覃老二与覃老大，性格在彼此的关系中形成互补，性格的彼此趋变推动了剧情不断发展，"美在关系"在《男人河》中得到充分展示，整个剧情在"动"态中发展，具有否定之否定规律的逻辑力量，这正是《男人河》具有形而上学的哲学品位之所在。

电影理论家王志敏先生提出："电影第三符号学是电影艺术学的最高阶段，即真正的美学阶段。至此，电影美学作为美学才名至实归。根据我的十分初步的理解，它应当包括两部分：所指面为韵味与风格，能指面为样式与母题。"①作为符号学的两个重要概念"能指"和"所指"，能指是语言符号本身，是一串声音和一些线条。这些语言符号（能指）指示的东西是所指。那么作为影视形象符号，一旦从分镜头剧本转化为视听效果，它就是一个符号体系，这个体系包括画面形象与声音形象，诸如声音符号、图像符号、表情符号、姿态符号等。一般地讲，形象符号包括两个层面，即故事层和背景层。诚然，讲故事总离不开背景，但一般的背景只是作为故事的时空依托。笔者在这里强调的背景层是背景部分作为观念形态的象征符号，或曰具有生命意义，在剧情中与主人公起律动作用的背景材料。譬如电影《黄土地》中的背景黄土地，"黄土地作为中心意象，并使之成为影片意义寄托的重要依据。这土地时而作为背景，时而作为空镜头一再出现，贯穿影片始终。作者通过种种手段突出和强调黄土地，使观众不由自主地将其作为独立的艺术形象来欣赏，去体会其蕴涵的思想和力量"②。其他影视片如《青松岭》中那棵让马一见就惊恐不已瞎蹦乱跳的半截榆树，电视剧《篱笆·女人和狗》中的篱笆、狗，都是具有象征意义的形象符号。

---

① 王志敏：《电影美学分析原理》，中国电影出版社 1993 年版，第 185 页。
② 王迪：《通向电影圣殿》，中国电影出版社 1993 年版，第 303 页。

《男人河》作为时空背景的有白虎神洞、男人河、鹰嘴岩、龙船寨吊脚楼以及长江岸边的巴镇，是故事发生、发展的空间载体，整体上看，它们都是审美符号，但作为典型的观念内涵的象征性符号有白虎神洞、男人河、鹰嘴岩，其内涵与《黄土地》中的黄土地等同，具有独立的审美意义。如果说《男人河》具有诗化的意境，那么首先取决于地理背景材料具有文化符号的性质，能指面的样式与母题跟所指面的韵味与风格交叉渗透，哲学智慧与美学智慧交相辉映，呈现出特有的地域文化的意象美与意蕴美。

鹰嘴岩——自然符号的神秘感

《男人河》中的鹰嘴岩是一个重要的时空背景，是一个自然文化符号。表现在电影故事中它的特定意义是"关口"，"关口"又是中国，甚至是人类的大文化概念，是一个牵制与反牵制、约束与反约束的辩证统一。有形的关口，从古至今不计其数。自然形成的关口如剑门关、马陵道、落凤坡、腊子口等，人为的关口如山海关、玉门关、函谷关、潼关、虎牢关等，至于演化至今的关口更多了，如"货款修路、收费还贷"的现代化关口遍布全国大小通道，还有那些车匪路霸因地制宜设卡的关口更是层出不穷。无形的关口不亚于有形的关口，如种种攻关、经济活动中的公关，三百六十行，行行有公关或攻关，还时兴什么公关小姐，体现在观念上，关口的含义更神秘，甚至扑朔迷离，"英雄难过美人关""春风不度玉门关"，"关口"既那么多情，又那么无情。可以说"闯关"是人类社会的逻辑发展，是人类哲学智慧的全部。

鹰嘴岩具有自然符号的神秘感，取决于两个层面的文化意义：首先，它是龙船寨经济生活的总开关，其次在于土家人"把关"的神秘性。跟大文化"关口"的含义一样，鹰嘴岩雄踞于男人河上，"一夫当关，万夫莫开"，从天然地形上看，鹰嘴岩当流而置，对于非本寨人来说是一道天然屏障，闯滩的人并不知晓"越危险就越安全"的奥秘，放船时往往远远地回避鹰嘴岩而船毁人亡。这一秘密只有土家寨子龙船寨的舵主知道，舵主实际就是鹰嘴岩把关之人，至于其他寨子经过此处，都是要付过关钱的，否则舵主不予放船。同时还规定龙船寨只允许有一个舵主，纵然有闯得过滩的也不予承认，所以巴爷一干就是三十年，一旦交舵便寿终正寝，男人河上的龙船寨世世代代一条滩、一个人，这就是祖宗的规矩。

鹰嘴岩作为形象符号，除了它阴森恐怖的地理造型，更深层次的是一个封闭观念的象征。男人河上的鹰嘴岩就像一个恶魔，无情地"没财害命"，表面上看它是一个残酷的直接杀手。但从本质上看，鹰嘴岩不是没有征服者，舵主就是专门制服鹰嘴岩的，但是龙船寨的寨规严明，不准泄露天机，否则便招致杀身之祸。由此可见，在男人河上没有征服不了的自然，难以征服的是主宰男人河的人的封闭观念。不难发现，鹰嘴岩这一阴森恐怖的魔鬼形象，它是人类发展史上可怕的观念的化身，有着丰富的文化内涵。作为电影符号，在影片中使人看起来恐怖、想起来揪心，是一个活生生的审美形象。

白虎神——观念符号的神威感

《男人河》以恩施土家族自治州为大文化背景，把白虎神奉为保护神，这与湘西土家族祭祀白虎神在内涵上有很大差异。影片中龙船寨的白虎神是一座天然的尊神：在鹰嘴岩的上游，悬崖峭壁上有一个岩洞，洞口天生一个虎头侧面石像，虎形石像的存在似乎是天意的，与鹰嘴岩构成一种呼应关系，为龙船寨世世代代的土家人"尊神把关"找到内在逻辑发展的走向——龙船寨土家人靠男人河而生存，鹰嘴岩靠英雄来征服，男人河的英雄靠白虎神来保护。这一逻辑的规定性在龙船寨中任何人不能违背，老舵主巴爷在临终前告诫牟梯玛："往后你得看住这条河！"怎样看？用意非常明确，只能通过神人合一的梯玛用神的意旨告诫芸芸众生：男人河真正的主人是舵主，舵主不能僭越神的意旨，寨民不能僭越舵主的权威，只有这样才能保证龙船寨的根本利益。

影片中的白虎神作为观念的符号是不容置疑的，换言之，白虎神是能指，观念是所指，观念外化为白虎神之后具有一种神威感。《男人河》关键的一场祭祀活动——交舵，梯玛的请神就是代天立言，龙船寨男女老幼跪拜在白虎神前，老舵主把舵交给新舵主覃老大，同时把巴茶也交给覃老大，这是不能反悔的。如果说巴爷作为龙船寨长者代人立言的话，那么随后牟梯玛对端着一碗神水的覃老大讲的那番莫名其妙的话语则是代神立言：“看见了？记住了！”这是从宗教意义上给覃老大上了一道紧箍咒，若要反悔，那是违背天意的。观念是一个抽象的概念，它是这个民族在一定历史阶段的意识形态，同时又可以通过神权、族权（神祇、寨规）予以具体化。

白虎神这一形象符号的内涵一经提示，就不难发现《男人河》编导的良苦用心，影片在为人物故事设置背景的同时，强化了人的对立面——观念符号的形象性不仅具有形而上的哲学意蕴，而且还成为一个完美的审美对象。鹰嘴岩、白虎神是一个连环套，一虚一实，虚实相生，鹰嘴岩因白虎神而神秘莫测，白虎神因鹰嘴岩而神威无比，可以说是相得益彰。白虎神在《男人河》中既是一个审美的形象，又是一个观念的象征，是意象美与意蕴美的统一体。如果说《男人河》反映的是英雄主题，那么英雄所抗争的不仅是对自然，而且更深层次地指向了龙船寨人的观念。

“男人河”——民族精神的神圣感

在电影《男人河》中，“男人河”不仅作为《男人河》的总体背景，而且是一个象征型艺术符号，它象征着这个民族的精神。首先，男人河是一个奔流的形象，具有“动”的形而上的意蕴；其次，男人河是英雄的象征，有河就有水，有人就有河，展示了民族的人格魅力；最后，遗存着古老文化的内涵——以男人河为中心的文化心理。

作为“奔流”的形象，“男人河”这一形象特征不仅展示了它久远顽强的生命感，而且具有强烈的动态感，体现了“动”的哲学智慧特征，充满形而上的意蕴，标示了这个民族自强不息的精神。男人河的奔流不息就是这个民族的源远流长。如果就《男人河》是张扬人道主义的爱河：故事中的四个主要人物覃老大、覃老二、巴茶、莲玉都是巴爷从男人河里救出来的生命，显然这四条小生命并不属于龙船寨的血统。而覃老二不至于使汉族人船毁人亡，终于向外族人泄露闯滩的天机，这一英雄举动又是与巴爷当年的行为相吻合。从人性发展的历史来看，封闭的观念总是暂时的，就像男人河这一自然形态一样，偶尔有一股回流，在拐弯处打出几个回旋又终于流走。因此男人河是一个耐人寻味的形象，奔流的形象呈现出"动"的本质特征。

对"男人河"称谓的释义似乎并不难，一句话便可概括，就是"男人主宰的河"。实际上，这条河并不是所有的男人都能主宰，能主宰的只是男人中的佼佼者。影片中覃老大闯鹰嘴岩一举成功，被龙船寨的人认为神人，而覃老二闯鹰嘴岩招致失败却受到百般歧视，以致羞惭而自寻死路，所以男人河是一条英雄河。在这条河上居住的并不只是一个民族、一个寨子的人，但是能驾驭的只是龙船寨的英雄们，而这一代代英雄又各自演说着自己"开放"的故事。巴爷救下了外族的四个孩子，并毫无戒备地选为继承人，而覃老二这一代英雄敞开的是民族融合的大门，男人河不再是一个狭隘民族英雄的象征，而是华夏民族的英雄象征。

男人河是一条母亲河，养育着人民，滋润着文化。在影片中也闪现着裸体驾船的镜头，这不是有意追求的电影的肉体感，而是一种历史的再现，它与许多电影出于"性"的需要，或者情节（偶然）的需要不同。男人河是神龙溪的艺名，在神龙溪自古以来都是裸体驾船，所以在民间也有不敬之词："说尽道绝戏班子，做尽道绝桡夫子"，那么为什么会这样？民间和官方的普遍解释是：船工一年四季、一天到晚都泡在水里，着装拉纤，下身容易溃烂，这是一个很直接的客观原因。当然客观上还可以找一些，譬如下滩上滩，船工拉纤吊滩都要快速反应，湿短裤贴在身上极不灵活。笔者认为还有一个很重要的原因，即保存着古老文化的内涵——以男人为中心的文化心理表现。在影片中，当巴茶长大了的时候，巴爷叫巴茶再不要在船上玩了，并说你可以上岸了，这驾船是男人的事。这一严格界限无疑表明，男人河是男人的天下，性别的回避既有道德的回避，更有男子汉的英雄气在里面，使"男人河"具有历史文化内涵，客观原因与主观原因形成了男人河是男人们英雄气表现的特殊形式，这与古希腊时期男女裸体竞技在文化心理上具有同等的意义。

《男人河》的成功在于使抽象的观念具象化，通过剧中主人公的大爱、大恨、大生、大死，展示一个民族的生存状态——从封闭走向开放；由愚昧王国迈向理性世界，男人河趋于平静。

第二节　影视作为文化的真正载体

现代文明进入多媒体数字文化时代，民族地区文化的传播再也不是古老的心口相传的文化传播方式了，而是利用高科技数字传媒方式全方位地发掘、整理、传播民族地区优秀的传统文化。但是运用高科技载体来传承民族文化精髓的完美结合，还有待进一步认识与提高。特别是一些政府部门热衷文化作秀，看重自己在位时候的"政绩经典"，文化投资捆绑在政绩作秀上。以影视作为文化传承的真正载体传播民族文化，笔者认为纪录片《清江源》是首屈一指的，它以白描的手法在平静中见张力，艺术地呈现出爱情、生命之美，经由镜头的探寻，如音乐般行走于山水人文之间，找寻文化的碎片，感受心灵的深邃和情感的力量，呈现出"清江源"这一独特的人文地理区域所具有的灵动之美与沉静之美。对于一个民族自强不息的精神，做到深入浅出地进行艺术展示。

记录真善美的文化境界

《清江源》就像镜头开始清江的源头水那样汩汩流出，讲述着既年轻而又古老的故事。镜头始终对准民俗专家谭宗派的活动线索，用他的视线去看生活着的人和他（她）们自强不息的生存意志，以及生生不息的灿烂文化。这样的视觉更真实，呈现的文化精神更自然。

在影片中，民俗专家谭宗派专门去探望的第一个人是住在六吉堂老房子的杨老太。

傍晚的阳光很温暖，谭宗派行走在当年这里最大的老房子的残败的后院，寻找当年的记忆。

年近八十的盲人杨老太，她生活的境况是很艰难的，用她自己的话说"过得很不安然"。但她的的确确是生活在这一个现实空间，似乎没有给社会带来亮点，但我们看到的是一个民族的最真实最根本的精神境界——真善美。她作为一个女性是一个名副其实的贤妻良母，她丈夫的优抚款不准她用，她能用善意去对待，残废的儿子远在江苏，情愿不回家探母，把省下来的路费寄给母亲过生活，她也能理解。残废了的眼睛虽寸目不展，但心灵的视域却无限宽广。

在《清江源》里，还有一位女性——老民歌手陈桂英也是让人难以忘怀的。

她是一个个性鲜明的女强人。年轻的时候当过妇联主任、妇女队长、文艺宣传员，出席过省里劳模表彰会，也参加过省里的文艺演出。晚年两老唯一的依托——小儿子离家多年不回，而且音信不通，不免有点老境凄凉之感。在镜头面前，她不止一次地提到小儿子外出不归的事，很自然地流露出那种无奈之情。但是在处世方式上，她却以一种超越的心灵来对待。正如她自己所说：现在没事了，老了又开始唱歌了，用唱山歌来抚平自己心灵的创伤，这是自觉超越的心灵世界。依然伴随着潺潺流水声，这流水声逐渐延伸到清江宽阔的河面。河面上有几个少年在游泳，画面和声音的巧妙转换，似乎在昭示读者，清江从远古走来，它是一条爱和生命的河流。清江源不仅是水的源头，更是文化的源头。

窅眇深邃的文化主题

一个哲学上的经典命题：我从哪里来？

这是个无法真正求证的命题，于是，乡愁注定成为每个人生命元素表里最恒定不变的一个元素。

巴人文化历史之悠久，对华夏文化的影响之大、其内涵之丰富，现在无论作怎样超乎寻常的假设都不为过，而这还仅仅是基于目前的考古发现和历史研究的成果。关于巴人的历史，如今更多还沉浸在无穷深的水底，但这并不妨碍它露出水面的很小的一部分展现其灿烂光辉。这一小部分中的大部分是仍然具有强劲生命力的巴人后裔土家族的民俗文化、遗存下来的文化景观以及反映在土家族人身上的独特的文化个性和民族精神。

迷雾或者正在散去或者还在聚拢，这都无关紧要，重要的是，我们已经开始一次真正的寻找之旅——带着一种深沉的乡愁，试问我们的来处和去处。

当更多的文字记载缺席，当更多的传说版本各异难辨真伪，甚至当语言也失去声音，一条河依旧依照数千年前的节奏，穿越崇山峻岭而入长江，正是在这条河的两岸，巴人开始了属于他们的征战、渔猎、歌舞、迁徙，建立功勋和王朝，开始一场浮华的盛宴，又消失在迷雾的尽头。这条河叫清江。影片的名字所指已经大大超出具体的地理概念，而是更多地指涉文化和历史的源头。

但是，得出一个社科的结论并不是该片的任务，纪录片《清江源》的主旨是要经由镜头的审视，呈现给观众一个视觉化的、鲜活的人文地理形象。这个形象应该如同一个活生生的人一样，有着自己的容貌、情感和个性。

在摄影机的转动声中，一条铁路正延伸至崇山峻岭之中。

深沉含蓄的内敛风格

《清江源》是一部诗一般的作品，对"清江源"的人文地理所传达出来的灵动之美和沉静之美作精准的捕捉，同时，向观众传达一种深沉内敛的情感。

精美考究的电影画面和电影音乐、音响传达了影片的精神内核，而较少依赖人为的解说，直接彰显影片本身的视听张力。

"散文化"是该片在结构上的一大特点，散文有形散神不散的特点，在本片上则体现为"内在的线性结构和外在的板块结构"相结合的特点。

故事片一样的悬念设置和线性走向，成为影片的内核。我们将要踏上的旅途是走进一条沉积带：文化和情感的沉积带。

诉说心灵的镜头语言

你看见了什么？

现实从来是最好的魔术大师，因为它往往把答案直接放在离你最近的地方，我们却总是视而不见。纪录片强调影像的力量：镜头内部和镜头之间的张力、色彩和影调的力度、动与静的有机结合。

影像真实和观众的视觉认同是真实的标准，它用高明和独特的手法去表现眼中的真实。以激情和诗意去体会片中的角色，展现他们眼中不同的清江源，才能深入巴人的内心。摄影机扮演着演员的角色，跟随着几位主人公一道去生活，去聆听，去感受。展现一个多面的清江源，不是形而上的抽离和赋予每一段的内涵，而是带着他们个人感情的。它不是一种符号或者形式，不去预设立场，这样能感受更多现场的刺激和冲动，想象自己生活在这几个人物的内心，会用怎样的方式去展现。

电影影像常常给人的感觉是单薄的，如何让自己的一个画面多说一些话，蕴藏一点别的意思，保留一些电影笔触，也就是画面要留白给观众。一个镜头可能是死板的，但在移动镜头的时候，可以增加一些自己的语言，加入描绘形象的角度，加强全景的意境和象征，加强特写的目的和味道，对色彩和光线的运用，用画面来传达情绪和意境，体现电影的诗兴。

少数民族有它自身的优势，可以拍得很美，但太容易拍成旅游画册或宣传片，笔者不想拍得太好看，只想用得贴切，恰如其分。

第三节　定鼎光影雕刻的话语权
——电影工业产业化时代的理论创建与民族特色

中国电影发展的历史比西方晚十年，若论到中国电影理论的发展恐怕还要滞后一些。究其原因，电影理论研究者、电影艺术实践者都有不到位的地方，那就是中国电影的民族性未能得到充分展示。有几部电影的广告词："中国的《大长今》——《大宅院》，中国的《阿甘》——《蛋炒饭》"，这是在宣传别国的片子，还是在打自己的品牌？或多或少流露出本国电影的底气不足，用别人的片子来撑持自己的门面。

增强理论自信的使命感

中国电影工业产业化随着文化体制改革的深化应运而生。其实，电影工业产业化要在我们这个国度推进，路子走起来也是十分艰难的。从目前态势来看，产值的大幅度提高似乎肇始了电影工业产业化的生机。但是，在很多方面都充满着偶然性，或者说或然性远远大于必然性。首先，从国内的组织机构来看，虽然有洋洋大观的影视公司，无论从哪个角度来看都无法与好莱坞相比。甚至跟日本、韩国、印度的电影工业相比，也有很大的差距。至少中国电影的民族特色跟印度比就差一大截。韩国的电影一看就是韩国的，印度电影一看就是印度的。中国的电影越是大片，模仿的痕迹越浓重，甚至连题材都要引进。所有的差距归根到底是理论的建构缺乏民族性。在中国电影界还是以西方电影理论为正宗，特别是好莱坞叙事，依然是电影创作的信条。

其次是主题与风格的游弋性，不能讳言大陆的大片往往追求主题的隐蔽性，或曰打擦边球。并不像好莱坞大片主题那么张扬、霸气。其实，好莱坞叙事的结构性理论是由带有"霸气"的主题决定的。它要称霸世界，必然就有对手，而这个对手最终是它的猎物。所以最后一分钟拯救的高潮戏是好莱坞的金科玉律。这种"冲突"与高潮几乎在我们所有电影电视剧里都具有过之而无不及的追求与表现，特别是电视剧的预告片，就是表现和谐的剧也要有"打"的镜头，不打不成戏。这就说明我们的编剧和导演模仿西方，特别是好莱坞的痕迹太严重。本民族主题的表达方式和叙事的模式却鲜有继承与发扬。

突出理论特色的民族性

好莱坞大片无时无刻不在震撼着中国观众的心灵世界，但也有不少电影理论研究者无时无刻不在冷静地思索。有一些很有见地的理论家说所谓大片就是滥片，仔细琢磨的确如此，"空中飞人"铺天盖地。美国科技遥遥领先世界所有国家，电影理念也同步发展。他的《空军一号》《环太平洋》就是科幻片，特别是《环太平洋》几乎就是军方投资，打出品牌就是高调张扬国家意志。虽然电影故事的画面惊心动魄，但是叙述故事的模式没有超过我们的古人。

一　亦真亦幻，屈宋仙鬼模式

如果我们把电影中表现仙、妖、鬼、魔幻境与人的恩怨仇恨的故事模式，一直向上追溯，这个传统可以溯源到公元前 4 世纪的屈原、宋玉时代，他们在表现现实生活时，往往借助于仙鬼人物形象来丰富作品的思想内涵。如屈原的《东皇太一》《云中君》《湘君》《湘夫人》《河伯》《山鬼》等，宋玉的《高唐赋》《神女赋》。自此以后，历代都有写人、仙、鬼、妖等作品，如曹植的《洛神赋》、"唐代传奇"、宋代话本、元杂剧、明代传奇（戏曲）、明清小说，以《牡丹亭》《长生殿》《西游记》《封神演义》《聊斋志异》《红楼梦》为最。进入电影时代，这些题材都得到应有的发掘与借鉴。

二　疏密有致，司马"史笔"模式

疏就是疏放，文章不拘格套，密就是缜密、精致、细致。

史家著史是根据作者编史原则与其明确的褒贬主旨对历史进行著述，用一根主线把各段历史紧密地贯串起来，虽然有时间和空间的大跨度，但是一些重要的史实又不予放过，也就是历史的大事件用细节来支撑。所谓"司马"是指司马迁、司马光，司马迁的《史记》就体现了疏放、缜密的原则，被鲁迅称为"史家之绝唱，无韵之《离骚》"。司马光的《资治通鉴》史笔十分出色，宋神宗为《资治通鉴》作序并十分称赏："所载明君、良臣，切摩治道，议论之精语，德行之善制，天人相与之际，休咎庶征之原，威福盛衰之本，规模利害之效，良将之方略，循吏之条教，断之以邪正，要之于治忽，辞令渊厚之体，箴谏深切之义，良谓备焉。"《资治通鉴》对事件的表述造诣很高，特别是对战争记述尤为出色，如赤壁之战、淝水之战、西魏韦孝宽之守玉璧、李愬雪夜平蔡州等战役的描写，都是脍炙人口的精彩篇章。我们的国产战争大片充分地体现了大小司马的"史笔"精神，特别是王军、史超、李平分编剧，李俊、杨光运、韦廉、景慕逵、翟俊杰、蔡继渭等导演的"大决战"系列（《辽沈战役》《淮海战役》《平津战役》），再现了解放战争三大战役的宏伟场面，可以说是史诗大手笔。时间跨度、空间跨度可谓大跳跃演进，但是都是具体场面的细节支撑，艺术地体现了以毛泽东为首的正义之师的不可战胜，歌颂了人民战争的伟大胜利。同时，成功地塑造一系列正、反面人物的艺术形象。当然，真正要体现司马氏的"史笔"，我们的历史大片、战争片的那种大气，特别是离体现"无韵之离骚"的韵味还是有距离的。

三　悬念迭现，子厚《罴说》模式

柳子厚（宗元）的《罴说》笔者已经在本章第一节作了介绍，在此特拈出悬念迭现的叙事方式，以印证现代电影侦破类、反间谍类片子的叙事结构几乎一模一样。这就说明今天的电影没有超过我们古代的叙事模式。这里仅举吴子牛、李敬民导演的《喋血黑谷》（潇湘电影制片厂出品）为例，剧情可谓一环紧扣一环，扑朔迷离、惊心动魄。

军统少将刘子翁命潜伏在84军的"中原七号"把前去收缴密令的老奸巨猾的中统政客周世航干掉，周世航被暗枪射伤。此后，以前去与代号"三兄"

接头的女共产党员梅淑英被捕、坐牢、逃走、牺牲为线索，参谋熊国祥利用军长外甥女丁丽芸劫走了"手令"并向机场逃走。王军长和李参谋追赶逃往机场的熊国祥，王军长的卫队成员全部被打死，王军长与参谋长被押到哨卡，这时李参谋长原形毕露，拔枪对准王军长。参谋熊国祥趁机将密令交给李参谋长后，押着梅淑英前往机场，刚进机场，被宋克森副官的伏兵击毙。宋克森抱起牺牲的梅淑英向王军长走去，王军长从李参谋长身上搜出密令，严肃地给了共产党地下工作者代号为"三兄"的宋副官。这个故事一环套着一环，由中统周世航的死引出了参谋熊国祥；由熊国祥劫走密令引出了参谋长李顺东；由李顺东的总暴露引出了地下工作者——王军长的副官宋克森，王军长出于民族大义将密令交给了宋克森。当然，这里的"引出"是指每一个关键人物真实身份的显现，正是这逐个显现，才显得有悬念迭现的效果。

四　神理取象，韩柳寓言模式

神理取象即用赋的手法，遵循自然性、铺叙性法则，从整体性原则出发，呈现生活本身，即神理范畴体现出的艺术创造，这种创造一方面可能直接入境，体用一源，或诗意地栖居。另一方面把这种回到生活本身的写照看作寓言体。这里所说的韩柳是指韩非子和柳宗元，他们都以创作寓言著称于世。寓言在先秦诸子时代已十分盛行。寓言是一种带有劝喻和讽刺的故事，《孟子》《韩非子》《吕氏春秋》都有许多寓意深刻、趣味盎然的寓言，韩非子的寓言尤为突出。到了唐代的柳宗元，吸取了诸子寓言传统，"借鉴了六朝以来小说和杂文的写作技巧，发展成为一种思想深刻、概括性强而又形象鲜明、情节生动的富有创造力的寓言文。这是柳宗元在散文发展史上的又一重大贡献。寓言的生命力取决于其寓意深刻程度，也就是说，看它的作为比拟的故事内容是否反映一定社会现象的本质。一个作者写寓言，都要说明一定的道理。这是作品的主观意义。但好的寓言的客观内容，往往超出了作者写作时的主观意图，而提供出某种哲理的、带有规律性的认识，因而它的主题思想就有一定的普遍性和典型性"①。孙昌武先生对柳宗元的寓言散文予以很高的评价。的确，柳宗元的寓言体现了某种哲理性，反映了他所处的那个社会的普遍性本质。譬如我们在前面已经分析过的柳宗元《罴说》的现实指涉性。应该说，他每一篇寓言都具有对现实社会的批判性。

探索理论建构的规律性——民族地区影视文化发展战略

用光影雕刻电影故事，其基础理论在世界范围内都是统一的。不同的是各国的文化确立了自己的电影个性，譬如亚洲国家的印度电影、日本电影、韩国电影的个体风格是极其鲜明的，这些鲜明性体现出一个恒定不变的就是这个民族文化的"根"。美国电影就更不用说了，特别是那些子虚乌有的非现实故事更是打造出一种霸气，霸气就是美利坚民族的个性。我们的电影，包括大片编写故事无不求新求奇，但往往离文化的"根"越来越远。王岐山在谈到国人爱看韩国片时，似乎切中这一要害："韩剧为什么占领了中国？甚至漂洋过海占领美国和欧洲。"

王岐山说："韩剧走在咱们前头。韩剧内核和灵魂，恰恰是传统文化的升华。"②

时值中国改革开放30年。恩施州即将迎来建州30周年，横跨恩施州的铁路和高速即将全面开通，恩施州的发展面临新的历史机遇，此时，以现代媒体——影视向全国乃至世界宣传恩施州，这是水到渠成之事。

以什么样的观念和视角制作具有历史永恒性的宣传大片，这是一个至关重要的问题。在当下文化浮躁的大背景下，以高额费用、凭借高科技制作以魔幻的视觉冲击追求瞬间收视率，近乎以伪文化取悦潮汐般踊跃，早已被众多冷静的文化人所冷落，影视评论界权威人士所谓"大片就是滥片"的言说，正在为

---

①　孙昌武：《柳宗元传论》，人民文学出版1982年版，第379、380页。
②　王岐山：《有时候我也有一段没一段地看看韩剧》，http://www.techweb.com.cn/internet/2014-03-05/2013378.shtml。

文化真谛的捍卫者所咀嚼，文化是来不得半点的夸饰与胡编乱造的。

恩施州文化影响弱化的先天不足不是来自文化本身，而是被文化宣传的先天不足所弱化。譬如说广西的桂林，云南的大理、石林是因为先有了电影歌剧《刘三姐》《五朵金花》《阿诗玛》，它们在半个世纪前就先声夺人了，而"印象刘三姐"只不过是凭借高科技作了进一步强调，文化之根是前者而不是后者。

恩施州不乏以大动作宣传本民族的优秀文化，用听觉上具悠扬之美的"龙船调""黄四姐""六口茶"等为文化杠杆担起几千年的文化千钧重担，而这一支点太微弱；而以几"洞"、几"峡"、几"垭"为点线串起一个文化大片依然势单力薄，几乎与文化无干系；若以名人小说《清江壮歌》《枫香树》等为中心来辐射地域文化，其本身地域文化精神并不突出，不似沈从文的小说、散文……

那么宣传恩施州的文化大片究竟以什么样的文化主旨作为"大片"的内核呢？

首先，笔者在《土家族文化主体精神初论》中归纳了八个字即尚武、崇文、倡和、率性，作为土家族主体文化精神，这是这个民族的文化精神底蕴，可以作为古代传统文化精神。当然，作为文化大片，更重要的是展示现代人文精神，而现代人文精神是以传统文化精神为内涵的。基于此，就可以以四大篇章全方位展示恩施州的人文风貌：崇文尚武篇、倡和率性篇、改革开放篇、和谐发展篇。"和谐发展"既是当下国家治国的大政方针，又是土家族传统文化精神的本质特征。因此，反映恩施州历史、时政的文化大片的中心命题是"和谐发展"，当然具体名称可以更诗意一些。

其次，作为视觉享受的文化大片，必须具有深厚的历史文化内涵，作为视像的视觉冲击不是靠拍摄场面的大气制造虚幻的视觉冲击，而是本然地体现历史文化内在的冲突性。而土家族在自己的历史进程中，同中华民族的进程息息相关，如在反侵略战争中，田九霄抗倭、陈连升抗英，这些可歌可泣的事迹是构成视像艺术的最大看点。若从土家族率性气质着眼，则是琳琅满目的山歌和舞蹈，这是传统文化艺术的代表，是文化大片的亮点。

　　最后，作为文化大片，不能不对时政做富有魅力的显现，而这种显现是做足"改革开放""和谐发展"的政绩文章，这是文化大片的重头戏，因此，这部分必须充分体现出内在的纽带作用，通过现代文明的数百公里的铁路、高速，八百里清江把整个土家族文化精神串起来。通过古代文明托起现代文明，通过现代文明展示恩施州深厚的地域文化内涵，使文化大片真正蕴含着文化，而不是虚幻的叫嚣。

第八章　土家族旅游文化审美创造

第一节　民族地区审美文化景点蹑踪

恩施州旅游事业起步是比较晚的，旅游文化建设则更是滞后。何谓旅游文化？笔者认为，就是一个地域文明的本然再现，也就是一个地方的民情、民俗、民风的再现。文化的本质特征是一个民族的精神境界的绽放，这种绽放是通过艺术形式这个载体表现出来的。笔者在第一章里讲到的生产的艺术突出"群"，生活的艺术显现"谐"，生命的艺术完善"美"。这里的"群""谐""美"就是本质特征，它是属于形而上的哲学层面、美学层面的。它是文化之源，而载体是文化之流。当下一些旅游文化景观建设并不是完全意义上的"文化"审美创造，而是符号的再造，然后粘贴一些民风民俗的形式，当然这种打造式的旅游景观建设拓宽了游客的游走空间，对拉动旅游经济还是具有一定积极意义的。但是必须明白的是，打造旅游文化绝对不只是现实空间景点相互连接的单层网状结构，而是空间景点与民族地区历史文化深层交融整合的景观，突出景观与文化的个性特色，形成多层面的景点交织。

民族地区历史文物与人物

恩施州建始县被称为人类起源地、自然探秘区。巨猿洞考古工作于 1988

年开始，并于1999年和2000年进行两次大规模的考古发掘，经过近两年的整理研究发现，所发掘的古人牙化石为早期直立人。中科院院士、著名古人类学家吴新智认为，建始早期直立人的发现，对研究人类起源的过程具有划时代的意义。之后，古人类遗址于2008年5月被发现，中科院古脊椎动物与古人类研究所与建始县文物管理所组成的联合科考队，在建始岩风洞发现古人类遗址。据媒体报道，在业州镇岩风洞，还发现了典型的经人打制的石器。建始县原始洞穴考古的系列发现，证明了武陵地域是古人类文明发祥地，这增强了恩施州历史的厚重感。

巴东千年古城遗址——旧县坪，史料记载，旧县坪系隋代开皇十八年（598）所建的巴东县城旧址。北宋太平兴国五年至八年（980—983），寇准任巴东知县时，县治即在旧县坪。在旧县坪遗址发掘中布方7000多平方米，这些遗址规模大，布局严谨。在寇公祠遗址上发现了许多极具宗教色彩的圆雕兽首。旧县坪遗址还发现了建于六朝时期的城墙和官府，比宋代的更加壮观。另有一段长约24米的用花纹砖砌成的墙壁，数排排列整齐的直径在1米左右的圆坑以及用方砖垒成的正方形祭台，使古巴东城再添神秘感。

巴民族之魂——巴蔓子将军。据晋·常璩《华阳国志》记载："周之季世，巴国有乱。将军蔓子请师于楚，许以三城。楚王救巴，巴国既宁，楚使请城。蔓子曰：'藉楚之灵，克弭祸难，诚许楚王城，将吾头往谢之，城不可得也！'乃自刎，以头授楚使。楚王叹曰：'使吾得臣若巴蔓子，用城何为！'乃以上卿之礼葬其头。巴国葬其身，亦以上卿礼。"利川市巴蔓子塑像前的碑文写道："巴蔓子，巴国将军。周之季世，巴乱，请师于楚，许三城。乱平，楚国索要城池，巴蔓子为保持国土完整，自刎以头谢楚。楚王感动，以上卿之礼厚葬其头于荆山之阳，巴国亦以上卿之礼厚葬其身于都亭山。都亭山在今利川境内。巴蔓子，是巴人精神的化身。"从建始人类起源地的考古到1000多年前北宋巴东县城的考古发掘，再到巴蔓子将军塑像的矗立，它们就是延续中国从古到今的一条文明链，这就是这个民族文化的生命线。

古代清官州县治所纪念地

清官是中国几千年封建专制制度之下，下层人民对统治集团内部怀有善心且能主持公道的官员的誉称。清官文化的始作俑者是文学，如诗歌散文，较早的记载是司马迁的《史记》，如《滑稽列传·西门豹治邺》，以及宋代话本如《错斩崔宁》。把清官文化推向高峰的是元杂剧，譬如关汉卿的《三勘蝴蝶梦》《窦娥冤》《鲁斋郎》。同时，历朝统治者对为官清廉的官员也多有褒奖，赐匾立坊建亭，以倡德政之道。当然也不排除有庸官、贪官借清官之名大兴土木以行欺世盗名之实的，但不管怎样，清官在人民的心目中总是一个美好的象征。据《中国名胜词典》记载：北宋太平兴国三年（978），寇准任巴东县令时在江北旧县坪（今属东瀼口镇）修建秋风亭。南宋乾道五年（1169）尚存，明德五年（1510），秋风亭已"栋宇倾颓"，刚到任的巴东知县盛昊遂将秋风亭及寇公祠，从江北旧县坪迁到江南的新县城（今信陵镇），后经清康熙初年、嘉庆二十一年、同治五年几次修葺，光绪二十四年重建保存至今。因处于三峡蓄水175米水位线上，再迁建至巴东新城的巫峡口岸边。亭为石木结构，两重飞檐，赤柱彩瓦，雕梁画栋，四角尖顶，高二十余米。并仿宋县衙大堂内置仪门、正堂、六公房等。县衙内陈列了寇准任巴东县令时的北宋巴东县城遗址模型、寇准生平事迹介绍、寇准诗词文章、历代著名诗人咏巴东的诗词、传说故事以及与寇准相关的文物。仿宋县衙大堂占地1000平方米，建筑面积600平方米。1000多年来巴东寇公祠几经迁徙修葺，其实就是在弘扬清官文化。事实证明，仅仅把靠硬件建设的几个景点摆放在那里是远远不够的，应该将寇准的智慧（包括他诗集《巴东集》体现出的文化精神）融入本土文化中，形成巴东文化的个性。

反侵略民族英雄故里景点

在中国抵御外侮的战争史上，土家族儿女为民族的尊严和领土的完整付出了牺牲，立下过汗马功劳。明嘉靖年间，倭寇侵略我国东南沿海，极为嚣张，明王朝乃征调地方兵二十万，至东南沿海抗倭。容美宣抚使田九霄率土兵一万开赴浙江前线，在嘉靖三十四年（1555）至三十七年（1558）间，先后参加了黄家山、乍浦、沈家庄、后梅、清风岭、舟山等重要战役。土兵与官兵配合，每战都取得了重大的胜利，尤其在沈家庄歼灭大海区徐海的战斗中，使徐海战败投海自杀。这一胜利对肃清东南沿海倭寇起了重大的作用。英雄荡寇的战争风云虽已矣，但是豪杰将门雄风在残存的故址规模中还依稀可辨。容美镇平山寨上的容美土司城遗址是一处有着悠久历史的人文景点，这座建筑群始建于明万历年间，原本的规模很宏大，不过现在仍有大堂、二堂、阅兵台、跑马场、花园、土牢等建筑保存了下来。土司城的城西有一处悬崖，这个难以攀爬的悬崖上还有一个山洞，相传这个山洞是土司田舜年的藏书之地。山洞的旁边还有炮台、石碑，大炮已经损坏，但是石碑上的碑文仍然清晰可见。

　　近代民族英雄陈连升，是湖北鹤峰人。行伍出身。初任增城营参将。道光十九年（1839），在广东水师提督关天培的指挥下，大破英军于官涌，升三江协副将，调守沙角炮台。1841年1月，英军乘钦差大臣琦善裁撤海防和对外妥协之际，大举进犯沙角、大角炮台，他率子长鹏及六百士兵坚决抵抗，毙敌数百，终因援兵不至，英勇战死，其子同时殉难。人们为了纪念抗英的满门忠烈，在鹤峰县城建造了以陈连升命名的连升桥，并镌刻了陈连升群雕壁画，与风雨桥形成整体景观，展现了鹤峰厚重的历史文化，彰显了鹤峰人民的民族气节和爱国情怀。在土家族苗族自治州首府恩施矗立了陈连升铜像，抒发全州人民的爱国情怀。

争取民族解放英雄纪念地

　　开国元勋贺龙早期革命的足迹踏遍了湘鄂西大片土地。第二次国内革命战争时期，湘鄂边苏区包括湖南省的桑植、慈利、石门和湖北省的鹤峰、五峰、长阳六县及宣恩、恩施、建始、巴东等县的部分地区，共100多万人口，是湘鄂西根据地的主要苏区之一。从 1928 年到 1933 年的 6 年间，在与反动派周旋作战、进行艰苦卓绝的斗争中，贺龙把鹤峰作为武装割据的策源地和最可靠的战略后方。鹤峰的高山深谷，印有贺龙千千万万个足迹，记录着元帅的功勋和他对人民的忠诚。走马坪筹款借枪、红土坪休整、七郎坪整军、曲溪会师，艰辛岁月，化整为零，分散活动。这五六个年头的各个阶段也吻合了中央红军的发展与挫折，最后不能不实行战略大转移。贺龙同志在湘鄂西的影响是绝大的，至今那些当年的战斗故事还那么脍炙人口。五里坪红军遗址处于鹤峰红色旅游带和走马旅游区。位于五里坪集镇的一条 200 米长的老街，保存有中华苏维埃湘鄂边联县政府旧址、红四军军部、红军被服厂等二十余处革命旧址。

邓玉麟将军旧居：位于巴东县野三关镇石桥坪村，建于 1940 年，为砖木结构四合"天井"屋，坐南朝北，东西长 29.6 米，南北宽 25.5 米，占地面积154.8 平方米，两栋共 11 间，系湖北省文物保护单位。2005 年 10 月，巴东县斥资重修邓玉麟将军碑墓。墓址位于其家乡野三关镇石桥坪村，是当地进行爱国主义教育和革命传统教育的基地。

叶挺将军囚居纪念馆："皖南事变"中，新四军军长叶挺被国民党反动派解法扣押，1942 年冬至 1945 年夏，被两度软禁在这里，其同国民党反动派的劝降活动作了针锋相对的斗争。纪念馆是爱国主义教育中心，它展示了叶挺将军生前使用过的一些实物、图片。

乡土文化与文人文化

譬如来凤的摆手舞，主要流传在鄂、湘、渝交界的酉水流域，以湖北恩施自治州的来凤，湖南湘西自治州的龙山、永顺为主要传承地。摆手舞反映土家人的生产生活。它集舞蹈与体育于一身，有东方迪斯科之称。摆手舞有悠久的传承历史，在来凤多处保存着摆手堂。摆手堂是土家族用于祭祀祖先和庆祝丰收的场所。最大最完整的是舍米湖摆手堂。在来凤县河东乡西部的小鸡公山山岭上。为土家人跳摆手舞的场所。建于清嘉庆二十年（1815）。面积为 500 平方米。房屋长 12 米，宽 4.4 米，三开间，房屋前墙上存有 1815 年冬修建摆手堂时的记事碑一通。为现存同类建筑中时代最早、保存最好的一处。

土家撒尔嗬，又名跳丧舞，是土家族民间悼念死者的一种隆重的送葬仪式。撒尔嗬作为清江流域土家人的一种丧仪习俗，它的奇特之处就是将丧事当作喜事办。相传，撒尔嗬源于土家人的先民——古代巴人的战舞和祭祀仪式。最早源流在清江流域巴东境内的清太坪、金果坪、水布垭、野三关等地，其动作模仿山中飞禽走兽和一些农事活动。打丧鼓、唱丧歌，用亦歌亦舞的方式悼念死者，是土家族先民巴人在长期生产与生活中所形成的独特习俗，世代承袭，保持着浓厚的巴人遗风。撒尔嗬作为一种民族舞蹈，无论是音乐、舞蹈还是歌词内容，都少有悲凄之感，音乐高亢欢快，舞步健美勇武。歌词内容十分广泛，如回忆民族起源、讲述民间故事、叙述得到父母养育之恩等，歌舞者看到什么就唱什么，想到什么就唱什么。歌词多呈四句七言，四、三式，上下句，也有"五句子"保持着古代巴歌"竹枝""杨柳"等曲牌格律形式。

乡土文化历史悠久，传承下来的是生命力最强的。但同时又无时无刻不在与文人文化交流之中发展。在土家族地区有两个文人文化是不能小觑的，一个是顾彩的《容美纪游》，一个是樊增祥的《樊樊山诗集》。《容美纪游》是当时文化最发达地区的文人（品位极高的文化人）视角来写民族地区的风土人情，其诗作不乏江东文化的幽默含蓄。特别是把当时文人最看好的戏剧《桃花扇》带到容美土司，不能不说在容美土司周边地区产生绝大的影响。

晚清时期从本土走出去的樊增祥，成为当时为数不多的文坛名人，他的诗歌成就从数量上只是屈居于乾隆皇帝之下。在诗歌风格上学的是白居易，持这种观点的首先认为樊增祥的"前、后彩云曲"是有意学白居易的《长恨歌》。在笔者看来至少有一个最为突出的，那就是用平易语言写七律，而且他的七言律诗特别多。这平易风格的形成，作为从巴渝地区走出去的文人，竹枝文化的影响不能没有吧！

民族地区自然风景集锦

民族地区主要景观有恩施"神州第一漂"——清江闯滩、中国第二大石林——恩施梭布垭、幽深奇绝的洞穴奇观——恩施龙麟宫风景区、华中土司第一城——恩施土司城。恩施大峡谷景区内有世界最美的地缝，有世界公认的第一长暗河，有举世无双的绝壁与峰林等，集雄、奇、美、幽、绝、野、秀为一体，构成一幅幅天然胜景。梭布垭石林是以石林为主的地文景观类风景区。因地质岩溶现象而形成，属典型的喀斯特地貌，整个石林外形像一个巨大的葫芦，四周翠屏环绕，群峰竞秀。

坪坝营：国家级森林公园，属山岳型自然风景区。园内有12万亩原始森林、6万亩原始次森林、7万亩人工林、万亩千年古树杜鹃、无数的飞禽走兽、罕见的穿洞群落、别致的飞瀑溪洞以及宜人的高山气候，堪称树的王国、花的海洋、动物的乐园、人间的仙境。

"湖北十佳旅游景区"神农溪漂流：神农溪发源于我国著名的有"华中第一峰"之称的湖北神农架原始森林主峰的南麓，全长60公里。游客游览神农溪要乘坐原始、古朴的土家族"豌豆角"木制扁舟放漂，游客一路上可以尽情地领略优美动人的土家风情。鱼泉瀑布，位于神农溪上游的右岸，官沿公路61.9公里处，瀑布泉水向东流经70米后，从一岩坎上急剧垂直下跌，坠入神农溪中，落差高达百余米。丰水和枯水季节，瀑布水量、宽幅变化较大，丰水水量增大，下部宽幅达18米，如银水飞泻而下，水雾蒙蒙，珠玑四溅，气势磅礴，其声震耳，极为壮观。冬季枯水期，下部宽幅约3米，水声潺潺，飘然而下。

锣鼓圈岩溶石林：地处湖北省鹤峰县西部，境内山峦起伏，枝蔓交错，沟壑纵横，落差大、切谷深。四周群山环抱，岩峰林立，溶洞天坑密布。特别是以锣鼓圈为核心的天生石桥、石林壁峰一线天、石大迷宫、燕子岩、双狮迎珠、摩芋口的骏马林以及土司古战场等著名景观，形成特有的岩溶山地景观和独特的山地生态气候区。

天下第一杉：树高 35 米，胸径 2.4 米，冠幅 22 米，龙骨虬枝，高大挺拔，直插云天。树龄 500 余年，为世界上最老最大的水杉树，誉称为"天下第一杉"、植物"活化石"、世界"水杉王"。几十年来，常有国内外著名专家学者前来参观考察，水杉王已成为传播友谊和进行科学研究的珍稀植物标本了。水杉化石，最早发现于格陵兰中生代白垩纪至第三纪的地层中，距今六千万年至一亿年之久。

朝阳观风景区：朝阳岽区包括凤冠山、大寨山、穿洞子、龚家岩、小溪口水库、汪家寨、大沙河及九股山、当阳坝一些零散景点。凤冠山、大寨山一带，有古朝阳观十景，即天池明镜、虎头昂翠、崖悬白印、狮滩夜吼、蓬莱仙景、石洞飞泉、凤尾施青、石耸乌纱、虎榜天开、石洞天桥。石洞通天又名醒狮洞，系建始县古八景之一，位于县城郊朝阳观的半山腰，传说是玉峰禅师炼仙丹的地方。宋朝大诗人黄庭坚有诗云："古木萧萧洞口风。昔人曾此出樊笼，崖前况有涓涓水，好涤尘襟去效翁。"

第二节　文学是创造旅游景观美的支撑

恩施州旅游景观美主要体现在民俗风情和原生态自然美，没有古老的园林和有较大影响的人文景观，更没有悠久历史的街市，面对原生态自然美景观，更需要文学这一基础工程。

一　重视旅游文学

从久传不衰的中国古典文学来看，就书写的时空内容而言，可以基本上称作旅游文学，或曰羁旅文学（包括贬谪文学），如李白的《望庐山瀑布》《望天门山》，杜甫的《望岳》《旅游抒怀》《秋兴八首》，柳宗元的《永州八记》《江雪》《渔翁》，苏轼的"前后赤壁赋"……这些贬谪文学又都成为旅游景观的核心内容，如"东坡赤壁"（文赤壁）。可以这样说，今天的旅游人文景观都是文学直接创造的，如山东的"水泊梁山"，北京、上海的"大观园"等。甚至为拥有旅游资源在学术界因作者籍贯引起长期争论，如《三国演义》的作者是山西太原人还是山东东平人？是浙江杭州人，还是江西吉安人？每届学术会都有争论的文章。

时下的旅游文学是被冷落的，为推动旅游经济，搞文化搭台、经济唱戏，大多与文学无关。笔者总结了以下三个方面：

（1）热衷"文化"造势、官方捧场："旅游文化节"

（2）局限于捕风捉影、附会传说：景点传奇

（3）借助于传媒载体、精彩撷英：先声夺人。

不可否认，时下确有一些"文人雅士"重视"文学"，不过大多是在搞文化作秀，拿着高额稿酬吟诗作赋。那不过是铺排了一些语言文字，跟情感没有关系。不能说是"符号"，符号在今天的语境之中是具有美学意义的，是属于指涉性范围的。

二　再现心灵世界

阿谀奉承之词都是短命的文学，有生命力的文学是抒写真善美的心灵世界，才能真正成为有价值空间的旅游景观。譬如苏轼的"前后赤壁赋"，甚至一篇85字的短文《记承天寺旅游》，创造的是情感时空，这种情感能引起共鸣，因此这种时空才具有景观内涵，也才具有永恒的生命意义。相反，那种靠权力、金钱打造的景观大多好景不长。譬如：

1.夸耀权势与富贵的皇家、豪门园林的绝迹

主要有楚王宫的灵台、秦王朝的阿房宫、西汉的上林苑、唐王朝的乐游原（曲江池）、中唐以后至宋明的园林小品（"壶中天地"）、清初的皇家园林圆明

园。皇家园林几乎都在当朝就已面目全非。正如晚唐诗人许浑《咸阳城东楼》所写：

> 一上高城万里愁，蒹葭杨柳似汀洲。
>
> 溪云初起日沉阁，山雨欲来风满楼。
>
> 鸟下绿芜秦苑夕，蝉鸣黄叶汉宫秋。
>
> 行人莫问当年事，故国东来渭水流。

2. 象征宗教与宗教景观的绵延

（1）封禅圣地泰山与儒教圣地曲阜、孔子庙，作为统治者的意志的存在。

（2）道教宫观景观：十大洞天：我们知道的有王屋山洞、青城山洞、赤城山、罗浮山洞等；三十六小洞天：东岳泰山洞、南岳衡山洞、西岳华山洞、北岳常山洞、中岳嵩山洞、峨眉山洞、庐山洞、天目山洞、桃源山洞等；七十二福地。道教的十大洞天、三十六小洞天、七十二福地，今天有 112 处可考，分布在浙江、江西、湖北、山东等 5 个省，最多如江西、湖南，分别有 19 处，湖北仅一处。

（3）佛教景观胜地：石窟有敦煌石窟、云冈石窟、龙门石窟、乐山大佛；寺院有白马寺、五台山、九华山、普陀山、北少林、南少林（泉州），以及北宗禅、南宗禅一水二分的策源地湖北黄梅双峰山。

3. 再现心灵世界的文学景观长存

名人名山名游：李白、白居易与庐山；杜甫与泰山；李白、杜甫、韩愈与华山；白居易、苏轼与杭州；欧阳修、苏轼与西湖；苏轼与黄州、惠州、儋州；杜甫、范仲淹与岳阳楼；沈从文、黄永玉与湘西文化；王羲之、陆游、鲁迅与山阴绍兴兰亭文化；李白、崔颢与黄鹤楼景观美。

第九章 《田氏一家言》《樊樊山诗集》诗歌美学

中华诗文化发展到明清两代，无论是从横向创作的广度，还是从纵向诗歌研究的深度上看，都是一个集大成的时代。形成这个集大成时代固然原因很多，但是一个最根本的原因还是中国诗歌精神的固有引力——诗言志的人格精神和真善美的美学精神。在这个集大成的诗的海洋里，《田氏一家言》和《樊樊山诗集》是不可小觑的，可以这样说，把它们放在整个诗歌的历史长河中，都是独具特色的。

第一节 《田氏一家言》的"王者之气"与盛唐之韵

在中国诗歌史上，作为家族诗人群体绵延一个多世纪、历跨两个朝代的盛世（明万历、清康熙），的确是少有的文学现象，堪称民族诗文化传承的一绝。关于《田氏一家言》的诗歌成就，笔者在与中国社会科学院历史研究所的吴锐研究员合著的《中国古典学·中国西部文明研究·清江篇》第七章"崇山峻岭的文化创造"中已经论述过。在这里只就中国诗文化向民族地区延伸和《田氏一家言》崇尚雅文化这一双向互动的现实与意义作进一步的强调，这也是本书——审美文化学所体现的宗旨。

民族的融合，首先是文化的融合。这种融合的主次关系并不是谁吃掉谁的主动与被动的关系，事实恰恰相反，不是靠行政命令，也不是靠"投诚式"的讨好来融合的。众所周知，田舜年主持编写的大型诗文丛集《田氏一家言》，卷帙浩繁。上迄明嘉靖以返，下至清康熙晚期。可以说收集的诗歌是雍正王朝推行的改土归流之前的作品。这种文化现象的出现完全是田氏家族对汉文化的自觉选择。

笔者认为，这种选择基于两大方面，即风化（教化）功能与审美理想。谈到教化功能，田氏土司是不会忘记嫡庶权力之争的流血惨案，这一史实已在第四章论及。

诗教在封建时代可谓国教，是儒家根本精神的体现，田氏兴教延学，固本治家，与国之固帮本如出一辙。值得强调的是作为一个地方土司还有一个特殊性，它并不像中央王朝。中央王朝有一个改朝换代的历史必然，但是在雍正改土归流以前的宋元明和清王朝之初，历朝换代只是对土司要求倒换官印（交前代官印，换后代官印），对土司地区的掌权者并不更动。所以土司政权犹如一个"王朝"，往往也发生"宫廷政变"。正是基于这样一个外部环境和内部环境，模拟和效仿中央王朝的文治武功就十分自然了。读《田氏一家言》跟读那些失意文人的忧国忧民的诗还是有区别的，他们（指《田氏一家言》作者）的交往诗特别多。笔者甚至有这样一种感觉——《田氏一家言》有"王者之气"。

所谓"王者之气"并不是说诗中充满一种霸气，而是说诗人之境不是拘于一事一景，往往有一种时空的宏阔感和情感的超越感。譬如田九龄的《春宫曲》："十二珠楼不动尘，春光一曲物华新。百花仙队纷歌舞，闲杀长门望月人。"① 严首升评此诗曰："真苦莫如闲。"这首诗在意象的构成上紧扣兴象——长门事言情，的确呈现出汉武帝时皇宫的恢廓宏大、雍容华贵，以及宫女如云、歌舞升平的皇宫气象。按严首升所评，这首诗是失意的、苦闷的，但诗歌意象借陈皇后失宠之事，景象与心绪兼容，诗人的情一下被宏阔华贵的意象覆盖，整个诗歌呈现出浑融冲淡的境界。

---

① 陈湘锋、赵平略：《田氏一家言诗评注》，中央民族大学出版社 1999 年版，第 50 页。

《田氏一家言》追求诗歌之美，推崇明七子"诗必盛唐"诗论主张，笔者在《中国古典学·中国西部文明研究·清江篇》第七章"崇山峻岭的文化创造"里论述道：

翻开田九龄现存一百多首诗作，我们会惊讶地发现，一个土家族诗人的诗歌风格的确体现了明代后七子"诗必盛唐"的风范。不管田九龄的诗歌生涯中是否与当时诗坛盟主王世贞有过直接接触，但从为数不多的"神交"诗中的确体现了他对王世贞的景慕。同时，田九龄的老师与王世贞是有过直接交往的，这从田九龄《王弇州先生自郧镇游太和山云梦师行且往谒憾不能从》一诗中可以看出他对王世贞的仰慕：

> 何年安石重归吴，天下苍生思正纡。
> 赤帜三千驰艺圃，天风六翮起南图。
> 仙兔已度索山鸟，明珠犹遗汉浦珠。
> 四海有谁堪和雪，野人何处著巴渝。①

诗的题目首先就流露出不能从师往谒王世贞的遗憾之情，接着极力赞颂王世贞的雅德与众望，同时盛赞王世贞在文坛上众望所归的领军地位。王世贞为"后七子"之一，博学多才，著述繁富，主持文坛二十余年，其诗文创作和理论的影响尤大。诗文理论坚持"文必秦汉，诗必盛唐"的复古主义观点。注重诗文格调的"实"和"气"，主张在熟读先秦至唐的诗文基础上，融会贯通，"遇有操觚，一师心匠。气从意畅，神与境合"。② 在格调说的基础上提出"才生思，思生调，调生格。思即才之用，调即思之境，格即调之界"。③ 重视诗歌的意象和对诗歌艺术境界的探讨，强调作家的感情和审美情趣在创作中的重要作用。

---

① 陈湘锋、赵平略：《〈田氏一家言〉评注》，中央民族大学出版社 1999 年版，第 67 页。
② 丁福保辑：《历代诗话续编·艺苑卮言》卷一，中华书局 1983 年版。
③ 同上。

在田九龄的诗集中"诗必盛唐"的主张是体现得比较充分的，首先是"实"与"气"自然流出。王世贞的实与气强调的是现实的批判精神和远离"台阁体"的自然流畅的艺术品格。王世贞的诗格是他人格的体现，他敢与权倾朝野的奸相严嵩斗争。田九龄虽居于土司家族一隅，但在土司世袭制之中，其家、国一理，即一个土司政权就像一个封建宗法制的朝廷一样，同样有长子袭太子位天经地义之理……在这个土司家族之内虽无生计之忧，却处处暗藏着杀机，所以田九龄的诗并不是无病呻吟，写景咏物无不蕴含着深厚的寄托，故而田九龄的诗有似于王世贞的"实"与"气"。譬如《采石怀李白七首》之七：

> 明月高悬万里秋，笛声忽闻起江楼。
> 凤凰台上浮云色，别作怀君一段愁。

诗的第三、第四句《田氏一家言诗评注》是这样解释的："田九龄借此翻作'凤凰台上浮云色，制作怀君一段愁'，表面上看，是将李白的忧国之愁化为诗人自己的'怀君'之愁，实际上也有着'以才名见忌'报效无门的现实之愁。"在田九龄诗中别有寄托比比皆是，有的读来甚至荡气回肠。

土家族诗人田九龄与后七子齐名，其主要成就在"诗必盛唐"的风格气质上。盛唐诗歌用殷璠的话说是"神来、气来、情来"，体现在诗歌意象上就是"兴象天然"。田九龄学习盛唐诗不是体现在哪一个局部，可以说是全方位的。从题材上看突出了王昌龄的边塞诗（军旅）、闺怨诗，甚至是王维、李白、岑参以及高适洒脱豪放的诗情都洋溢在田九龄的这类题材中……读了田九龄的这些脍炙人口的诗句，我们会马上感觉到一位土家族诗作者对唐诗的谙熟程度。乍一看来似乎有句剽字窃之嫌，但是一旦把握住田九龄作诗尊崇"诗必盛唐"的主张，便又会对其肃然起敬。田九龄受时风的影响，又处于物质生活优裕而功名无望的境地，由一种忧郁痛苦的人超然到自由洒脱的人，再来反观他们生活的现实，心灵世界便少了几分沉重，而多了几分洒脱。也就是说，田九龄要走"诗必盛唐"的路子，首先在心灵世界实现了一次超越。从凝重到轻快，要实现诗风拟唐必先心灵拟唐，这样就使他诗歌表现的情感对象少了几分凝重，而多了几分洒脱与豪气，这就使明代诗歌在本质上增强了理想色彩，格调上显得挺拔洒脱，这种意象就是"诗必盛唐"的本质体现。

笔者坚持认为，《田氏一家言》所体现的诗文化，当然也含诗歌美学，没有谨守一隅的小家子气，而是与中国诗文化浑然一体的。特别是田九龄的诗歌，首先，他确立诗歌风化作用的基础地位——修身齐家治国平天下。其次，把诗歌审美理想确立在"诗必盛唐"的坐标上。这样，作为地方诗人却步入了时代的潮流，加之治邑地方的政治责任感，其诗更具时代的风范。

第二节 欢娱之词尤工

在中国诗歌史上，作为土家族地区的诗人——樊增祥是值得大书特书一笔的。正如研究者们所云：清末及民国初期，湖北恩施人樊增祥堪称一代诗宗，是我国近代文学史上一位不可多得的高产诗人。樊增祥从 11 岁开始写诗，足足写了 75 年。从 24 岁到 64 岁的 40 年间，是他诗词的高产期，几乎每天必有几首诗，一生中共写诗、填词 3 万余首，并著有上百万言的骈文，仅《樊山文集》就有 15 册，60 余卷。

樊增祥（1846—1931），字嘉父，号云门，别号樊山，今恩施市六角亭西正街梓潼巷人。樊增祥自幼聪颖，四五岁时，就能作对子，9 岁进私塾，入塾前已能背诵上千首古诗词，11 岁便能作诗、填词，人称神童。1870 年湖广总督张之洞到宜昌视察时，发现樊增祥的诗文才华，很是赏识，并推荐他担任潜江书院的讲席。1878 年秋樊增祥入荆州幕府，冬天又到武昌张之洞幕府，充当幕僚。张之洞成为樊增祥的官场导师和后台。张之洞劝导樊增祥不要专攻辞章之学，要多做经世学问，"书非有用勿读"，引导樊增祥在社会中立足，并走上仕途。1875 年，樊增祥 30 岁时，第一次精选自己 1870 年后所写的 500 多首诗词，分上下两卷编为《云门初集》。张之洞赞其在诗词创作方面，表现出了"精思、博学、手熟"的惊人才华，往往能把"人人意中所欲言而实人人所不能言"的内容，恰到好处地表现在自己的诗词中。

樊增祥师事张之洞、李慈铭，常与二人酬唱。他是近代晚唐诗派代表诗人，"生平以诗为茶饭，无日不作，无地不作"①，诗稿达 30000 首。早年喜爱袁枚，继而好赵翼，后宗尚温庭筠、李商隐，上溯刘禹锡、白居易。他"论诗以清新博丽为主，工于隶事，巧于裁对"，"尤自负其艳体之作，谓可方驾冬郎（韩偓）"（陈衍《石遗室诗话》）。集中次韵、叠韵之作很多，因难见巧，炫才夸富，失之浮艳俗滥。但他为人并不佻达，主张"诗贵有品"，虽自言"平生文字幽忧少"，但遭遇重大事变，也不能不变得"贾傅悲深"，庚子后写下一些关切时局的作品。

一　欢娱之词与诗美情结

前人评樊增祥的诗——欢娱之词尤工，的确是中的之论。按常理讲，樊增祥在两个方面犯了"兵家大忌"。首先，古人都讲，穷而后工，欢娱之词难为。其次是樊增祥所处多事之秋的时代，除了屈辱与痛苦，似乎没有多少开心事使其为"欢娱之词"。那么是什么原因使樊增祥写诗如此之丰，而主体风格又不是那么悲怆沉郁？笔者认为诗美情结是樊增祥锲而不舍的追求。

张之洞劝导樊增祥不要专攻辞章之学的话是耐人寻味的，这就表明作诗已经成了樊增祥生活中最大的兴趣。尽管樊增祥的官一直做到江宁布政使权署两江总督。在他的《紫薇二集》（1905 年 4 月至 1905 年 10 月）中除词之外，仅诗赋就有 170 多首（篇）。要知道这期间正是他走马上任两江总督之初，不知有多少公务要处理，但诗歌数量却屡屡刷新。他有一组《六十照相

---

① 樊增祥：《樊樊山诗集》（上），上海古籍出版社 2004 年版，第 6 页。

自题》①：

> 斜簪散髻对长松，心字罗衣衿一重。
> 每岁荷花生日近，自临池水照清容。
>
> 名马牵来可据鞍，赫蹄方寸写蚕眠。
> 修期讳老何从讳，乡榜题名四十年。
>
> 寻常不赋四愁诗，赢得吴霜点鬓迟。
> 乞向花间草堂住，隐囊纱帽坐填词。
>
> 亲知争索镜容图，胜以清诗字字珠。
> 为问春桃倚凤笑，今年人似去年无？

这一组诗从不同角度抒发了自己丹青不知老将至的感慨，第一首直奔主题，题六十岁的照片形象：浑欲不胜簪的老态，但是自己的生日与荷花盛开的季节巧合，看见芙蓉照水的生机，似乎又冲淡了苍老之感。第二首是写光阴如白驹过隙，一转眼青春揭榜四十年就过去了，纵然英雄不服老，可这老的趋势是无法抗拒的。第三首运意最明显：是说自己平生就没有因节令变化而赋闲愁的多愁善感，所以并不觉得四时催老，恨不得弃官回归自然，终生以诗词相伴。第四首写自己的亲戚朋友索要照片，在他们看来比字字如珠的诗更重要。自己禁不住对眼前景色发问：这照片的样子能留住过去的时光吗？

在这一组诗中我们找到了"欢娱之词尤工"的答案：应该说六十花甲，是人生的一个重大转折，不期而至的苍老衰飒是一个不争的事实。但诗歌意

---

① 樊增祥：《樊樊山诗集》（下），上海古籍出版社 2004 年版，第 1329 页。

象没有写苍老的景物象征，第一、第四首用景物托情，第二、第三首侧重用
事说理。

    每岁荷花生日近，自临池水照清容。
    为问春桃倚风笑，今年人似去年无？

  荷花照水、春桃倚风显得生机勃勃，可谓乐景。今年人似去年无？自然流
露出"岁岁年年人不同"的感慨，但诗人并不是刻意地渲染。从这个意义上来
看樊增祥的欢娱之词，是超越了人生固有的悲剧性意识的一面，在诗歌情感的
表达上呈现了乐观的喜剧性的一面。

  关于樊增祥的诗歌成就，涂晓马、陈宇俊在《樊樊山诗集·前言》中已有
详尽备述：

    近代诗歌，或以地域区分为六派，若以心追手摩之对象作区划，
  则钱穆在《现代中国文学史》一书中分晚清诗派为三：以王闿运、邓
  辅纶为代表的"力追魏晋"一派，此派在其论"魏晋文"中已及其诗，
  故在论诗时仅一语带过。论诗时详述的是以樊增祥、易顺鼎、杨圻为代
  表的"中晚唐诗"派……因为樊增祥等人所重不仅在中晚唐，而并推举
  宋调，融贯百氏。这不仅反映在范氏的诗歌创作中，而且体现在其诗歌
  理论上。

  增祥所持诗学理论最显明有三：
  一、转益多师
  增祥在诗学理论上深受其师李慈铭影响，李慈铭在《越缦堂诗话》卷
  上比较集中、全面地论述过"八面受敌"之主张，其宗旨乃反对规摹一家
  一代，而主张博采众长，自成面目……
  二、清新通变
  ……樊氏以七古滔滔不绝地申述了这个命题：……兵家在以少克众，

权家在以轻起重，道家在以静制动，诗家在以独胜共。能言人所不能言，如山出灵无不宣；能圆人所不能圆，如月三五悬中天。百汲不竭井底泉，任烧不绝香上烟。百花酿作酒一瓶，百药炼成丹一丸。五味入口取其甘，五色入目取其鲜，五声入耳取其和，惟貌不独取其妍……

三、清切自然

"清切"是同时诗人对樊增祥诗歌的评价，贯穿在其创作中，而增祥在这方面的议论则较少，可得而论者有："吾做吏一如作文，不为高奇深刻，但取行吾之意，亦能如乎人人之意而止。其大要不过一熟字。"至于如何能熟，他结合自己一生为吏的经验，说得纯挚恳切："熟之一字不可骤得，是中有功夫，有阅历，无是非。学与年俱进，及其既成，因方遇圆，自为珪璧。太史公曰：'好学深思，心知其意。'余一生服膺此语……今人皆诟吾为守旧，不知吾做事甚似西人，其不合于时贤者，世皆袭西人之貌，无则取其意也。吾于吏事文艺，皆由深思力学以底于熟，故能以吟啸自娱，而不妨公事。"①

樊增祥的诗美追求突出"欢娱之词"是独树一帜的：

> 诗家在以独胜共。能言人所不能言，能圆人所不能圆……五味入口取其甘，五色入目取其鲜，五声入耳取其和，惟貌不独取其妍。②

这些艺术辩证法，樊增祥在他的诗里把玩得十分娴熟，而且从艺术理想的一面予以突出"独""圆""甘""鲜""和"，特别是"无是非""因方遇圆""吟啸自娱"，尊崇诗歌美学的自然之理的层面，"无是非"应该理解为不以人为的是非为是非，审美心理与自然高度和谐。在笔者看来，樊增祥的诗美主张

---

① 樊增祥：《樊樊山诗集》（上），上海古籍出版社 2004 年版，第 7—11 页。《现代中国文学史》作者应为钱基博先生，原文有误。
② 同上书，第 9 页。

与杨万里的"师法自然"相表里，就是在审美对象之中体悟生命流程与审美情趣以此启迪人生，感悟人生。只有使诗成为心灵对话的主体，诗歌创作也就是生命中的一部分。

二　家侮红装与国耻红颜

左宗棠羞辱樊增祥父，使樊增祥走完一段离奇的成才之路，甚至终身发愤为诗。樊增祥的父亲樊燮，曾是湖南巡抚骆秉章麾下一名总兵。1858 年由官文（湖广总督）保荐他入川追剿太平军。一日樊燮去长沙谒见抚台大人，抚台让他参见坐在旁边的师爷左宗棠。樊总兵不知道利害，参见师爷时没有请安，并振振有词："我乃朝廷正二品总兵，岂有向你四品幕僚请安的道理？"左宗棠盛怒，跳起来用脚踹樊总兵，还高声骂道："王八蛋，滚出去。"不久，朝旨下，樊燮被革职回籍。樊燮忍辱含垢带全家回到恩施城梓潼巷故居，在正屋的侧面修一间两层的角楼，把左宗棠骂他的"王八蛋，滚出去"这 6 个字写在小木板上，放在家中供祖宗神位的牌子下面，名为"洗辱牌"。从此，他重金聘请名师为两个儿子执教，不准两个儿子下楼，并且给儿子们穿上女人衣裤，并立下家规："考秀才进学，脱外女服；中举人，脱内女服；中进士，焚洗辱牌，告先人以无罪。"

樊增祥自幼聪颖，四五岁时，就能作对子，9 岁进私塾，入塾前已能背诵上千首古诗词，11 岁便能作诗、填词，人称神童。樊燮受辱后，每月初一、十五必带其二子跪拜祖先神位，在洗辱牌前发誓。樊增祥兄长早死。他不负其父所望，把对左宗棠的家恨埋在心里，发愤苦读考秀才、中举人、中进士、点翰林，一直做到江宁布政使权署两江总督。1867 年，22 岁的樊增祥赴省参加乡试中举，回家后仍不忘写诗、填词。"己卯冬，散馆……得陕西宜川令。将行，李慈铭谓曰：'子之诗信美矣，而气骨少弱。关中，汉唐故都，山川雄奥，感时怀故，当益廓其襟灵，助其奇气。老夫让子出一头矣！'既之官……居常服膺宋儒玩物之戒，公事未毕，不读书观画……尝以《春兴》八首寄慈铭，得

8

6

报曰：'子诗日益遒上，曩所许不虚矣。'"①

当年区区举人左宗棠羞辱樊增祥父，并将其弹劾罢官。樊燮回家告诫儿子："一举人如此，武官尚可为耶？汝不发奋得科举，非吾子也。"其后给儿子们穿上女人衣裤，并立下家规："考秀才进学，脱外女服；中举人，脱内女服；中进士，焚洗辱牌，告先人以无罪。"樊燮以衣女服激励儿子雪耻，应该说在樊增祥幼小的心灵之中打下了深深的烙印。这个烙印首先是世代仇人左宗棠，所以，史学家刘禹生在抗日初期，到恩施"寻云门老辈故居"，仍见樊家楼壁上尚存稚嫩墨迹"左宗棠可杀"五字。这颗在幼年埋下的仇恨的种子，一直到他五十岁的时候依然没有泯灭的迹象。1901 年，朝廷在西安赐建左宗棠专祠，全省官员前去致祭，巡抚委托樊增祥主持左祠的奠基仪式，樊增禅当即推辞。樊增祥作为当下朝廷的社稷重臣拒绝主持于左宗棠来说是盖棺论定的奠基仪式，也可以说是晚辈羞辱了前辈，这父辈的"一箭之仇"算是报了，而且对奠基仪式是那么的不屑一顾。其次是"女装"，在樊增祥幼小心灵中，女装是一个具有强烈尊卑感的文化符号。女人的卑下在封建时代是天经地义的，但是，当樊增祥从象征弱者的蚕茧中脱颖而出——成为强者的时候，樊增祥似乎体味到弱者的艰难与伟大。樊增祥没有以世俗的是非为是非，而是从骨子里流露出卑贱者最高尚的反传统理念。他的前后《彩云曲》就是这种理念绽放出来的艺术之花。

《彩云曲》（有序）

傅彩云者，苏州名妓也。年十三，依姊居沪上，艳名噪一时。某学士衔恤归，一见悦之，以重金置为蓬室，待年于外。祥琴始调，金屋斯启，携至都下，宠以专房。会学士持节使英，万里鲸天，鸳鸯并载。既至英，六珈象服，俨然敌体。英故女主年垂八十，雄长欧洲，尊无与并。彩出入椒风，独与抗礼。尝偕英皇并坐照像，时论奇之。学士代

---

① 樊增祥：《樊樊山诗集》（下），上海古籍出版社 2004 年版，第 2066 页。

归，从居京邸，与小奴阿福奸，生一女，学士逐福留彩，浸与疏隔。俄
而文园消渴，竟夭天年。彩故与他仆私，至是遂为夫妇。居无何，私蓄
略尽，所欢亦殂，仍返沪为卖笑计，改名曰赛金花。苏人公檄逐之，转
至津门，虽年逾三十，而艳名不减畴昔。已亥长夏，与客谈此事，因记
以诗。先是，学士未第时，为人司书记，居烟台，与妓爱珠有啮臂盟。
比再至，已魁天下，遽与珠绝。珠冤痛累日，竟不知所终。今学士已
矣，若敖鬼馁，燕子楼空。唱《金镂》者，出节度之家；过市门者，指
状元之第，得非霍小玉冥报李十郎乎？余为此曲，亦如元相所云。甚愿
知之者不为，而为之者不惑耳。

姑苏男子多美人，姑苏女子如琼英。

水上桃花如性格，湖中秋藕比聪明。

自从西子湖船住，女贞尽化垂杨树。

可怜宰相尚吴棉，何论红红兼素素。

山塘女伴访春申，名字偷来五色云。

楼上玉人吹玉管，渡头桃叶倚桃根。

约略鸦鬟十三四，未遣金刀破瓜字。

歌舞常先菊部头，钗梳早入妆楼记。

北门学士素衣人，暂踏毬场访玉真。

直为丽华轻故剑，况兼苏小是乡亲。

海棠聘后寒梅喜，侍年居外明诗礼。

两见泷冈墓草青，鸳鸯绘上春风起。

画鹢东乘海上潮，凤凰城里并吹箫。

安排银鹿娱迟暮，打叠金貂护早朝。

深宫欲得皇华使，才地容斋最清异。

梦入天骄帐殿游，阏氏含笑听和议。

博望仙槎万里通，霓旌难得彩鸾同。

词赋环球知绣虎，钗钿横海照惊鸿。

女君维亚乔松寿，夫人城阙花如绣。

河上蛟龙尽外孙，房中鹦鹉称天后。

使节西来娄奉春，锦车冯嫽亦倾城。

冕旒七毳瞻繁露，槃敦双龙赠宝星。

双成雅得西王意，出入椒庭整环佩。

妃主青禽时往来，初三下九同游戏。

妆束潜随夷俗更，语言总爱吴娃媚。

侍食偏能餍海鲜，报书亦解繙英字。

凤纸宣来镜殿寒，玻璃取影御床宽。

谁知坤媪山河貌，祗与杨枝一例看。

三年海外双飞俊，还朝未几相如病。

香息常教韩寿闻，花枝每与秦宫并。

春光漏泄柳条轻，郎主空嗔梁玉清。

祗许大夫驱便了，不教琴客别宜城。

从此罗帏帷离索，云蓝小袖知谁托。

红闺何日放金鸡，玉貌一春锁铜雀。

云雨巫山枉见猜，楚襄无意近阳台。

拥衾总怨金龟婿，连臂犹歌赤凤来。

玉棺书下新宫启，转尘玉郎长已矣。

春风肯坠绿珠楼，香径还思苧罗水。

一点奴星照玉台，樵青婉娈渔童美。

缢帷犹挂郁金堂，飞去玳梁双燕子。

那知薄命不犹人，御叔子南后先死。

蓬巷难栽北里花，明珠忍换长安米。

身是轻云再出山，琼枝又落平康里。

绮罗丛里脱青衣，翡翠巢边梦朱邸。

章台依旧柳鬖鬖，琴操禅心未许参。

杏子衫痕学宫样，枇杷门榜换冰衔。

吁嗟乎！情天从古多缘业，旧事烟台那可说。

微时菅蒯得恩怜，贵后萱芳都弃掷。

怨曲争传紫玉钗，春游未遇黄衫客。

君既负人人负君，散灰扃户知何益。

歌曲休歌金缕衣，买花休买马塍枝。

彩云易散玻璃脆，此是香山悟道诗。①

    北京陶然亭，是《彩云曲》的女主人公——赛金花的墓址所在，这里有记述赛金花"生平"的石刻，共三块，原嵌于陶然亭北墙，是王玉树1937年所建。《彩云图》石刻有彩云像，出自艺术大师张大千之手，这幅画是为樊增祥的《彩云曲》长诗而作。樊增祥对自己所作的《彩云曲》颇为得意，精心书写，加以装裱，准备作为家藏之本，永久保存。樊增祥死后，他亲笔书写的《彩云曲》手本，被当时一位收藏家董士恩所得。为了表示故都人士对赛金花的怀念，王玉树就从董士恩处借了这些字画，制成石刻，嵌在陶然亭的壁上。

    根据有关史料记载，历史上的赛金花经历大概如下：其初名为赵彩云，又名傅彩云，安徽黟县人，约生于1872年。幼年被卖到苏州的所谓"花船"上为妓，1887年，适逢前科状元洪钧回乡守孝，对彩云一见倾心，遂纳为妾，洪时年48岁，傅彩云年仅15岁。不久，洪钧奉旨为驻俄罗斯帝国、德意志帝国、奥匈帝国、荷兰四国公使，其原配夫人畏惧华洋异俗，遂借诰命服饰给彩云，命她陪同洪钧出洋。19世纪90年代初，同洪钧归国，不久洪钧病死。1894年，傅彩云在送洪氏棺柩南返苏州途中，潜逃至上海为妓，改名"曹梦兰"。后至天津，改名"赛金花"。1900年八国联军攻陷北京时，居北京石头胡同为妓，曾与部分德国军官有过接触，也曾改换男装到皇家园林西苑（今中南海）游玩。1903年在北京因涉嫌虐待幼妓致死而入狱，解返苏州后出狱再

---

    ① 樊增祥：《樊樊山诗集》（中），上海古籍出版社2004年版，第817页。

至上海。晚年生活穷困潦倒，1936年病死于北京。

《彩云曲》誉满天下，是樊增祥的得意之作，而且还精心制作成书画艺术作品，这绝非把一个烟花女子的秽名留于后世。关于这首诗的解读也语焉不详，不像《后彩云曲》所涉猎的家国存亡的大是大非的观念。《彩云曲》的内在魔力何在？笔者以为首先是其传奇性，尽管中国古代有那么多的妓女传奇，但是像出身卑贱的付彩云作为出国使节的夫人漂洋过海，成为西方文明国家的座上宾，恐怕只此一人。况且作为女性在当时远涉重洋也是需要莫大的勇气的，至于她服西装，操洋腔（十多年后，德国将军瓦德西叫她做口语翻译，说明傅彩云还不是一个只懂得床上功夫的风流女人），与女王合影，西方人是不问她妓女出身，只看她当下的身份的。所以傅彩云在随洪钧旅欧的几年里是光彩照人的。

其次是未能划向彼岸的命运的传奇性，付彩云最风光的时刻莫过于成为洪钧的小妾，但好景不长。诗歌好像对此后一段经历有许多微词，或曰妓女的本性使然。但是，我们从这一段经历来看，她有过从良，但命里克夫，命运有几次逼她重操旧业。其实，冷静思索，付彩云有没有为洪钧守节的义务？此后的曹梦兰也好、赛金花也好，在封建时代无经济来源的女性，连起码的生计就不能保证，又怎么能去守节？几番挣扎，最后只能靠上帝给的那副身板去谋生。作者在《彩云曲》里还是有为付彩云开脱之词："君既负人人负君"，意思是她与洪钧之间在感情上究竟谁负谁？传说，洪钧未中状元之前，曾经受到过一个妓女的资助，这个妓女有的作品里称之为小青。和所有"公子落难美人相救"故事的男女主人公一样，洪钧和小青订下了白头之约，但是也同样没有跑出这类故事的套路：中了状元的洪钧觉得娶妓为妻有损自己的体面，于是抛弃了前盟。而不知内情的小青最初沉浸在被人称为"状元夫人"的喜悦中，得知真相后愤然上吊自杀。因此，在《孽海花》中，出场时的"花榜状元"傅彩云脖子上有一圈与生俱来的红丝，足以让男主人公金雯青（洪钧字文卿，此处影射很明显）明白她是小青的后身，遂有隔世重逢之感。而因这段没有了结的前世孽债，许多作品将洪钧的死因归为小青对他的报复：彩云后来私通幼仆、玩弄戏子，最终将洪钧气死。甚至后来彩云与戏子孙小三的一段不解之缘，也有传言说，因为孙小三的前身在那段前世姻缘中曾经为小青鸣过不平，所以今生得到彩云的以身相报。《彩云曲》结尾两句耐人寻味，发人深思："彩云"句是说绚烂的云彩经风而消散，就像晶莹剔透的玻璃器皿破碎一样。傅彩云一生不是没有追求，可一生不是为人妻就是当妓女。没想到作为一个女性来说似乎是难以启齿的生涯反倒名播海外。而这似乎又有让人咀嚼不完的人生世相。

后彩云曲

光绪己亥，居京师，制《彩云曲》，为时传诵。癸卯入觐，适彩云虐一婢死，婢故秀才女也，事发到刑部，门官皆其相识，从轻递籍而已。同人多请补记以诗。余谓其前随使节，俨然敌体，鱼轩出入，参佐皆屏息鹄立。陆军大臣某，时为舌人，亦在行列。后乃沦为淫鸨，流配南归，何足更汙笔墨。顷居沪上，有人于夷场见之，盖不知偃蹇几夫矣。因思庚子拳董之乱，彩侍德帅瓦尔德西，居仪鸾殿。尔时联军驻京，惟德军最酷。留守王大臣，皆森目结舌，赖彩言于所欢，稍止淫掠，此一事足述也。仪鸾殿灾，瓦抱之穿窗而出。当其秽乱宫禁，招摇市廛，昼入歌楼，夜侍夷寝，视从某侍郎使英、德时，尤极烜赫。今老矣，流落沪滨，仍与厮养同归，视师师白发青裙，就詹溜濯足，抑又不逮。而瓦酋归国，德皇察其秽行，卒被褫谴。此一泓祸水，害及中外文武大臣，究其实一寻常荡妇而已。祸水何足溺人，人自溺之。出入青楼者，可以鉴矣。此诗着意庚子之变，其他琐琐，概从略焉

纳兰昔御仪鸾殿，曾以宰官三召见。

画栋珠帘霭御香，金床玉几开宫扇。

明年西幸万人哀，桂观蜚廉委劫灰。

虏骑乱穿驿道走，汉宫重见柏梁灾！

白头宫监逢人说，庚子灾年秋七月。

六龙一去万马来，柏林旧帅称魁杰。

红巾蚁附端郡王，擅杀德人董福祥。

愤兵入城恣淫掠，董逃不获池鱼殃。

瓦酋入据仪鸾殿，凤城十家九家破。

武夫好色胜贪财，桂殿清秋少眠卧。

闻道平康有丽人，能操德语工德文。

状元紫诰曾相假，英后殊施并写真。

柏林当日人争看，依稀记得芙蓉面。

隔越蓬山十二年，瑶华岛畔邀相见。

隔水疑通云汉槎，催妆还用天山箭。

彩云此际泥秋衾，云雨巫山何处寻？

忽报将军亲折简，自来花下问青禽。

徐娘虽老犹风姿，巧换西装称人意。

百环螺髻满簪花，全匹鲛绡长拂地。

雅娘催下七香车，豹尾银枪两行侍。

钿车遥遵辇路来，罗袜果踏金莲至。

历乱宫帷飞野鸡，荒唐御座拥狐狸。

将军携手瑶阶下，未上迷楼意已迷。

骂贼还嗤毛惜惜，入宫自诩李师师。

言和言战纷纭久，乱杀平人及鸡狗。

彩云一点菩提心，操纵夷獠在纤手。

胠箧休探赤仄钱，操刀莫逼红颜妇！

始信倾城哲妇言，强于辩士仪秦口。

后来虐婢如蝮虺，此日能言赛鹦鹉。

较量功罪相折除，侥幸他年免環首。

将军七十虬髯白，四十秋娘盛钗泽。

普法战罢又今年，枕席行师老无力。

女间中有女登徒，笑捋虎须亲虎额。

不随鬈瓠卧花单，那得驯狐集金阙。

谁知九庙神灵怒，夜半瑶台生紫雾。

火马飞驰过凤楼，金蛇谈䶒燔鸡树。

此时锦帐双鸳鸯，皓躯惊起无襦裤。

小家女记入抱时，夜度娘寻呰坏处。

撞破烟楼闪电窗，釜鱼笼鸟求生路。

一霎秦灰楚炬空，依然别馆离宫住。

朝云暮雨秋复春，坐见珠槃和议成。

一闻红海班师诏，可有青楼惜别情。

从此茫茫隔云海，将军颇有连波悔。

君王神武不可欺，遥识军中妇人在。

有罪无功损国威，金符铁券趣销毁。

太息联邦虎将才，终为旧院蛾眉累。

蛾眉重落教坊司，已是琵琶弹破时。

白门沦落归乡里，绿草依稀见狱词。

世人有情多不达，明明祸水褰裳涉。

玉堂鹓鹭怨羽仪，碧海鲸鱼丧鳞甲。

何限人间将相家，墙茨不扫伤门阃。

乐府休歌杨柳枝，星家最忌桃花煞。

今者株林一老妇，青裙来往春申浦。

北门学士最关渠，西幸丛谈亦及汝。

古人诗贵达事情，事有阙遗须拾补。

不然落涧退红花，白发摩登何足数。

庚子国变，是中国近代史上最为屈辱的事件之一。八国联军借"义和团"运动把侵略的战火烧到北京，烧杀抢掠，百姓涂炭，国宝被掠走。最为可恨的是慈禧携带着皇室西逃。侵略者肆虐京城，在皇宫里作威作福，股肱大臣束手无策。但是，大臣们还是找到破局的窍门，要曾经随洪钧出使过德国，而且当年还接触过瓦德西的赛金花（傅彩云）去打通关节。赛金花已不是当年使节的夫人，而是鼎鼎有名的妓女。赛金花果然不辱使命，不仅打破了不可能谈判议和的僵局，而且在街头还常让因得罪外国军队而被判死罪的中国人逢凶化吉。赛金花在京都名声大震。樊增祥作为当时已经鼎鼎有名的大诗人，况且已有《彩云曲》享誉京都。那么面对同一个女人在京都挽狂澜于既倒的义举，樊增祥是不能等闲视之的。但是，怎么反映这一段真实的历史？的确是一个两难命题。一个妓女在慈禧携皇帝西逃，朝廷大臣被囚，八国联军头目瓦德西坐进朝堂的情况下，使一部停止运作的机器重新转动。这一天旋日转的成功义举在诗人笔下又是怎么运作的？

> 纳兰昔御仪鸾殿，曾以宰官三召见。
> 画栋珠帘霭御香，金床玉几开宫扇。
> 明年西幸万人哀，桂观蚩廉委劫灰。
> 虏骑乱穿驿道走，汉宫重见柏梁灾！
> 白头宫监逢人说，庚子灾年秋七月。
> 六龙一去万马来，柏林旧帅称魁杰。
> 红巾蚁附端郡王，擅杀德人董福祥。
> 愤兵入城恣淫掠，董逃不获池鱼殃。
> 瓦酋入据仪鸾殿，凤城十家九家破。
> 武夫好色胜贪财，桂殿清秋少眠卧。
> 闻道平康有丽人，能操德语工德文。
> 状元紫诰曾相假，英后殊施并写真。
> 柏林当日人争看，依稀记得芙蓉面。
> ……
> 将军携手瑶阶下，未上迷楼意已迷。
> 骂贼还嗤毛惜惜，入宫自诩李师师。

言和言战纷纭久，乱杀平人及鸡狗。

彩云一点菩提心，操纵夷獠在纤手。

胠箧休探赤仄钱，操刀莫逼红颜妇！

始信倾城哲妇言，强于辩士仪秦口。

诗歌从慈禧主政到慈禧的六龙车马西逃，交代了"汉宫重见柏梁灾"的悲惨现状，再到"瓦酋入据仪鸾殿……入宫自诩李师师……，操纵夷獠在纤手……始信倾城哲妇言，强于辩士仪秦口"。这些以诗证史的笔法表现出诗人的凛然正气，没有为执政当局隐晦遮掩那国破家亡的悲惨局面。正如王森然所云"后《彩云曲》纪庚子拳乱事，时八国联军来华，京师外军云集，秩序堪虞，而诸大臣慑于淫威，坐视结舌，束手无策。统帅德国瓦德西将军，固彩云所昵者，坠欢重续，影形不离。瓦人居仪鸾殿，彩云侍之，止祸和议，必言必争，朝局之斡旋，民生之利赖，竟不在诸公之衮衮，而系予彩云之纤纤。樊山因时兴感，以诗寄怀"。① 于时局的写照诗人没有浓墨重彩，这是情理之中的事。国之乱局是诗人不能回避的二难命题之一，尽管如此，庚子之变的危难局面在诗中是能让人惊心动魄的。

二难命题之二，就是诗人怎样描述挽狂澜于既倒的红颜薄命的女人——傅彩云，在笔者看来，还没有完全跳出"女人祸水"的传统观念。正如《后彩云曲·序》所云"因思庚子拳、董之乱，彩侍德帅瓦尔德西居仪鸾殿。尔时联军驻京，惟德军最酷。留守王大臣，皆森目结舌，赖彩言于所欢，稍止淫掠。此一事足述也。仪鸾殿灾，瓦抱之穿窗而出。当其秽乱宫禁，招摇市廛，昼入歌楼，夜侍夷寝，视从某侍郎使英、德时，尤极烜赫。今老矣，流落沪滨，仍与厮养同归，视师师白发青裙就篝溜濯足，抑又不逮。而瓦酋归国，德皇察其秽行，卒被遣褫。此一泓祸水，害及中外文武大臣。究其实，一寻常荡妇而已"。②

① 王森然：《近代名家评传》（二集），生活·读书·新知三联书店 1998 年版，第 7 页。
② 罗宗强、陈洪：《中国古代文学作品选》（明清近代卷），高等教育出版社 2004 年版，第 363—364 页。

揣摩作者的意思，如果不是因为庚子之变，彩云斡旋有功，作者是不会为其作诗的。但是，在叙事之中也不难看出作者的春秋笔法。

> 将军七十虬髯白，四十秋娘盛钗泽。
>
> 普法战罢又今年，枕席行师老无力。
>
> 女闾中有女登徒，笑将虎须亲虎额。
>
> ……
>
> 谁知九庙神灵怒，夜半瑶台生紫雾。
>
> 火马飞驰过凤楼，金蛇骇舖燔鸡树。
>
> 此时锦帐双鸳鸯，皓躯惊起无襦裤。
>
> 小家女记入抱时，夜度娘寻凿坏处。
>
> 撞破烟楼闪电窗，釜鱼笼鸟求生路。
>
> 一霎秦灰楚炬空，依然别馆离宫住。
>
> 朝云暮雨秋复春，坐见珠槃和议成。

这些不乏妓女身份的写照，作为一个国人是有损国格的。但是，此时此刻（包括慈禧和那些股肱大臣们）还有国格吗？作为"武夫好色胜贪财"的德国统帅，指挥八国联军血洗京城是得理不饶人，杀红眼睛的外国人还能有一点仁人之心善待国人吗？一个妓女能息事宁人而投其所好恐怕是唯一的选择。平心而论，也不全然是以色诱人，她的德语德文在频繁的外交活动中不能不说是另一种震撼与感动。傅彩云挽狂澜于既倒的义举，是一个有良知的风尘女子拳拳报国之心所决定的。她曾题过字"国家是人人的国家，救国是人人的本分"，但是，这样一个为大清国立过汗马功劳的风尘女子，谁又给她记过功，立过牌坊？

据资料显示，赛金花晚年蛰居在南城居仁里的陋室，贫病交加，无生活来源，膝下无儿无女，穷寂潦倒，房租也无力交纳。但赛金花事迹在社会上已广为流传，不忘其恩的北京各界呼吁以助，为赛金花筹措房租和生活费。赛金花自知青春摧残过度，深陷烟毒，终日涕泪满襟，诵经念佛，晨昏祝祷。民国25 年（1936）的冬天，时天气很冷，饥寒交迫，赛金花终于油尽灯灭，抱着破被于子夜凄凉咽气，病逝于居仁里 16 号的家里，时年 64 岁。赛金花病故后，社会各界商议将其公葬，包括北京市市长在内的各类政要、名绅、教授等均出资，画家李苦禅、名伶马连良等均以义卖义演助葬。北大教授刘半农为其写传。"出殡之日，虽雨后道路泥泞，但沿途摆设路祭者，络绎不绝。"① 赛金花最终葬于陶然亭锦秋墩香冢西坡。

作为诗人，樊增祥独具慧眼，他以"前、后彩云曲"写下两首长诗，有人说他有意识地学习白居易，甚至认为他要与白居易比肩。这种认为是有见地的，从樊增祥大量的诗作来看，白居易的影响是很大的。白居易平易的诗风在樊增祥的诗中有明显的印证，特别是七言律诗，两人在诗歌中律诗的比例都很大。至于在长篇叙事抒情诗的创作和成就上，各自的成就和影响是可以比肩的，《长恨歌》演绎成戏剧《长生殿》，而《彩云曲》《后彩云曲》直接催生了小说、戏剧、电影。

---

① 《从赛金花墓说起》，http：//t. cn/Rb3yLT1。

附 录

图一 切磋锣鼓艺术："几十年没打锣鼓了，唱词都忘了" 王新勇摄

图二 民间艺人：黄坤昌、钱邦政、张明才、吴显高 王飞霞摄

图三　冥思苦索　呼唤回来的生产型艺术　王飞霞摄

图四　指挥千军万马的打鼓匠　王飞霞摄

图五　民间艺人：李美浩、王新猛、刘定楚、蒋仕铭、胡庆义　王飞霞摄

图六　"还是来喊一支长声号子吧!"　王飞霞摄

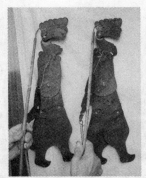

图七　皮影（由巴东县溪丘乡白羊坪皮影队民间艺术家

谭文碧提供）　王新勇摄

图八　皮影（由巴东县溪丘乡白羊坪皮影队民间艺术家

谭文碧提供）　王新勇摄

图九　民间艺术家，巴东皮影戏老艺人谭文碧　王新勇摄

图十　巴东，白羊坪皮影艺术老艺人　王新勇摄

图十一　民间艺术家手持皮影亮相"参军戏"　王新勇摄

图十二　演出艺人：费天凤、廖明琼、张候斌、吴发美　谭勇摄

图十三　演出艺人：费天凤、张厚斌、廖明琼、吴发美　谭勇摄

图十四　演出艺人：廖明琼、张厚斌、吴发美　王飞鹏摄

图十五　民间艺人周宗国、蒋仕铭随拉随唱　王飞鹏摄

图十六　民间堂戏艺人周宗国自拉自唱　王飞鹏摄

图十七　热情的观众　王飞鹏摄

图十八　堂戏演出现场　谭勇摄

图十九　堂戏的热情观众　谭勇摄

图二十　济济一堂看堂戏　王飞鹏摄

图二十一　作者与巴东白羊坪堂戏班合影　廖复朝摄

图二十二　资深艺术工作者谭绍康（中）教唱堂戏　王飞霞摄

图二十三　老艺人谭文碧和谭玉等部分演员　王飞霞摄

图二十四　学唱堂戏剧目《王麻子打妆》　王飞霞摄

图二十五　一人看了一台戏　王飞霞摄

图二十六　台下十年功　王飞霞摄

图二十七　"纤夫节"与会专家，漂流神农溪　王新勇摄

图二十八　巴东"纤夫节"与会专家漂流神农溪　王新勇摄

图二十九　艄公把舵　王飞霞摄

图三十　一帆风顺　王飞霞摄

图三十一　神农溪漂流延伸水道试航　王飞霞摄

图三十二　船到码头　王飞霞摄

图三十三　巴东寇公祠　王飞霞摄

图三十四　顶礼膜拜　王新勇摄

参考文献

叶朗：《中国美学史大纲》，上海人民出版社 1987 年版。

叶朗：《中国古典小说美学》，北京大学出版社 1985 年版。

张世英：《哲学导论》，北京大学出版社 2002 年版。

张世英：《天人之际》，人民出版社 1995 年版。

张岱年：《中国哲学大纲》，中国社会科学出版社 1982 年版。

张岱年、姜广辉：《中国传统文化简论》，浙江人民出版社 1989 年版。

叶舒宪：《中国神话哲学》，中国社会科学出版社 1992 年版。

［法］米·杜夫海纳：《审美经验现象学》，韩树站译，文化艺术出版社 1992
　　年版。

［美］R. 玛格欧纳：《文艺现象学》，王岳川、兰菲译，文化艺术出版社 1992
　　年版。

王迪：《通向电影圣殿》，中国电影出版社 1993 年版。

王志敏：《现代电影美学基础》，中国电影出版社 1993 年版。

王志敏：《电影美学分析原理》，中国电影出版社 1996 年版。

王志敏主编：《电影学：基本理论与宏观叙述》，中国电影出版社 2002 年版。

游飞、蔡卫：《世界电影理论思潮》，中国广播电视出版社 2002 年版。

周振甫：《文心雕龙注释》，中华书局 1980 年版。

张庚、郭汉城：《中国戏曲通史》，中国戏曲出版社 1980 年版。

高源章、邓明旺、邓贵洪编著：《巴东堂戏》，国际文化出版公司 2001 年版。

王夫之等撰：《清诗话》，上海古籍出版社 1963 年版。

方东树著，汪绍楹校点：《昭昧詹言》，人民文学出版社 1961 年版。

张耿光译注：《庄子诠释》，贵州人民出版社 1991 年版。

孙昌武：《柳宗元传论》，北京人民文学出版社 1982 年版。

［德］海德格尔：《荷尔德林诗的阐释》，孙周兴译，商务印书馆 2000 年版。

王光祖等主编：《影视艺术教程》，高等教育出版社 1992 年版。

张再林：《中国哲学比较论》，西北大学出版社 1987 年版。

［美］成中英：《世纪之交的抉择——论中西哲学的会通与融合》，知识出版社
　　1991 年版。

王海林：《中国佛教美学》，安徽文艺出版社 1992 年版。

陈亚林：《诗与禅》，江西人民出版社 1989 年版。

郭绍虞校释：《沧浪诗话》，人民文学出版社 1961 年版。

马茂元：《楚辞选》，人民文学出版社 1958 年版。

柳宗元：《柳宗元集》，中华书局 1979 年版。

王世禛：《带经堂诗话》，人民文学出版社 1963 年版。

刘禹昌、熊礼汇：《唐宋八大家文章精华》，湖北人民出版社 1994 年版。

宗白华：《艺境》，北京大学出版社 1999 年版。

任继愈、张岱年：《中国哲学史通览》，东方出版中心 1994 年版。

贾彤福、王熙儒等：《人体·人体结构·人体艺术》，高等教育出版社 1996
　　年版。

何为：《戏曲音乐研究》，中国戏剧出版社 1985 年版。

王国维：《戏曲论文集》，中国戏剧出版社 1984 年版。

齐森华：《曲论探胜》，华东师范大学出版社 1985 年版。

陈传席：《中国绘画美学史》（上、下册），人民美术出版社 2000 年版。

司马迁：《史记》，中华书局 1959 年版。

李泽厚、刘纲纪：《中国美学史》，安徽文艺出版社 1999 年版。

黑格尔：《美学》，商务印书馆出版 1982 年版。

潘知常：《中国美学精神》，江苏人民出版社 1993 年版。

葛荣晋：《中国哲学范畴史》，黑龙江人民出版社 1987 年版。

宋协立：《艺术观念——西方文化史》，陕西人民美术出版社 1991 年版。

王季思：《中国十大喜剧集》，上海文艺出版社 1982 年版。

洪昇：《长生殿》，人民文学出版社 1959 年版。

汤显祖：《牡丹亭》，人民文学出版社 1963 年版。

樊增祥：《樊樊山诗集》（上、中、下），上海古籍出版社 2004 年版。

陈湘锋、赵平略：《田氏一家言》，中央民族大学出版社 1999 年版。

王新勇：《空山灵语——意境与中国文学》，北方文艺出版社 1999 年版。

王新勇：《民族电影理论体系导论》，海南出版社 2006 年版。

王新勇、王飞霞：《诗中有画——读图时代直观教学艺术论》，语文出版社 2008 年版。

吴锐、王新勇：《中国古典学——中国西部文明研究·清江篇》，海南出版社 2008 年版。

后　记

　　每一次给拙著作"后记"时，总是要说一些感谢的话。这次更是如此，在《土家族审美文化学初论》付梓之际，得到湖北民族学院领导和民族研究院院长谭志满先生的鼎力相助。笔者再欣再跃，感激涕零！

　　在夹缝中搞科研，弄一点科研经费特难，所以要感谢恩施州政府给了我们大的支持。吃水不忘挖井人，我们特别感激谭文娇书记，感激邓正平主任，感激田金培主任，他们从道义上给予了极大的支持。同时，为完成本课题，进行田野调查时，得到民间艺人的大力支持，特别是老艺人蒋仕铭提供了相关资料。对于好心人的关怀与帮助，应该是"滴水之恩，当以涌泉相报"，作何报答？就从良知出发吧，在学术研究领域里尽量抒发自己的管窥之见。

　　《土家族审美文化学初论》只是挂一漏万地完成了一个探索性的课题，它的面世只表示这一课题具有研究的可能性。拙著在出版之际得到中国社会科学出版社郭晓鸿同志的悉心指导，编辑慈明亮同志提出了具体的修改意见，笔者十分钦佩与感激。本书的策划得到湖北民族学院学报编辑王飞霞同志的大力支持，她完成了第一章、第六章、第九章的撰写和第八章的修改工作。其在谋篇布局的决策上提出许多建设性的意见。特别是提出在研究土家族文化时应注重诗性文化的研究，而这一点在《田氏一家言》《樊樊山诗集》研究上已经得到了充分的证明。这一观点在当下是非常有见地的，当下华夏文化越来越俗，已经离中国传统的诗性文化越来越遥远。正是基于此做了一点抛砖引玉的工作，谨向方家讨教。

王新勇

2015 年 5 月 22 日